JN249112

はじめに

本書は、「大学入学共通テスト」（以下、共通テスト）攻略のための問題集です。

共通テストは、「思考力・判断力・表現力」が問われる出題など、これから皆さんに身につけてもらいたい力を問う内容になると予想されます。

本書では、共通テスト対策として作成され、多くの受験生から支持される河合塾「全統共通テスト模試」「全統共通テスト高2模試」さらに「２０２3年度共通テスト本試験」の問題も、解説を加えて収録しました。

解答時間を意識して問題を解きましょう。問題を解いたら、答え合わせだけで終わらないようにしてください。この選択肢が正しい理由や、誤りの理由は何か。用いられた資料の意味するものは何か。出題の意図がどこにあるか。たくさんの役立つ情報が記された解説をきちんと読むことが大切です。

こうした学習の積み重ねにより、真の実力が身につきます。

皆さんの健闘を祈ります。

本書の特色と構成

一、河合塾の共通テスト模試を精選収録

本問題集は、大学入学共通テスト対策の模擬試験「河合塾全統共通テスト模試」を精選収録したものである。各問題は、多くの候補問題の中から何度も検討を重ね、練られたものであり、本番の試験で今後も出題が予想される分野を網羅している。

二、大学入学共通テストの出題形式演習が可能

本問題集は、大学入学共通テストの出題形式（時間・配点・分野・形式・難易度など）を想定しているので、与えられた時間で問題を解くことによって本番への備えができる。

三、自己採点による学力チェックが可能

各回の問題には、自己採点によりすぐ学力チェックができるように解答・採点基準・解説が別冊で付いている。特に、詳細な解説により、知識の確認と弱点の補強が確実にできる。「設問別正答率」「設問別成績一覧」付き。

四、学力判定が可能

共通テスト換算得点対比表と全統共通テスト模試のデータで、学力の判定ができる。

五、短期トレーニングに最適

収録されている各回の問題それぞれが、一回の試験としてのまとまりをもっている。一回一回のペースを守り、決められた手順に従ってこなしていけば、実戦力養成として最小の時間で最大の効果をあげることができる。次頁に示す使用法に従って、本書を効果的に活用してほしい。

本書の使い方

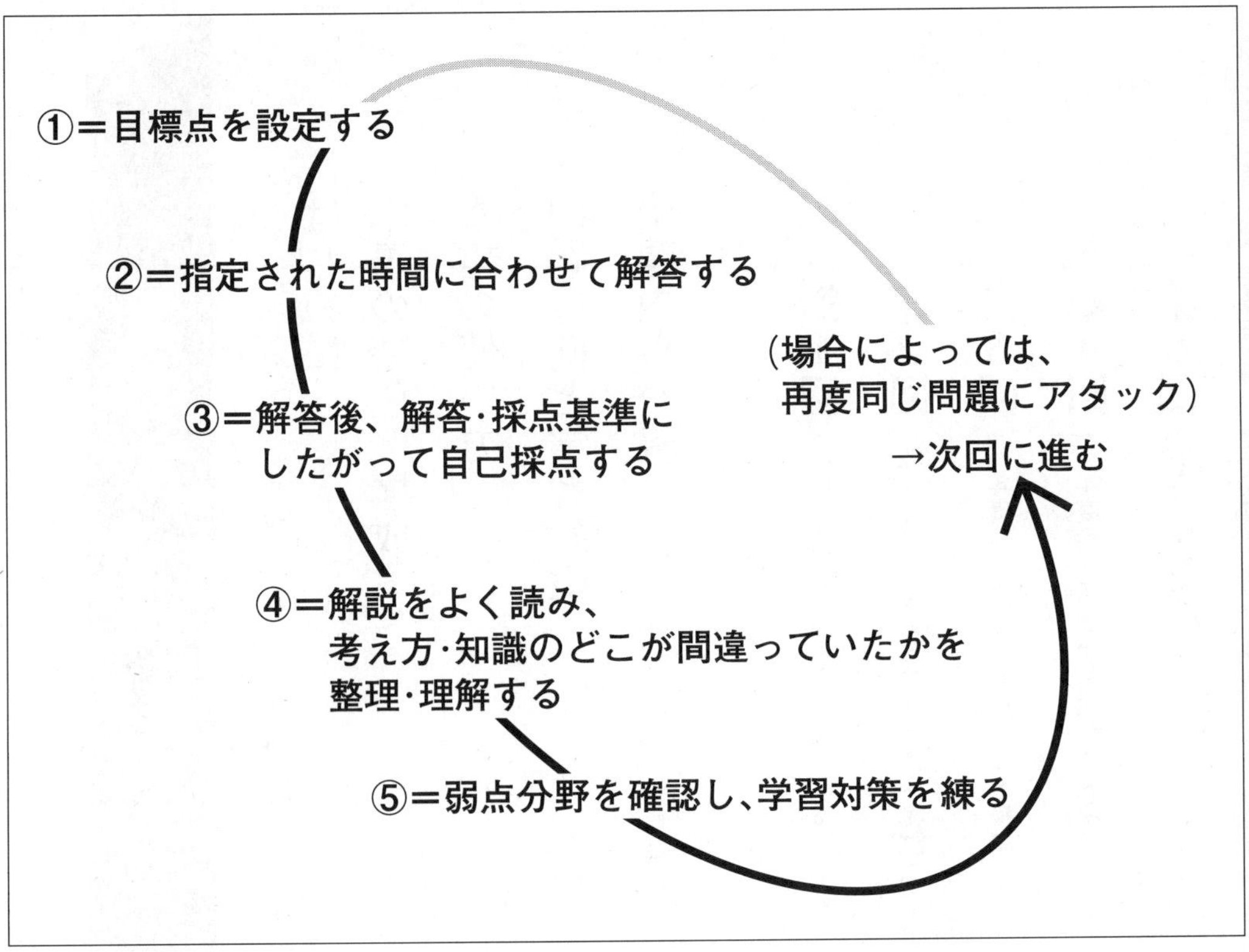

①＝目標点を設定する

②＝指定された時間に合わせて解答する

③＝解答後、解答・採点基準にしたがって自己採点する

④＝解説をよく読み、考え方・知識のどこが間違っていたかを整理・理解する

⑤＝弱点分野を確認し、学習対策を練る

→次回に進む

(場合によっては、再度同じ問題にアタック)

◎次に問題解法のコツを示すので、ぜひ身につけてほしい。

解法のコツ

1、問題文をよく読んで、正答のマーク方法を十分理解してから問題にかかること。

2、すぐに解答が浮かばないときは、明らかに誤っている選択肢を消去して、正答を追いつめていく(消去法)。正答の確信が得られなくてもこの方法でいくこと。

3、時間がかかりそうな問題は後回しにする。必ずしも最初からやる必要はない。時間的心理的効果を考えて、できる問題や得意な問題から手をつけていくこと。

4、時間が余ったら、制限時間いっぱいまで使って見直しをすること。

目次

出題傾向と学習対策

現代文

二〇二三年度の大学入学共通テスト・国語の**第1問**は、ル・コルビュジエの建築物における窓について論じた二つの評論文（柏木博『視覚の生命力――イメージの復権』と呉谷充利『ル・コルビュジエ――二〇世紀モダニズムの道程』）から出題された。二〇二二年度の**第1問**と同様、**【文章Ⅰ】**と**【文章Ⅱ】**という形で、異なる著者によって書かれた、同じテーマの二つの文章が取り上げられている。そして設問は、**【文章Ⅰ】**から三題、**【文章Ⅱ】**から一題出題され、最後に二つの文章を関連づけて解答する問題（**問6**）が出題されている。**問6**は、二つの文章を読んだ後の三人の生徒による「話し合い」に設けられた空欄を補う問題であり、**【ノート】**や**【メモ】**の空欄を補う形式をとった二〇二一年度の**問5**や二〇二二年度の**問6**とは異なる形式の出題であった。

なお、二〇二三年度・追試験の**第1問**は、二〇二二年度・追試験の**第1問**を踏襲しており、一つの評論文（北川東子「歴史の必然性について――私たちは歴史の一部である」）だけから出題され、最後の**問6**も、本文を読んで生徒が書いたとされる**【文章】**の表現を修正し、まとめを書き加える問題になっている。

第2問は、一つの小説（梅崎春生「飢えの季節」）から出題され、最後の**問7**は、二〇二一年度の**第2問・問6**、二〇二二年度の**第2問・問5**と同様、小説と他のジャンルの文章を関連づけて解答する問題であった。二〇二一年度が小説と批評文（その小説について批判的に論じた文章）との組み合わせであり、二〇二二年度が小説と国語辞典の記述（その小説に出て来る「案山子」の意味を説明しているもの）や俳句（「案山子」と「雀」を詠んだ俳句）との組み合わせであったのに対して、二〇二三年度は小説と**【資料】**（その小説に出て来る「マツダランプ」の広告）、それらをもとに作成された**【構想メモ】**、**【文章】**との組み合わせであった。なお、二〇二三年度の追試は、小説（太宰治「パンドラの匣」）と**【資料】**（外山滋比古『「読み」の整理学』の一節と小説の本文より後の部分）の組み合わせであった。

設問では、**第1問・問1**の漢字問題(ii)で、二〇二二年度と同様、漢字の意味を問う問題が出題された。また、漢字問題は(i)・(ii)とも、二〇二一年度、二〇二二年度と同様に4択であった。**問2**から**問5**は、大学入試センター試験の設問を踏襲した、傍線部の内容や理解を問うものであった。**第1問**のマーク数は12であり、二〇二二年度の11よりも一つ増えた。これらの傾向は、二〇二三年度の追試でも同様であった。

第2問では、設問数がこれまでの**問6**や**問5**から**問7**にまで増えた。また、センター試験で毎年出題され、二〇二一年度の共通テストでも出題された語句の意味を問う問題が、二〇二二年度の本試、追試と同様、出題されなかった。**問1**から**問6**は、傍線部の内容や主人公の心情を問うものであり、センター試験で出題されてきたのと同様の設問である。**第2問**のマーク数は8であり、二〇二二年度と同様であった。

なお、二〇二三年度・追試験の**第2問**も、設問数が**問7**にまで増えたが、本試とは異なり、語句の意味を問う問題が出題された。マーク数は10であった。

第1問の文章量は、**【文章Ⅰ】**と**【文章Ⅱ】**をあわせて三五〇〇字程度であり、二〇二二年度と同様の分量であった。**第2問**の文章量は約四〇〇〇字であり、約三二〇〇字であった二〇二二年度よりもかなり増大した。**第2問**は、文章量が増えた上に、設問数も一つ増えたこともあって、難易度は二〇二二年度と比べてやや増した。

次に、これまで確認してきた二〇二三年度と二〇二二年度の本試験と追試験の問題、二〇二一年度の第一日程の問題を踏まえて、二〇二四年度・共通テストの問題の「出題傾向」を大問ごとに予想していこう。

第1問（論理的文章）

「大学入学共通テスト問題作成方針」には、「学習の過程を意識した問題の場面設定を重視する」、「問題の作成に当たっては、大問ごとに一つの題材で問題を作成するだけでなく、異なる種類や分野の文章などを組み合わせた、複数の題材による問題も含めて検討する」と書かれている。二〇二一年度の第一日程でも二〇二二年度の本試験・追試験でも二〇二三年度の本試験・追試験でも、**第1問**の最後の問い（**問5**ないし**問6**）は、「大学入学共通テスト問題作成方針」通り、「異なる種類や分野の文章などを組み合わせた、複数の題材による問題」になっている。また、「学習の過程を意識した問題の場面設定」として、本文を読んだ生徒が**【ノート】**や**【メモ】**や**【文章】**を作成したり、話し合ったりするという形式がとられている。このような**第1問**の最後の問いがセンター試験とは異なる共通テスト固有の設問である。

したがって、**二〇二四年度の第1問も、二つの評論文から出題される（二〇二二年度と二〇二三年度の本試験のケース）にせよ、一つの評論文から出題されて設問のところで「異なる種類や分野の文章」が提示される（二〇二一年度の第一日程、二〇二二年度と二〇二三年度の追試験のケース）にせよ、最後の問いでは、「複数の題材」を関連づけて解答する問題が出題されると予想される。**

その際、文章の内容をよく理解するために生徒が作成した【ノート】や【メモ】、生徒による話し合いが提示され、その空欄箇所を補う形式の設問になることも予想される。

最後の問い以外は、漢字問題、傍線部の内容や理由を問う問題、本文の表現や構成について問う問題など、センター試験でも出題されてきた問題になると予想される。

〈学習対策〉

〔出題傾向〕のところで確認したように、センター試験と異なる共通テストの特徴は、「複数の題材による問題」、つまり複数の題材を関連づけて解答する問題にあるが、共通テストの**第1問**でこの種の問いが出題されるのは、最後の問いだけである。それ以外の問いは一つの題材（評論文）から出題されている。二〇二二年度と二〇二三年度の本試験のように二つの評論文（**【文章Ⅰ】**・**【文章Ⅱ】**）が取り上げられている場合も、二つの評論文を関連づけて解答する最後の問い以外は、それぞれの評論文から出題されている。また、最後の問い以外は、漢字問題、傍線部の内容や理由を問う問題、本文の表現や構成について問う問題など、センター試験でも出題されてきた問題である。

したがって、一つの論理的な文章（評論文）の内容を的確に読み解く力を養成することが重要になる。「複数の題材」を関連づけて理解する場合にも、それぞれの題材の内容が的確に理解できていなかったら、その理解は不十分なものにしかならないだろう。そこで、**まず、一つの論理的な文章（評論文）を読み解く練習を十分に行い、その上で複数の題材を関連づけて理解する練習を行えばよいだろう。**

一つの論理的な文章（評論文）を読み解く練習は、センター試験の過去問などでも行うことができる。また、複数の題材を関連づけて理解する練習は実際の共通テストの問題（二〇二一年度の第一日程／二〇二二年度の本試験と追試験／二〇二三年度の本試験と追試験）や共通テスト用の模擬試験の問題および共通テスト用の問題集などで行えばよいだろう。

二〇二二年度の本試験、二〇二三年度の本試験と追試験では、**問1**の漢字問題で、一つの漢字が異なる意味を持っていることに着目し、傍線部とは異なる意味で使われているものや、傍線部と同じ意味で使われているものを選ぶ問題が出題された。漢字の書き取りだけではなく、漢字の意味にも日頃から注意するように心がけてほしい。

第2問（文学的文章）

二〇二四年度の第2問は、二〇二一年度・第一日程、二〇二二年度・本試験と追試験、二〇二三年度・本試験と追試験の第2問と同様に、一つの小説から出題され、最後の問いでは、小説とそこで提示されている「異なる種類や分野の文章」とを関連づけて解答する問題が出題されると予想される。「異なる種類や分野の文章」としては、批評文や俳句・短歌・詩や随筆や広告文など様々な種類の文章が考えられる。また、「学習の過程を意識した問題の場面設定」としては、生徒が作成した**【ノート】**・**【文章】**（二〇二二年度と二〇二三年度の本試験のケース）や提起された問題について生徒たちが話し合っている会話文（二〇二二年度・追試験のケース）が提示され、その空欄箇所を補う

ような問題が出題されると予想される。

二〇二二年度の本試験と追試験、二〇二三年度の本試験では語句の意味を問う問題が出題されなかったが、二〇二三年度の追試験では出題された。ということは、語句の意味を問う問題が出題される可能性はあるということである。

第2問でも、最後の問い以外は、傍線部の内容や理由を問う問題、主人公や登場人物の心情を問う問題、小説の表現について問う問題など、センター試験でも出題されてきた問題になると予想される。

〈学習対策〉

共通テストの**第2問**でも、「複数の題材」を関連づけて解答する問題は最後の問いでしか出題されていない。それ以外の問いは、傍線部の内容や理由を問う問題、主人公や登場人物の心情を問う問題、小説の表現について問う問題など、センター試験でも出題されてきた問題である。

したがって、一つの文学的な文章（小説）を読み、その内容と同時に登場人物の心情や表現の特徴を捉える力を養うことが重要になる。そこで、論理的な文章と同様、**まず、一つの文学的な文章（小説）を読み解く練習を十分に行い、その上で複数の文学的な文章（小説と批評文・随筆・詩など）を関連づけて理解する練習を行えばよいだろう。**

一つの小説を読んで、その内容や登場人物の心情や表現の特徴などを捉える練習は、センター試験の過去問でも行うことができる。また、複数の題材を関連づけて理解する練習は実際の共通テストの問題（二〇二一年度の第一日程／二〇二二年度の本試験と追試験／二〇二三年度の本試験と追試験）や共通テスト用の模擬試験の問題および共通テスト用の問題集などで行えばよいだろう。

すでに指摘したように、語句の意味を問う問題も出題される可能性があるので、センター試験の過去問などで練習しておくとよいだろう。

古　文

'21年度からはじまった大学入学共通テスト3年目の古文は、'21年度の第1日程と同じように、設問の中に別の出典の文章が引用されたもので、'22年度の本試験のように【文章Ⅰ】と【文章Ⅱ】として二つの作品が出題される形式ではなかった。ただし、大学入試センターの発表した「令和3年度大学入学者選抜に係る大学入学共通テスト問題作成方針」（以下「方針」）にある「異なる種類や分野の文章などを組み合わせた、複数の題材による問題を含めて検討する」という方針に沿った出題であることは同じである。本文は、平安時代後期の歌人である源俊頼の歌論書『俊頼髄脳』からの出題で、**問4**に同じ俊頼の私家集『散木奇歌集』の一節（詞書と連歌）が引用されている。出典は歌論であるが、出題本文は、殿上人が皇后寛子のために船遊びをし、その宴を盛り上げるために連歌（短連歌）を企画したが、誰も句を付けることができずに終わるといった話で、内容的には説話といってよいものであった。

設問については、二年間の共通テストを踏襲しており、大きく変更した設問はなかった。**問1**は短い語句の解釈問題で、'22年度本試験と同じ形式で、設問数も同じ三つであった。（'21年度第2日程・'22年度追試験は二つ）。**問2**の語句の表現に関する説明問題は、傍線部についての、文法や語句の意味、内容に関わる設問で、'22年度本試験と形式的に同じである。ただ、これまでの設問では、傍線部はひと続きの長い語句であったが、'23年度は短い語句で、離れた所にある5箇所に傍線が引かれていた。傍線部の引き方の違いはあっても問うていることは同じである。このタイプの設問が新傾向の一つで、三年連続して出題されていることからも定着したものと思われる。ただ、'23年度は文法色の強い設問になっていた。**問3**は三つの段落についての内容説明問題で、'22年度追試験や、これまでのセンター試験でも見られたものである。**問4**は、'21年度第1日程と同じで、本文とは違う文章が引用されていたが、設問形式は、'22年度本試験と同じで、教師と生徒の話し合いの場面が設定され、生徒の会話の中に三つの空欄があって、その空欄に入るものを選ぶという問題であった。具体的には(i)は修辞（掛詞）に注目した連歌の解釈、(ii)は本文「もみぢ葉の」の句の解釈、(iii)は本文の読解の3問である。和歌修辞が直接問われたのは共通テストでは初めてである。

三年にわたる共通テストをみると、これまでのセンター試験と設問設定には大きな変化が見られるが、内容的には**大きくセンター試験の流れから外れるものではなかった**。よって、共通テストの古文については、これまでのセンター試験と同じように古文の総合的な力が試されると言ってよい。つまり、重要古語の習得、文法の理解、古典常識の理解、本文内容読解である。よって、これらの力を身につけるには過去のセンター試験も利用して学習することが一番効果が上がる方法といえる。以下にこれまでのセンター試験の特徴も含めて述べるので、それを踏まえて過去のセンター試験も解いてほしい。それに加えて、前述した共通テストの特徴を具体的に知ることも必要である。'23年度本・追試験、'22年度本試験と'21年度第1・第2日程の問題が解説付きで掲載されているので、それによって共通テストの特徴を知り、さらに〈**学習対策**〉を利用して共通テスト対策を行ってほしい。

センター試験や共通テストの国語の各科目の難易度は解く順番などに影響されるので一概にはいえないが、河合塾で集計した本試験のデータを見る限り、難度に相当ならばらつきがある。この10年間において、古文の難度を河合塾のデータから難しい順に並べると、'14年度『源氏物語』、'22年度『増鏡』『とはずがたり』、'23年度『俊頼髄脳』、'21年度第1日程『栄花物語』、'15年度『夢の通ひ路物語』、'18年度『石上私淑言』、'20年度『小夜衣』、'19年度『玉水物語』、'17年度『木草物語』、'16年度『今昔物語集』となっている（'21年度第2日程はデータなし）。

ちなみに、同じデータでは、'23年度の古文は、難しい方から3番目で'22年度より易しかったことが判明した。

そこで、学習対策を立てる場合、目標を最初から'14年度『源氏物語』などの難度の高いところに置くのではなく、センター試験や共通テストの中では比較的易しいレベルの問題である'16年度『今昔物語集』、'17年度『木草物語』、'19年度『玉水物語』などに置くのがよい。それには、まず助動詞・助詞を中心に**古典文法**を習得し、同時並行して三五〇語程度の**重要古語**を習得することである。これら古文の基本はできるだけ早い時期に一気に進める方がよい。その上で、古文の標準的な文章を読みながら**古文常識**（その時代の生活習慣）などにも少しずつ理解を深めながら、内容読解の力を高めていくことである（詳しくは後述の〈**学習対策**〉参照）。

出典の時代・ジャンルに関係なく、センター試験や共通テストの古文に見られた顕著な傾向の一つに、**和歌を含む文章が多く**、問題文に和歌があれば、**必ず**設問にされるということがある。この10年間の本試験において、まったく和歌が出題されなかったのは、センター試験では'14・'16・'18・'20年度だけである。共通テストでは'23年度が本文に和歌の一部、設問に一首（連歌）、'22年度が本文に一首、'21年度第1日程が本文・設問で計五首、第2日程が本文に二首、センター試験では、'15年度・'17年度・'19年度は二首（'19年度の一首は連歌）あり、それらはほぼすべてが設問にもなっていた。ということは、**和歌に慣れ、その読解力を養う**必要があるということである。掛詞や序詞といった和歌の修辞について一通りの勉強をしておくべきだし、何よりも和歌を解釈できるようにすることが一番の課題である。

設問は、短い語句の解釈が三つ、助動詞・助詞の識別や敬語、品詞分解などの文法問題が一つ、というのがほぼ定番であった。共通テストになってからは、文法の単独問題は出題されなくなった。主たる設問は、内容・理由・心情の各説明問題や本文の趣旨を問う問題であり、そのほか、主語判定問題、ある程度長い部分の要約問題、本文内容合致問題などもある（配点は部分に関わる設問より本文全体に関わる設問の方が、当然高くなる）。また、文章の表現の特徴や、文章の構造といった、問題文の内容だけでなく、その文章自体の表現や全体の構造などを問う問題も出題されている。'01・'02年度の本・追試験に文学史の問題が出されたが、そのあと本試験では文学史に関する設問はなかった。ところが、'08年度本試験では本文の表現にからめて、江戸時代の作者と作品名が問われた。暗記をするだけで解ける単純な文学史の問題は高校側の批判もあるが、共通テストでは文学史は出さないとは明言していない以上、今後も出題される可能性はある。ちなみに、共通テストでは文学史に関連する問題は出題されなかった。

最後に、センター試験本試験の古文の文章の長さを指摘しておこう。以前は一一〇〇字から一五〇〇字ほどであったが、'09年度は一七〇〇字以上、'10年度は一六〇〇字以上、'11年度は一八〇〇字弱、'12年度は一一五〇字、'13年度は一二〇〇字、'14年度は一二七〇字、'15年度は一二三〇字、'16年度は一七〇〇字、'17年度は一四〇〇字、'18年度は一三〇〇字、'19年度は一七〇〇字、'20年度は一二八〇字ほどであった。'19年度は本文が読みやすかったこともあって'17年度同様長かったが、'20年度はだいぶ短くなっていた。当然一般の入試問題よりは相当長い。

これだけ**本文が長い**上に、各設問の選択肢の文もそれなりに長いが、それを二十分で解かなくてはならない。となると、どうしても速く読むことが要求される。これはすぐにできるものではない。訓練が必要である。最初はゆっくりじっくり読むことから始めるしかないが、そのような初心者の読み方から、時間を決めて取り組むなどの練習を重ねて、素早い実戦的な読みに向けて、自分の読み方を発展させていかなくてはならない。これは、大変なことだが、避けては通れない道である。

ちなみに、共通テスト本試験では、'21年度第1日程は本文九一七字、和歌の引用二八字、第2日程は一一六三字、'22年度は本文一一四八字、'23年度は一三二一字であった。センター試験と比べると、短い方だといえよう。ただ、前述したように一般の入試問題よりは相当長い。

〈学習対策〉

Ⅰ　共通テストに対応する古文の総合的な学力を身につけるために

①　やさしい古文からはじめよう。

この『過去問レビュー』の古文問題を一題でもやってみて、その古文がほとんど読めない、問題が解けない、という受験生は、もう少し易しめの問題集からはじめるべきである（例えば、河合出版の『マーク式基礎問題集　古文』など）。それでも難しいと感じる人はもっと入門的な古文問題集からはじめることだ。いきなり本番レベルの問題集をやってみて、これは自分にはできるものではないと思ってしまうのが一番よくない。正しい段階を踏めば必ず、共通テストの古文は読めるし、解けるようになる。今の自分のレベルに合った古文問題集からはじめること、そして、それなりの力がついた人はこの『過去問レビュー』で実戦的な対応力を養ってほしい。

②　古典文法を習得しよう。

助動詞・助詞の基本的な意味用法がわかっていなくては、正確な読み方はとてもできるものではない。どんなスポーツにも基本練習というものがあるように、これが身についていてはじめて、試合という実戦の場に出ることができる。基本の鍛錬はあまり面白いものではないが、これをいいかげんにはできない。ぜひとも「文法問題集」を一冊はやってほしい（例えば、河合出版の『ステップアップノート30　古典文法基礎ドリル』『ステップアップノート30　古典文法トレーニング』など）。

③　重要語句や慣用句をしっかり覚えていこう。

古文の覚えるべき単語は英語のように数千ではない。数百である。古文の問題を一題やると、そこにいわゆる重要語句というのは三十～四十は出てくる。それを確実に覚える努力をしていけば、数箇月で数百はおのずから蓄えられる。それともう一つ、便利な「古文単語集」というものもある（例えば、河合出版の『春つぐる　頻出古文単語480』など）。これでさらに補強するとよい。

④　登場人物を押さえ、文の主語を確認しながら読み進めよう。

古文の大きな特徴は、英語のように主語がいつも明示されているわけではないということである。そこで、明示された主語を手がかりに、明示されていないところの主語を確認しながら読むことが求められる。一文の主語が誰かということを常に意識しながら読み進めること。これは古文の内容を読解するには欠かせない訓練である。

⑤ たくさんの問題を解いて本格的な読解力をつけよう。

古文の問題を一題一題確実にやっていくことがもちろん最も大事なことだが、問題を解いた経験が乏しくては、ちょっと新傾向の問題などが出されるともう歯が立たない。内容も文体も違う多くの問題を解いていく中で、単語力も古文常識も増し、様々な設問に対応する幅もでき、そして読むスピードも速くなってくる。そこで、本格的な読解力が培われるのだ。ためらわず常に新たな問題に挑戦し続けてもらいたい。

Ⅱ 共通テスト対策のために

共通テストに準拠した予想問題をたくさん解こう。

前記の共通テストの特徴に合わせた演習が必要であるが、過去のセンター試験問題だけでは十分とはいえない。よって、前記の特徴を踏まえた予想問題を利用した演習が必要になる。例えば、河合出版から『マーク式基礎問題集　古文』や、『大学入学共通テスト総合問題集』『大学入学共通テスト対策パック』などが順次刊行される予定なので、これらを利用して演習量を増やそう。

漢　文

本年は、唐の白居易(はくきょい)の『白氏文集(はくしぶんしゅう)』から、**【予想問題】**として序論（問題提起）と**【模擬答案】**として本論が出題された。「君主が賢者を探す方法」を主題とした評論で、**【予想問題】**も**【模擬答案】**も官吏登用試験に備えて作者が自作したひと続きの文章である。

【予想問題】と**【模擬答案】**という体裁で二つの問題文が取り上げられており、「複数の題材による問題」「多面的・多角的な視点」という共通テストの出題方針に沿ったものになっている。しかしながら、日本漢文を取り上げたり、故事成語をモチーフにしたりして、日本文化との関連性を踏まえて出題する試行調査の手法は、見られなかった。

本文の内容については、これまでのセンター試験では、学問論、政治論、教育論などの硬質な評論文から、随筆、さらには人物のエピソード、漢詩、漢詩を含む文と、さまざまなジャンルのものが採用されてきたが、共通テストでもこの方向に変化はないようである。出題される素材の時代は、これまで先秦から清に至るまで様々な時代のものが採り上げられてきたが、共通テストでも特別に限られた時代ののだけが採用されるということはないと予想される。現に、昨年度は**【序文】**も、**【詩】**も清であり、今年度は**【予想問題】**も**【模擬答案】**も唐であり、採り上げられる文章が複数であればなおのこと、様々な時代の詩や文章が用いられるはずである。

設問については、二つの問題文が提示されていたことから、その双方に関わる設問が出題されたが、それ以外は、語の意味の問題、解釈の問題、返り点と書き下し文の問題、比喩の問題と、これまでのセンター試験の問題および共通テストの問題と本質的に大きな変化はなかった。また、複数の問題文相互に関わる設問も、結局はそれぞれの文章の内容を的確に把握できているかどうかが肝要であり、内容の把握ができていれば確実に得点できる問題である。また、二〇一七年度、二〇一八年度の試行調査では、日本における漢詩の受容や故事成語の意味を問う問題など、文学史や成語の知識が必要となる問題があったが、共通テストでは句法や重要語、そして漢詩の知識などをもとに内容を精査していけば解答を得られる問題ばかりであり、この傾向は恐らく今後も続くと考えられる。したがって、語句の読みの問題、語句の意味の問題、熟語の問題、書き下しの問題、解釈の問題、内容説明の問題、理由説明の問題、趣旨や主張に関する問題、構成に関する問題、文法や句法についての問題、漢詩の出題の場合には押韻や対句を絡めた問題など、漢文として極めて一般的な設問が大半を占めるものと想定される。

〈学習対策〉

共通テストであっても基本的に要求される学力に変化はない。もちろん出題される形式にある程度慣れておくに越したことはないが、やはり読解力を養い思考力を養成することが何よりも大切である。そして、読解力、思考力の養成には、句形、重要表現の習得と錬成に努め、漢詩を含む基礎事項の習熟に励むのが最も有効な手立てである。

したがって、漢文の実力養成に必要なものとしては、句形や文法の習得、重要表現などの語彙力の獲得、さらに的確な訓読ができるよう訓練することである。一つ一つの文の意味を正しく理解し、筆者が伝えようとしている内容を把握することができるようになれば、どんな問題が出題されても適切に対処することができるはずである。高得点を目指すには、これら基礎的な要件を踏まえた上で、問題演習を行うことである。問題に取り組むにあたっては、以下の点に留意してほしい。

① 漢文の基本構造を習得する。

漢文はもとより中国語であるから、日本語のセンスだけに頼って読むのは危険である。訓読の問題でつまらないミスを犯さないためにも、問題文を復習する際には、語順に注目して文の構造に留意し、主語、述語、目的語などの位置関係を確認しながら読むことを心がけよう。

② さまざまなジャンルの文章に多くあたる。

本番でどういう文章が出題されるかを予測するのは困難である。漢詩を含め、どんなタイプの文章が出題されても対応することのできるように、様々なジャンルの文章にあたり、読解力を養成しよう。

③　本文の大意の把握につとめる。

要は設問が解ければよいのである。多少わからないところがあってもそこで立ち止まらず、論理の展開やストーリーを大づかみにとらえよう。また、選択肢で迷った場合などには、文章全体の大意をもう一度確認してみるのも効果的である。

④　設問は必ず本文中に根拠を求めて解く。

文中に根拠を求めずに選択肢ばかりを漫然と眺めているようでは、どんなに多くの問題を解いても確実に高得点を得られるようになることは困難である。傍線部や設問として問われている箇所自体の意味と、その前後の文脈、そして全体の趣旨や大意などに根拠を求めて選択肢を検討するように心がけよう。

⑤　本文中の句形や重要表現、さらに日常使われる漢字を確認する。

句形の知識や、重要表現などの知識が問われることが少なくないが、さらに現代の日常生活で普通に用いられる漢字の意味などが問われることも少なくない。問題演習の際には、解答と全文解釈を確認するだけでなく、文中に使われている句形や重要表現、そして日常使われる漢字の意味などについても確認しておこう。

河合出版の『入試必須の基礎知識　漢文ポイントマスター』は句形や重要語の用法だけでなく、重要表現、漢詩の規則など、漢文の基礎知識が要領よくまとめられ、漢文学習必携の本としてぜひおすすめしたい。

出題内容一覧

現代文

〈論理的文章〉

設問内容 ＼ 年度		'15		'16		'17		'18		'19		'20		'21		'22		'23	
		本試	追試	本試	追試	本試	追試	本試	追試	本試	追試	本試	追試	第1日程	第2日程	本試	追試	本試	追試
基礎知識	漢字	1	1	1	1	1	1	1	1	1	1	1	1	1	1	2	1	2	2
	ことわざ・四字熟語・慣用句						1	1		1									
	語句の意味																		
文法	文の構造																		
	品詞・用法の識別																		
修辞	表現の使い分け・表現意図	1	1		1	1	1	1		1	1	1	1			1			
読解力	指示語																		
	空欄・語句の挿入													4		2			
	理由説明(因果関係の把握)	2		1		1	1	2	1	1	1		2					1	1
	内容理解・内容説明	1	4	2	3	3	2	2	2	2	2	3	1	3	3	3	3	3	3
	論理展開			1	1	1	1	1	1	1	1	1	1		1		1		
	論旨・趣旨判定	1		1	1		1		1	1	1	1	1		1				
	複数の題材の関連付け													3		2	3	3	2

〈文学的文章〉

設問内容 ＼ 年度		'15		'16		'17		'18		'19		'20		'21		'22		'23	
		本試	追試	本試	追試	本試	追試	本試	追試	本試	追試	本試	追試	第1日程	第2日程	本試	追試	本試	追試
知識	語句の意味	1	1	1	1	1	1	1	1	1	1	1	1	1	1				1
文法	文の構造																		
	品詞・用法の識別																		
修辞	比喩・擬人法など																		
読解力	指示語																		
	空欄・語句の挿入														1	1			
	理由説明(因果関係の把握)	1	1				1	2		1				1		1	1	1	2
	内容理解・内容説明	1	2	1	2	1	1		3		2	2	3	2		1	2	2	
	心情説明	1	1	3	2	3	2	2	1	3	2	2	1	1	4	4	2	3	2
	場面の構成																		
	複数の題材の関連付け													2		2	2	2	2
解釈力	表現の効果・特徴(鑑賞)	1		1	1	1	1	1	1	1	1	1	1				1		1
	人物像	1																	

〈論理的文章〉テーマ別出題一覧

テーマ ＼ 年度	'15		'16		'17		'18		'19		'20		'21		'22		'23	
	本試	追試	本試	追試	本試	追試	本試	追試	本試	追試	本試	追試	第1日程	第2日程	本試	追試	本試	追試
哲　学		○									○				○			
文　学				○														
学　問					○	○						○						○
文　化	○		○				○			○			○	○			○	
言　語									○									
芸　術																		
社　会								○								○		
人　生																		
環　境																		

〈文学的文章〉テーマ別出題一覧

テーマ ＼ 年度	'15		'16		'17		'18		'19		'20		'21		'22		'23	
	本試	追試	本試	追試	本試	追試	本試	追試	本試	追試	本試	追試	第1日程	第2日程	本試	追試	本試	追試
恋　愛																		
病　気					○				○			○						
老い・死		○									○	○			○			
動　物																		
故　郷																		
事　件															○	○	○	○
少年・少女								○							○			
家　族			○	○	○		○		○	○	○	○						
人　生	○					○							○	○		○	○	○

※テーマがまたがっているものは複数○を付している。

古文

数字は問題数で，⌒の中はマーク数。

年度		'15		'16		'17		'18		'19		'20		'21		'22		'23	
設問内容		本試	追試	本試	追試	本試	追試	本試	追試	本試	追試	本試	追試	第1日程	第2日程	本試	追試	本試	追試
語句・文法に重点のある設問	(1)語句・短語句訳	1(3)	1(3)	1(3)	1(3)	1(3)	1(3)	1(3)	1(3)	1(3)	1(3)	1(3)	1(3)	1(3)	1(2)	1(3)	1(3)	1(3)	1(2)
	(2)文・長語句訳																		
文脈の読み取りに重点のある設問	(3)主語判定・人物判定																		
	(4)指示内容・語句の内容			1		1		語句の内容2			引き歌の説明1		「心得」の内容説明1	語句・表現の説明1	語句・表現の説明1	語句・表現の説明1	語句・表現の説明1	語句・表現の説明1	文法・内容の説明1
	(5)理由説明			心情の理由の説明1			1		2	1				1	1	1	1		
	(6)心情説明	2	2		主語と心情1心情2	1	発言内容の説明2			2	2	3	2		行動や心境1心境1（2）	院の言動1			1
	(7)文・語句補充															話し合いの中の空欄3		（話し合いの中の空欄3）	（ノートの中の空欄2）
	(8)和歌の解釈・説明	1（※1）	1			1			1		短連歌のやり取りの説明1		六首の和歌のやりとりの説明1	三首の和歌の説明1			（本文・資料の和歌の内容1）	（連歌の修辞・内容の説明1）	（本文・引用文の和歌の内容1）
	(9)要旨	手紙の内容1内容1	内容不合致1	2（※2）	内容合致1	人物の説明1	内容不合致1	内容の要約2	内容と表現1	主人公の姿1		内容の説明1		登場人物の説明1	「月」が描かれた場面1	（話し合いの中の空欄3）	段落内容1（2）・心情1・詞書と段落1	話し合いの中の空欄3	人物1・段落1・心情1（3）
知識を問う設問	(10)文法・修辞	敬意1	「ば」「む」「せ」の識別1	「の」の識別1	「む」の識別1	「ぬ」「に」「ね」の識別1	品詞分解と敬語1	品詞分解1	敬意1	敬意1	「に」の識別1	敬意1	敬意1				（文法と内容の説明1）	（連歌の修辞・内容の説明1）	（文法と内容の説明1）
	(11)文学史																		

（※1）手紙に含まれた和歌の説明で、「手紙の内容」に含まれている。　（※2）事のあり様の内容1・内容1

漢文

年度	'15		'16		'17		'18		'19		'20		'21		'22		'23	
設問内容	本試	追試	本試	追試	本試	追試	本試	追試	本試	追試	本試	追試	第1日程	第2日程	本試	追試	本試	追試
語の読み	2			2	2			2	2		2		2					
語の意味		2	3	2	2	2	1			2		2			3	2	3	
熟語																		
句・文の読み	1	1	1	1	1	1	1	1		1	1		1	1	2	1	1	1
句・文の解釈	1	1	2	1			3	1		1			4	3	1	2	1	3
読み・解釈									1									
読みと主張				1		1												
内容説明		1	1			1	2	1	3		1			1	1	1	2	2
原因・理由説明	1				2	1	1	1		2		1				1		
修辞法・表現・文法	3					1		1			1	1		1				
指示内容		1										1						
主語指摘																		
内容特定																		
比喩の説明				1	1												1	1
空欄補充		2		1		1					1		1	1	1	1		2
空欄補充と書き下し												1					1	
心情・心境説明		1							1	1	1				1			
内容合致												1		2				
趣旨・主題・主張	1		1					1	1	1			1					
構成・段落分け																		
文学史																		

第 1 回

問題を解くまえに

◆ 本問題は200点満点です。

◆ 問題解答時間は80分です。

◆ 問題を解いたら必ず自己採点により学力チェックを行い，解答・解説，学習対策を参考にしてください。

◆ 以下は，'21全統共通テスト高２模試の結果を表したものです。

人数	102,670
配点	200
平均点	94.4
標準偏差	30.0
最高点	200
最低点	0

第1問

次の文章は、馬渕浩二(まぶちこうじ)『連帯論』の一部である。これを読んで、後の問い（**問1〜6**）に答えよ。なお、設問の都合で本文の段落に 1 〜 15 の番号を付してある。（配点　50）

1 今日、連帯の語を積極的に用いている実践的分野の一つとして、連帯経済を挙げることができる。連帯経済とは、競争や利潤や利己主義によって特徴づけられる今日の支配的な経済システムとはタイ(ア)ショウ的に、人々の協働や扶助を原理として編成される経済活動のことである。連帯経済という総称のもとにホウ(イ)セツされる経済活動は、実に多様である。協同組合、社会的企業、フェアトレード(注1)など様々な取り組みが連帯経済と総称されている。現在、連帯経済が注目されているが、それは、経済がグローバル化したことと無縁ではない。経済のグローバル化は、煎(せん)じ詰めれば新自由主義のイデオロギーのもとでの資本制のグローバル化にほかならないが、それは様々な破壊的問題を生み出している。このようなグローバル化した資本制に対抗するための一つの可能性として連帯経済が構想され、実践されている。では、経済と連帯はいかなる関係にあるのか。

2 「経済」は、今日、日常生活の中心に位置しているとさえ言える。ニュース番組では、まるで天気予報のように、日々、株価や為替相場の変動が報じられる。そうした報道が繰り返されることによって、「経済」はなかば自然現象であるかのようにイメージされるようになる。今日の「経済」は、他にも様々なイメージを生み出している。働くことは会社に勤めることだとイメージされ、経済活動は利潤をあげること、そのために競争を勝ち抜くことだとイメージされる。これらのイメージは、今やほぼ自明のものとして受け入れられているはずである。しかし、このようなイメージは、資本制が分泌するイデオロギー以外のなにものでもない。

3 これらのイメージをフッ(ウ)ショクするには基本に帰る必要がある。そのために、ここでは経済という語に関する辞書的な説明を加えておく。経済とは、人間がその生命を持続させるために必要とする財やサービスを生産し、流通させ、分配し、消費する活動のことであり、それらの活動を支える社会的諸関係のことである。人間は生きてゆくために、衣食住をはじめとする様々な物質的手段を必要とするし、それ以外にも、教育・医療・文化のようなサービスも必要とする。こうした財やサービスを私たちが享受するために営まれる活動が経済にほかならない。

4 今日、資本制経済と経済は等置されるが、このような見方は間違っている。なぜなら、経済の領域は資本制経済よりも広大だからである。資本制が経済の中心にあるのが事実だとしても、その周りには非資本制的な経済活動の広大な領域が存在するのである。この事態を表現するために、ギブソン・グラハム等は(注2)A氷山としての経済という比喩を用いる。

5 資本制によって枠取られた経済活動は、氷山としての経済の、水面上に突き出た一部分にすぎない。それは水面上に出ているがゆえに可視化されやすいが、しかし経済全体ではない。水面下には、多様な経済が潜んでいる。物々交換、贈与、自給自足、家事労働、ボランティア活動、そして連帯経済などの非資本制的な経済活動が水面下には存在しているのである。というより、それらこそ、この氷山の本体なのであり、それらがなければ資本制さえも機能しないだろう。

6 そのことは、資本制経済にとっての家事労働の重要性を考えてみれば明らかである。家事労働によって労働力が再生産されるのでないなら、資本制は確実に崩壊する。家庭における非資本制経済が資本制を支えているのである。資本制は、そして個々の資本は、こうした水面下の経済活動に支えられ、それらを無償のものとして利用することによって、かろうじて機能することができている。

7 それにもかかわらず、今日、経済は資本制によって代表されており、経済はなによりも利潤と競争によって特徴づけられる活動として理解されている。そして、資本制の外部にある経済も、加速度的に資本制の内部に飲み込まれ、資本制の色で染められ続けている。その結果、たとえば土地、自然、生物、人間、人間関係、人間の活動といった世界の構成要素が、尽く(ことごと)資本の構成要素として性格づけられるようになり、商品として売買されるようになっている。

8 Bそれでよいのだという理解もありうる。様々な営みが資本の論理や市場原理によって制御されることを理想視する新自由主義的な立場は、そのような理解を固守するだろう。だが、資本制経済の主要な舞台である市場は万能ではないと注記しなければならない。市場に登場することができるのは、市場で交換される貨幣や商品を手にしている者だけである。多くの者たちは、市場に持ち寄ることができる「資産」として労働力しかもたないから、労働力を売らなければ市場に登場することができない。労働力を含めた「資産」を欠如させるとき、その者たちは市場から退場するほかない。あるいは、そもそも市場に登場することができない。

9 かりに人間の生命の再生産を可能にするのが市場の交換関係だけであるなら、そのような者たちが自身の生命を再生産することは不可能になるだろう。だが、病などにより労働することを妨げられた者たち、生まれたばかりの子どもたち、老いてしまった者たちもまた、現に生命を再生産している。それが可能であるのは、市場の外部が存在するからである。利潤の最大化や商品交換とは異質の論理によって機能する経済が存在するからである。

10 生命の再生産という人間の根源的な営みが持続するためには、市場の外部が不可欠である。なぜなら、人間は身体的存在であるかぎり、市場の内部で成立する交換関係だけを頼りにして生きてゆくことは不可能だからである。生まれたての新生児は独力では生きるために何もなすことができない。深刻な病の床に伏しているとき、人が生きるとは、他者の力を借りることとほぼ同義である。みずから市場に登場することなく、しかし、他者の助力に支えられて生きてゆくこと——これは市場の論理の外部にある。人間の生は市場の内部では完結することができない。

11 資本制の外部に広がる経済にあっては、人々の支え合い、助け合い、分かち合いという要素が、したがって連帯という要素が前景化する。つまり、経済は連帯という性格を帯びているのである。経済の連帯性、あるいは連帯としての経済という事実を強く示唆するのが、この国で伝統的に営まれてきたが、消え去ろうとしているように見える互助的な経済活動である。それはユイやモヤイという名で呼ばれてきた。ユイは、田植えや稲刈り、あるいは屋根の葺き替えのように、一人でこなすことが困難であったり不可能であったりする作業を、地域の住民の力を借りて協働で行う互助行為である。ある人物が他者たちに労働を依頼したなら、今度はこの人物は他者たちからの労働の依頼に応じる。そのような労働の互酬がユイである。人々は、労働の互酬によって、他者を手助けすることによって結合するのである。

12 ユイが水平的で互酬的な労働交換であるとすれば、モヤイは再分配の機能をともなう。モヤイとは、「ヒトやモノを共同で提供しながら利益を分け合う行為」のことである。たとえば、地域の道路補修、地域の用水路の管理、社の周りの草刈りなどを関係者が共同で行い、その共同作業の成果を関係者が分かち合う仕組みがモヤイである。モヤイには、人々が力を合わせる「合力」によって何かを生み出し、生み出された成果を共有し、分配するという要素が含まれる。

13 ユイやモヤイのような互助の営みは、人が単独ではなしえないことを、人々が結合することによって実現し、そうすることで人々の生命を維持するための行為である。欠如と過剰の弁証法をユイやモヤイのうちに見出すことができる。このような生を支える営みを連帯的と形容することは、必ずしも的外れなことではないように思われる。人間は経済の営みを通じて連帯するのである。本来、経済は連帯である。

14 ユイやモヤイのような互助的活動によって示唆されるのは、競争や利潤の最大化とは異質な論理によって営まれる経済が資本制経済の外部に大きく広がっている可能性である。その論理は連帯的と形容されるに値するものである。つまり、経済と資本制とを同一視する発想を捨てるなら、経済において連帯がつねにすでに成立していることが気づかれるはずである。このように認識を転換したあとでは、連帯経済という言葉も、別の意味合いを(エ)ニナうことができるかもしれない。

15 連帯経済は資本制に対抗する現代の新しい試みである。しかし、連帯を原理にして経済活動を編成しようとする試みとしての連帯経済は、同時に太古から存在してきた経済の連帯性の申し子であるとも言える。その意味では、C連帯経済は新しいと同時にアルカイック[注3]でもある。経済が商品交換や利潤追求の活動へと急速にヘン(オ)ボウしつつある現在、それゆえ、生命の再生産を可能にする人間関係が大規模な地殻変動を経験しつつある現在、連帯経済は、そのような人類史的な意義と必然性を帯びるものとして位置づけることができる試みなのかもしれない。

(注) 1 フェアトレード――グローバルな資本主義体制のもとで、経済的弱者である途上国の生産者と経済的な強者である先進国の消費者が対等な立場で公正な貿易を行う取り組み。

2 ギブソン・グラハム――キャサリン・ギブソン（一九五三―）とジュリー・グラハム（一九四五―二〇一〇）という二人の経済地理学者の共同ペンネーム。

3　アルカイック――古風なさま。

問１ 傍線部(ア)～(オ)に相当する漢字を含むものを、次の各群の①～④のうちから、それぞれ一つずつ選べ。解答番号は［１］～［５］。

(ア) タイショウ ［１］
① シュショウな心がけ
② 強烈なインショウ
③ 身元のショウカイ
④ 会社名のカイショウ

(イ) ホウセツ ［２］
① 自然のセツリに従う
② 食費をセツヤクする
③ 他国とのセッショウを続ける
④ 店舗にキンセツした駐車場

(ウ) フッショク ［３］
① 夢物語をオる
② 琴線にフれる
③ 財産をフやす
④ 汚名をヌグう

(エ) ニナう ［４］
① 廃墟（はいきょ）をタンサクする
② 悪事にカタンする
③ 英会話にタンノウな社員
④ 革命のホッタンとなった事件

(オ) ヘンボウ ［５］
① 深慮エンボウ
② 将来のテンボウ
③ 危急ソンボウの秋（とき）
④ 異様なソウボウ

問2 傍線部**A**「氷山としての経済」とは、どういうことか。その説明として最も適当なものを、次の①～⑤のうちから一つ選べ。解答番号は 6 。

① 経済活動とは利潤の獲得や競争における勝利であるとする今日の資本制は、人間の生活を維持するために必要な多様な経済活動とは無関係に発展してきたということ。

② 利潤獲得と生存競争を本質とする現代の資本制は、無償の労働力を生み出す非資本制的な経済活動と互いに依存しあうことで、かろうじて機能することができているということ。

③ 様々な破壊的問題を引き起こしているグローバル化した資本制は、市場原理主義による経済の制御を目指すことで、現代の経済活動において中心的な立場になりえたということ。

④ 現代の資本制は、その背後に隠れている物々交換、贈与、家事労働、ボランティア活動のような無償の経済活動の自律性を認めることで、利潤を追求していくということ。

⑤ 利己主義や競争によって特徴づけられる今日の資本制は、市場原理や競争原理には還元できず可視化しがたい広大な経済活動の領域に依拠せずには成立しえないということ。

問３　傍線部**B**「それでよいのだという理解」とは、どういうことか。その説明として最も適当なものを、次の①～⑤のうちから一つ選べ。解答番号は 7 。

①　資本制が非資本制的な経済活動によって支えられていることに着目する新自由主義は、土地や自然や人間といった世界の構成要素を、尽く資本の構成要素として捉えることを批判する立場に賛同するということ。

②　市場原理を絶対視する新自由主義的な立場は、これまで資本制に取り込まれていなかったものすべてをその内部に組み入れ、それらを競争的に売買することを通じて利潤を最大化することを是認するということ。

③　生命の再生産という根源的な営みが持続することを重視する新自由主義的な立場は、市場で交換される貨幣や商品を手にしていない者であっても、自らの労働力を売ることで市場に参入することを認めるということ。

④　資本制の外部にあるものも市場で売買されるべきだと考える新自由主義は、労働力を含め商品として売るべきものを欠いた者は、そもそも市場に登場できないという今日の状況を容認するということ。

⑤　資本の論理によって様々な営みを制御することを理想とする新自由主義は、土地や自然や人間関係なども資本の構成要素として商品化することで、グローバルな連帯経済の実践を肯定するということ。

問4 傍線部**C**「連帯経済は新しいと同時にアルカイックでもある」とは、どういうことか。その説明として最も適当なものを、次の①～⑤のうちから一つ選べ。解答番号は 8 。

① 人々の連帯を根本において経済活動を編成する手法は、行き詰まりを迎えている資本制経済を立て直すことにつながると同時に、単独では不可能な作業を他者の助力によって実現し、今度は助力をした者が他者から助けられるという、太古から存在してきた労働の互酬の意義を人々に思い出させるものでもあるということ。

② 人々の連帯を基盤とした経済活動の推進は、今日の支配的な経済システムである市場原理や資本制に対抗すると同時に、経済においては連帯がつねに成立しているという事実を人々に気づかせ、連帯経済に支えられた利潤の最大化が人間の生命を維持するために不可欠であることを明らかにするものでもあるということ。

③ 人々の連帯を重視する経済活動のあり方は、経済と資本制を同一視する今日の経済システムが人類の歴史において極めて新しいものであることを人々に認識させると同時に、共同作業の成果を関係者が共有し再分配する仕組みを用いて連帯意識を強化することで、人間の根源的な営みである生命活動を持続させるものでもあるということ。

④ 人々の連帯を原理として経済活動を再編する試みは、現代の利潤追求と競争を基軸とする新自由主義的な資本制のあり方を相対化すると同時に、個々の人間がなしえないことを共同作業によって実現し、それを通じて生命の再生産を可能にするという、古来からある人間の経済活動のあり方を受け継ぐものでもあるということ。

⑤ 人々の連帯に価値を置いた経済活動の実践は、市場原理の徹底によって人間関係までもが影響を受けている今日の資本制を見直す契機になるとともに、現在では失われてしまった互助的活動を取り戻すことで、すべての人間の生命の再生産を可能にし、それぞれが人間らしく生きる未来を切り開くものでもあるということ。

問5　この文章の表現と内容に関する説明として最も適当なものを、次の①～⑤のうちから一つ選べ。解答番号は 9 。

① 第2段落第二文の「まるで天気予報のように」という表現は、資本制が浸透したことで、人々が経済を科学的に分析可能な自然現象であるかのように感じている状況を比喩的に示している。

② 第5段落第五文「というより、それらこそ」という表現は、直前で述べられている内容を否定し、本文の論旨に関わる重要な内容を端的に示すという役割を果たしている。

③ 第8段落の「資産」という語に「 」が付されているのは、ここで言われる資産が、人間の労働力すら売買可能な商品として対象化してしまう資本制に固有のものであることを示すためである。

④ 第10段落の「――」は、「他者の助力に支えられて生きてゆくこと」と「市場の論理の外部」という背反する内容をつなぐことによって、現代の資本制が抱える矛盾を端的に示している。

⑤ 第13段落第二文の「欠如と過剰の弁証法」という表現は、欠如を補い合う人々の互助的活動が、余剰生産物を多く産み出すことにつながり、経済成長をもたらすというダイナミズムを示している。

問6 この文章を授業で読んだMさんは、内容をよく理解するために【ノート1】・【ノート2】を作成した。本文の内容とMさんの学習の過程を踏まえて、(i)・(ii)の問いに答えよ。

(i) Mさんは、本文の 1 ～ 15 を【ノート1】のように見出しをつけて整理した。空欄 Ⅰ ・ Ⅱ に入る語句の組合せとして最も適当なものを、後の ①～④ のうちから一つ選べ。解答番号は 10 。

【ノート1】

- 連帯経済とはなにか（1）
- 経済と資本制経済（2～6）
  - 2～3 Ⅰ
  - 4～6 経済の氷山モデル
- 市場原理とその外部にある人間の生（7～10）
  - 7～8 現代における資本制のありよう
  - 9～10 Ⅱ
- 互助的な経済活動――ユイとモヤイ（11～13）
- 経済の本来的な連帯性（14～15）

① Ⅰ 二種類の「経済」のイメージの対立
　 Ⅱ 市場原理を超える連帯の思想

② Ⅰ 「経済」のイメージと経済の定義
　 Ⅱ 生命の再生産という根源的な営み

③ Ⅰ 経済の歴史的な変容と辞書的な意味
　 Ⅱ 市場の外部における連帯の意義

④ Ⅰ 今日の経済と過去の経済
　 Ⅱ 身体的存在としての人間の生命

(ii) Mさんは、人間の連帯というあり方に興味が湧き、出典の『連帯論』を読み、【ノート2】を作成した。空欄 **Ⅲ** に入る最も適当なものを、後の ①～⑤ のうちから一つ選べ。解答番号は 11 。

【ノート2】

本文では経済に注目して連帯が論じられていたが、本書には、災害時における連帯を論じた次のような一節があった。

大災害は既存の制度や秩序がうまく働くことを困難にする。その点で、大災害はたしかに一時的に混乱を引き起こす。ときに暴動や略奪も発生する。だが、暴動や略奪という事態によって大災害時の人々の姿を代表させることはできない。大災害に直面した人々のあいだには、そうした騒乱とは大きく異なる特別な光景が広がるからである。相互扶助と利他主義の光景がそれである。

大災害においては、誰もが身ひとつの状態で路頭に放り出される。この事態が意味するのは、これまで人々の生を支えていた様々な制度や仕掛けが突然に崩壊してしまうということである。このような状況に置かれたとき、人々は、他者に頼るほかに自身の生を維持する術はないという冷徹な事実に直面する。さらに、この事態は、日常生活に張り巡らされ、人々を分断していた階層や地位などの壁が一時的にせよ崩れ落ちてしまうことを意味する。

日常生活において、私たちはいつも思いやりや隣人愛から行動しているわけではない。私たちは、ときに競争相手として振る舞わざるをえなかったり、ときに相互に無関心であったりする。日常生活が奇跡的に滑らか(なめ)に進行しているかぎり、ばらばらであったり孤立していたり、場合によっては敵対している状況においても、人は生を営むことができる。たとえば、市場が相互扶助的な人間関係を代理してくれるからである。だが、この日常の秩序が大災害によって解体されてしまう。この秩序が崩壊するとき、人間は一人で生きてゆくことはできないという、生の唯物論的事実が露呈する。大災害は日常的秩序からの切断を作り出すことによって、一時的であるにせよ共同性の空間を生み出す。この空間において、人は相互扶助と利他主義を生きるのである。

考察　本文やこの一節からわかるのは次のようなことである。**Ⅲ**

①　市場原理が、それによって不可視化されてしまっている非資本制的な経済活動に代わって機能することで、人々は日常生活において、競争を重視し、相互に無関心になり、思いやりの心を喪失する場合がある。しかし、大災害がもたらす極限状況に置かれると、互いに助け合うことと市場のメカニズムを折衷しようとし始める。

②　大災害において市場の特徴である相互扶助的な人間関係が崩壊すると、一時的な騒乱が発生する。しかし、人間は他者に頼ることなしには生きられないという生の唯物論的事実に直面することで、ボランティア活動や連帯経済のような資本制の裏に隠れていた活動が活発になり、一時的であるにせよ、利他主義を特徴とする共同性が実現する。

③　大災害のような既存の秩序や制度を崩壊させる事態によって、人間の生は資本の論理抜きには維持できないという冷徹な事実が明らかになる。そこで、人々はその限界を乗り越えようとして、他者と助け合うことで思いやりの気持ちや隣人愛にめざめ、他者との連帯を実践するなかで自らの生を維持し始める。

④　人間の日常生活は、資本制を中心とした経済の原理によって営まれており、思いやりや隣人愛から行動することができなくなっている。大災害によって既存の制度が崩壊すると、暴動や略奪の発生によって混乱が生じるものの、ユイやモヤイといった連帯による経済活動の必要性が痛感され、新しい共同性の空間の構築が試みられる。

⑤ 人々は日常生活のなかで階層や地位などによって他者と分断されていても、市場における交換関係を通して生を営むことができる。しかし、大災害によって通常の秩序が崩壊すると、病人や新生児や老人と同様に、一人では生命の再生産ができないという冷徹な事実に直面し、相互扶助や利他主義によって連帯する可能性が開かれる。

第２問

次の文章は、黒井千次『春の道標』の一節である。戦後の学制改革により新制中学、新制高校が発足してまもない時期、倉沢明史は高校二年、染野棗は中学三年の秋を迎えている。これを読んで、後の問い（問１～６）に答えよ。なお、設問の都合で本文の上に行数を付してある。（配点　50）

十月の初旬に催される学校の文化祭に棗を招くことを明史は思いついた。はじめは、声をかけてみたらどうだろう、という程度の軽い気持ちだったのだが、文化祭が近づくにつれてそれは是非実現させねばならぬ計画へと彼の中で強く固まって来た。学校で自分達のやっていることを見たら、あるいはここへの進学に向けて彼女の意志がはっきりと動き出すかもしれない、との願いもそこにはこめられていた。

〈若い芽〉は文化祭を前にして揺れているらしかった。三鷹事件（注１）を中心にして支配階級の陰謀を曝露するための展示を行いたいとする名古谷達の主張が、〈若い芽〉は文化部として認められたグループではないから文化祭に参加させるわけにはいかぬ、という学校側の態度とぶつかり合い、〈若い芽〉の内部でも意見の対立があって苦しんでいる様子だった。三鷹事件をめぐる〈若い芽〉の動きを名古谷を通して見ていると、明史はやはり〈若い芽〉と自分との間には簡単に越えることの出来ぬ壁があることを感じた。彼にとって確かだったのは、今のところ三鷹事件や〈若い芽〉よりも棗の方がはるかに切実な存在である、というその一点だけであった。

高校の進学については容易に明史の誘いをいれない棗であったが、日曜日の文化祭への招きにはすぐに応じた。

その日、午後になると、遂に展示の希望のいれられなかった〈若い芽〉のメンバーが、学内でなければかまわない筈だ、と数人で組んで自分達の作ったガリ版刷り（注２）のパンフレットを正門のアーチの前で来訪客に配りはじめた。それを知った数学の教師が職員室から駆けつけ、〈若い芽〉のメンバーにやめさせようと説得にかかった。校内から出て来た生徒達と、そこにはいろうとする客によって正門前にたちまち人だかりが生れた。輪の中から、背が低いために顔は見えない名古谷の興奮した高い声だけが聞えた。

そろそろ来る頃だろう、と杉の葉で飾られたアーチをくぐり、明史が門の前の人だかりに巻きこまれかけた時、校門に近づいてくる来訪者の中に棗の姿が見えた。明史は生徒の肩を掻(か)きわけて彼女に近づいた。〈若い芽〉の三年生が棗に丁寧にパンフレットを渡した。

「賑(にぎ)やかなのね。」

彼女はアーチから人だかりの方に眼を移しながら驚きの声をあげた。

「違うんだよ、これは。そのパンフレットのことでちょっと先生と揉(も)めてるの。」

「ああ、三鷹事件の――。」

手にしたパンフレットをちらと見てから彼女は人だかりの輪の方に背伸びした。

「真中でがんばっているのが、友達の名古谷って奴なんだけど、なかなか凄いんだ。」

明史は急に友人のことを自慢したくなった。棗の知らない世界だろう、と思ったからだ。数学の教師の声が急に大きくなった。怯(ひる)むことなく言い返す名古谷の声が更に甲高く響いた。教師と対等に言い争いの出来る友達のいることが棗に対して誇らしかった。なんだ、なんだ、と叫びながら門から飛び出してくる生徒がいる。二、三人の教師が小走りにその後を追ってくる。

「行こう。」

明史は校内に棗を促した。

「助けてあげないで、いいの。」

なおも伸び上って棗が言った。

「**A**大丈夫だよ。あいつ一人じゃないんだから。」

気にはなったけれど、今はそれ以上に時間を失いたくない。ここに来たからには彼女を引っ張り廻(まわ)して見せたいものがいろいろとあった。美術展ものぞかせたいし、間もなく講堂で上演される筈の演劇にも連れて行きたい。出来れば校庭の南の隅にある芝生に腰をおろして学校の全景を眼に収めながら少しゆっくり話もしたい。

昇降口からの階段を上った突き当りの廊下に机を並べて文芸部員が機関誌を売っている。隣の一年生に背を向け、ふてくされたように横を向いて爪楊枝をくわえていた湊が明史に気づいて隣の棗を見た。

「金、後で払うからな。」

そっと湊に告げてから明史は積み上げられている雑誌を一冊、わざと(ア)無造作な手付きで取りあげて棗に渡した。

「あげます。学校を出てから読んだ方がいいよ。」

ありがと、と口だけを大きく動かし、実際には囁くような声で答えて彼女はそれを胸に抱いた。三鷹事件のパンフレットを受け取った時とは様子が違うのに彼は満足した。そこには彼の短い恋愛詩がのっていた。湊は少し驚いたような顔で二人を見比べたが、すぐにまたいつもの表情に戻ると足を組んで貧乏ゆすりをはじめた。

「〈若い芽〉がな、アーチの前でパンフレットを配ってイワシ(注3)と揉めているぞ。」

明史は傍の棗を意識して(イ)ぶっきらぼうに言った。しょうがねえな、と(ウ)億劫そうに腰をあげた湊は、しっかり売れよ、と一年生を振り返ってから階段を降りていく。

余った机が教室から運び出されて二段に積まれ、天井からポスターや飾りが下がり、窓には案内のビラが張られている廊下を、生徒の家族達がぞろぞろと歩いている光景は、とてもいつもの学校とは思えない。

展示や実験などの教室を幾つかまわって講堂にはいると、既に暗幕の引かれた場内は別世界のように外部から遮断され、ざわめきと人いきれでふくらみかえっている。入口の幕をくぐってすぐ明史は横から呼びとめられた。木賊が立っていた。

「〈初恋〉の女優はほんとに美人だよ。」

演劇部が近くの都立の女子高から借りて来たという女子生徒のことだった。

「今朝、講堂の横で会ったんだ。あの学校にあんな奴が――。」

B 木賊は明史の後について暗幕をくぐり、その背中に身をつけるようにして立っている棗に気がついたらしかった。お前、と呟いたまま黙ってしまった木賊に明史は棗の名を告げた。俄かに態度の変わった木賊が、前に席がとってあるから、と明史の手を引くようにして狭い通路を前方に案内した。築比地の横の椅子が幾つか、帽子や本を置かれて確保されている。荷物を慌てどけた木賊がそこに明史と棗を坐らせた。天井に吊られた裸電球の明りの中で築比地が椅子の上に背をそらせて棗を見た。

「来年、うちの学校に来るかもしれない染野さん。」

「来るって?」

顎を前に出して軽く挨拶はしたものの、築比地には明史の言った意味がよく伝わらないようだった。

「受けるんだよ、入学試験を。受ければはいるんだ。」

「今、中学生?」

築比地は大袈裟に肩をすくめた。

「そんなに私、老けてますか。」

棗が椅子から身を乗り出し、明史越しにまっすぐ築比地を見て言った。

「いや、受けて下さい。是非来て下さい。」

狼狽えた築比地が下を見ながらぼそぼそと答えた。すぐ開幕するからもう少し待ってほしい、と場内放送があった。会場のあちこちから弥次が飛び、指笛が鳴り、場内は一層賑やかになる。

「やいやい、倉沢がお前、恋人を連れて来たんだって?」

名古谷の高い声がいきなり背中に浴びせられて明史は後ろを振り向いた。通路を歩いて来た彼は明史の横の棗が眼にはいると、お、いけね、と頭を掻いた。名古谷の開けひろげの言葉に戸惑いつつも、これが正門前で教師とやり合っていた友達だ、と明史は棗に囁いた。紹介するのも照れ臭いままに黙っていると、棗は曖昧に頭を下げてから、大丈夫だったんですか、と名古谷を見上げた。

「なにが?」

「校門のところで先生に捕まってたんでしょ。」

「はは、知ってたの。あれは君、捕まったのではなくて、教師に説教していた。どうも本校には、わけのわからんおっさんが多くてな。」

先刻来の昂揚が続いている様子の名古谷だった。棗が相手に向けた眼を大きくして瞬いた。

「それで、先生の方との話はうまくついたのか。」

築比地が質した。

「つく筈ないじゃないの。」

「なら、どうしたんだ。」

「ごたごたやり合ってる間に、もう配るパンフがなくなったからな、それじゃ止めましょう、って帰って来たのさ。」

けけけ、と聞える笑いをあげ、名古谷は棗の向こう隣の椅子に音をたてて坐った。

これまでいつも二人だけでしか会っていなかった明史は、いきなり棗ごと友人達に取り巻かれて落着かなかった。自分以外の男に対する棗の人怖じしない態度は新鮮だったが、どこか心配でもあった。そのまま誰の方にも棗が平気ですいすいと近づいて行きそうな感じがしたのだ。椅子の背に手をまわして彼女を横抱えにしていたかった。

ベルが鳴り、突然明りが消えた。照明のまるい光をあてられた黒幕が揺れながら不器用に開いていく。まばらな拍手と歓声があがった。明史は背中を強く突かれた。

「やるよ、これ。二人で食いな。」

薄闇の中に小振りのりんごが一つ肩のあたりに差し出され、その上に木賊の顔がぼんやり浮かんでいる。お、サンキュー、と受取って明史は膝の上でそれを割ろうとした。蔕のくぼみに両手の親指をいれ、左右に力まかせに引けばりんごは綺麗に割れる筈なのに、腕ばかり震えて果実は二つに分かれようとしない。

「なにしてるの。」

棗が耳もとで質ねた。きかれてはじめて、彼は割らずにりんごを一個彼女に与えればいいのだ、と気がついた。

「木賊が君にくれた。」

「あなたのは?」

「いいんだ。」

「食べて。」

「君が食べて。」

　暗がりで肩を寄せ合って囁き交わしていると明史の眼から舞台が消えた。身体がわけもわからず足の方から熱くなり、棗が現われて以来のぽっと火照ったようなこわばりが額から顔いっぱいに拡がってくる。彼女の温かな両手がりんごを摑んだ彼の手を包むようにして押し返して来た。

　明史は唐突にりんごに齧りついた。ばしっと鳴って厚い皮が破れ、酸っぱい味が口を走った。

「こっちから齧ったから……。」

　彼は反対を向けて躊躇いがちにりんごを差し出した。いらない、と断わられたら全部ひとりで食べねばならぬ、と考えながら。

「ううん。そっちがいい。」

　薄暗がりの中にぼんやり白く見える明史の齧り跡に口を重ねてりんごを噛む棗を感じた。顔を伏せて彼女のりんごを噛む音を彼は聴こうとした。舞台の上を動く人物の足音が邪魔だった。彼は黙って手を出した。まだいくらも食べられていないりんごが返ってくる。彼女が新しく齧ったと思われる場所に深く歯を立てた。まるで彼女を食べているみたいだった。胸が激しく鳴ってりんごを呑みこむのが苦しかった。

「少し、ちょうだい……。」

　棗の手がおずおずと伸びてくる。

「全部、食べないで……。」
C　明史はその手にりんごをのせながら囁いた。自分の声はりんごの匂いがしてりんごの味がするに違いない、と思った。彼女の口と同じ匂いで同じ味だ、と思った。

（注）　1　三鷹事件――一九四九年七月十五日、旧国鉄中央線三鷹駅構内で起きた無人列車暴走事件。戦後の複雑な政治状況がその背景にあるとされるが、事故原因の詳細は不明。

2　ガリ版刷り――謄写版という簡便な印刷方法の一つ。

3　イワシ――数学の教師のあだ名。

問1 傍線部(ア)～(ウ)の本文中における意味として最も適当なものを、次の各群の①～⑤のうちから、それぞれ一つずつ選べ。解答番号は 12 ～ 14 。

(ア) 無造作な 12
① おごそかな
② 気軽そうな
③ 意味ありげな
④ へつらうような
⑤ おどけたような

(イ) ぶっきらぼうに 13
① 無関心に
② 無神経に
③ 無作法に
④ 無愛想に
⑤ 無慈悲に

(ウ) 億劫そうに 14
① 勿体(もったい)ぶるように
② 怪訝(けげん)そうに
③ 恩を売るように
④ 諦めたように
⑤ 面倒くさそうに

問２ 傍線部**Ａ**「大丈夫だよ。あいつ一人じゃないんだから。」とあるが、このときの明史についての説明として最も適当なものを、次の①～⑤のうちから一つ選べ。解答番号は **15** 。

① 教師と怯むことなく渡り合う名古谷を友人として誇らしく思う一方、文化祭の案内を通じてこの高校の素晴らしさを棗に分かってもらい、進学の問題に悩む棗の気持ちを吹っ切らせてあげたいという思いがはやっている。

② 教師に咎(とが)められている名古谷たちの主張の方が正しいと思いながらも、一緒に行動する勇気を持てず、政治に疎い中学生の棗に校内を案内することを口実にして、一刻も早くこの場から立ち去りたいと気があせっている。

③ 教師と揉めている名古谷たちのことを心配する棗が、政治的な活動にいそしむ〈若い芽〉のグループと関わりを持つことを恐れるとともに、せっかくの文化祭を楽しみながら、二人の親密な時間を大切にしたいと思っている。

④ 政治的な問題で教師とやり合う名古谷たちに、隔たりを感じつつも無関心ではいられなかったが、この機に自分の学校の魅力を知ってもらい、棗の進学の気持ちを誘うとともに、彼女との距離を縮めたいという思いがまさっている。

⑤ 自らの主張を持ち教師とも対等に論争できる名古谷たちを頼もしく思い、この場は彼らに任せて、受験勉強で忙しいなか文化祭への招きに応じてくれた棗を満足させてあげることが、先輩としての自分の役割であると考えている。

問3 傍線部**B**以降の箇所では、棗を間にはさんだ友人たちとのやりとりが描かれている。そのやりとりを見ている明史の心情を説明したものとして最も適当なものを、次の①～⑤のうちから一つ選べ。解答番号は 16 。

① 先鋭な政治的関心を持つ友人たちと気安く言葉を交わす棗の姿を眼にしているうちに、彼らに棗が影響されてしまうように思われてきて、友人たちの言動への警戒心を募らせている。

② 高校生の異性との会話に臆することなく入っていく棗に今まで知らなかった別の顔を見出すとともに、棗が遠くへ行くような気がして、自分のもとにとどめたいという気持ちを押さえきれずにいる。

③ 自分たちの後輩になることが当然であるかのように棗を友人たちに紹介したものの、棗もその気になって友人たちとの会話を楽しむ姿を目の当たりにして、嫉妬めいた気持ちが兆している。

④ 教師との揉め事の顚末（てんまつ）を知りたがる棗の意外な一面に驚き、自分たちの活動への棗の理解を嬉（うれ）しく思いながらも、まだ中学生なのだから、それ以上そうした話に深入りしないように気をもんでもいる。

⑤ 信頼の置ける友人たちの会話を通して、棗が自分たちの高校に次第に好感を抱きつつあるのを感じて安堵（あんど）する一方で、少しは自分の方にも心を向かわせてほしいとも思い始めている。

問4　本文では棗はどのような人物として描かれているか。その説明として最も適当なものを、次の①～⑤のうちから一つ選べ。解答番号は 17 。

① なにかにつけ首を突っ込まずにいられないお節介焼きな性分で、周りの者をやきもきさせるところがある。

② 社会的な問題に関心を持ち、進取の気性に富みながら、年長者の体面に気を配る古風なところがある。

③ 誰に対しても如才なく振る舞い媚びを売ることさえ辞さない、八方美人的なところがある。

④ 自分の意志を持って行動し、ときに物怖じしない言動で相手を気後れさせるようなところがある。

⑤ 周囲への気配りを怠らない反面、好意を抱く者に対してだけはわがままに振る舞うところがある。

問5 傍線部C「明史はその手にりんごをのせながら囁いた。」とあるが、このときの明史についての説明として最も適当なものを、次の①～⑤のうちから一つ選べ。解答番号は 18 。

① 棗の思いがけない振る舞いを機に二人の距離がなくなったように感じ、少しでも長くこの幸福な時を味わっていたいと心をときめかせている。

② 棗の自分に対する愛情を確かめ得た歓びに有頂天となりながら、棗をこれからもずっと愛し、大切に守っていくと心に誓っている。

③ 棗の遠慮を知らない振る舞いにたじろぎながらも、自分も解放されていく快感を覚え、いつまでもその快感に浸っていたいと念じている。

④ 棗の大胆な好意の表現に圧倒されながらも、喜びを隠しきれず、これまでさまざまに嫉妬し、疑いもしたことを謝りたいと思っている。

⑤ 棗の無邪気を装った振る舞いが訝(いぶか)しく思えたが、一個のりんごを一緒に食べていく喜びのなかで、そうした疑念も消え去っている。

問6 次に示す【**資料**】は、この文章が収められた黒井千次『春の道標』の解説として書かれた宮本輝「清潔な蠱惑（こわく）」の一部である。これを踏まえた上で、後の(i)・(ii)の問いに答えよ。

【**資料**】

この小説は、黒井千次という作家にとっても『春の道標』となったような気がする。ある種の諧謔（かいぎゃく）と潔癖。（X）強い思考力と市民性。このような武器を秘めた作家でなければ、〝青春の恋愛〟を『春の道標』として、多くの青年たちの道端にそっと置いてみせることなど出来なかった。

黒井氏は、信念を抱いて、このてらいのない甘美な恋愛小説を書いたに違いない。時代がどのように変化しようとも、決して変わらないものを見せてやるぞ。そんな氏の、少し大袈裟に言えば弾劾の呟きが、『春の道標』を読み進むうちに聞こえてくる。（Y）氏は、作中でさりげなく、第二次世界大戦の呪縛から解き放たれ、しかもなおかつ未来に対して暗中模索の状態であった日本の世情を刻み込んだ。戦後処理が一段落し、新しい時代を歩みだした日本と、当時の若者たちの生態を書いたか。黒井氏は恋愛を書いたか。私はそうではないと思う。どんな時代にあっても、どんな人間であろうとも、必ず通っていく普遍的な道を、そしてすべての若者が立ち停まり、胸をうずかせ、苦しんだり歓んだりしながらよるべなく見つめる道しるべを書いたのだ。あらゆるものが汚濁化し、遊戯化した現代に生きるひねた若者も、『春の道標』の主人公と同じ心を持っている。少しも変わってはいないのだ。その証拠を見せてやろう。黒井氏は『春の道標』を、現代の若者へのアンチテーゼとして提示したのではなく、氏の青春を描くことによって、ねェ、きみたちも俺たちもおんなじだったんだぜ、それを見てくれよ、と語りかけて包み込んだのであった。

(i) **【資料】** の傍線部**X**「諧謔」とあるが、本文中に「諧謔」にあたる表現があるとしたら、それはどれか。最も適当なものを、次の ① ～ ④ のうちから一つ選べ。解答番号は **19** 。

① 「ありがと、と口だけを大きく動かし、実際には囁くような声で答えて彼女はそれを胸に抱いた。」(42行目)

② 「展示や実験などの教室を幾つかまわって講堂にはいると、既に暗幕の引かれた場内は別世界のように外部から遮断され、ざわめきと人いきれでふくらみかえっている。」(50・51行目)

③ 「『はは、知ってたの。あれは君、捕まったのではなくて、教師に説教していた。どうも本校には、わけのわからんおっさんが多くてな。』」(77・78行目)

④ 「まるで彼女を食べているみたいだった。胸が激しく鳴ってりんごを呑みこむのが苦しかった。」(111・112行目)

(ii) 【資料】の傍線部Y「そんな氏の、少し大袈裟に言えば弾劾の呟きが、『春の道標』を読み進むうちに聞こえてくる。」とあるが、ここで述べられている【資料】の筆者の考えとは異なる見解を提示した内容として最も適当なものを、次の①～④のうちから一つ選べ。解答番号は 20 。

① 戦後の新制高校に通う若者の恋愛体験を抒情的に描いた『春の道標』は、読者にとってはまるで自分の体験した青春の日の疼きであるかのように読むことができる。

② 『春の道標』は、大人になった作者の現在を光源として描かれたと言うより、先行きが見えないまま悩み、憧れ、未知の経験に接していく高校生に内在する視点から描かれている。

③ 『春の道標』の作者は、主人公と彼を取り巻く登場人物を戦後史のはっきりとした時間の中に立たせているが、そのような時代的状況を超えて個々の内面の動きがリアルに伝わってくる。

④ 戦後の混乱がまだ収まりきらない時代背景が主人公に暗い影を落としているが、そのことで『春の道標』は通俗的な恋愛小説に堕さず、固有の経験が刻印された本格的な小説になりえている。

第3問　次の文章は、『源氏物語』の一節である。出家の思いを心に秘めている中納言は、宇治で在俗のまま仏道修行に励む八の宮（本文では「宮」）の邸に通っていたが、そこで出会った八の宮の二人の娘の、姉君の方に心惹かれていく。そんな中で、八の宮が山寺に参籠中、病のため亡くなった。本文は、その年の暮れの、残された姉妹の宇治での様子を描く場面から始まる。これを読んで、後の問い（**問1〜5**）に答えよ。なお、設問の都合で本文の上に行数を付してある。（配点　50）

雪、霰降りしくころは、いづくもかくこそはある風の音なれど、今はじめて思ひ入りたらむ山住みの心地し給ふ。女ばら(注1)など、

「あはれ、年は変はりなむとす。心細く悲しきことを。あらたまるべき春待ち出でてしがな」

と心を消たず(注2)言ふもあり。「難きことかな」と聞き給ふ。向かひの山(注3)にも、時々の御念仏に籠り給ひしゆゑこそ人も参り通ひしか、阿闍梨も、いかがと、おほかたにまれに訪れ聞こゆれど、今は何しにかはほのめき参らむ。いとど人目の絶え果つるも、(ア)<u>さるべきこと</u>と思ひながら、いと悲しくなむ。何とも見ざりし山賤(注4)も、おはしまさで後、たまさかにさしのぞき参るは、めづらしく思ほえ給ふ。このごろのこととて、薪、木の実拾ひて参る山人どもあり。

阿闍梨の室より、炭などやうの物奉るとて、

「年ごろにならひ侍りにける宮仕への、今とて絶え果つらむが心細さになむ」

と聞こえたり。必ず冬籠る山風防ぎつべき綿衣(注5)などつかはししを思し出でて、やり給ふ。法師ばら、童べなどの上り行くも、見えみ見えずみ、いと雪深きを、泣く泣く立ち出でて見送り給ふ。

「御髪(注6)などおろい給うてけるさる方にて、おはしまさましかば、かやうに通ひ参る人も、おのづから繁からまし。いかにあはれに心細くとも、会ひ見奉ること絶えて止まましやは」

など**A**<u>語らひ給ふ</u>。

君なくて岩のかけ道(注7)絶えしより松の雪をも何とかは見る

中の宮(注8)、

　奥山の松葉に積もる雪とだに消えにし人を思はましかば

うらやましくぞまたも降り添ふや。

中納言の君、「新しき年は、ふとしもえ訪ひ(とぶら)聞こえざらむ」と思して、おはしたり。雪もいとところせきに、よろしき人だに見えずなりにたるを、なのめならぬけはひして、軽(かろ)らかにものし給へる心ばへの、浅うはあらず思ひ知られ給へば、例よりは見入れて、御座(おまし)など(イ)ひきつくろはせ給ふ。墨染(すみぞめ)(注9)ならぬ御火桶(ひをけ)、奥なる取り出でて、塵(ちり)かき払ひなどするにつけても、宮の待ちよろこび給ひし御気色(けしき)などを、人々も聞こえ出づ。対面(注10)し給ふことをば、つつましくのみ思いたれど、思ひ隈(ぐま)(注11)なきやうに人の思ひ給へ(注12)れば、「(ウ)いかがはせむ」とて聞こえ給ふ。

B うちとくとはなけれど、さきざきよりは少し言の葉続けて、ものなどのたまへるさま、いとめやすく心恥づかしげなり。「かやうに(注13)てのみは、え過ぐし果つまじ」と思ひなり給ふも、「いとうちつけなる心かな。なほ移り(注14)ぬべき世なりけり」と思ひゐ給へり。

（注）
1　女ばら――女房たち。
2　心を消たず――気落ちせず。
3　向かひの山――向かいの山にある山寺。八の宮は、山寺の阿闍梨に師事し、たびたび参籠していた。
4　山賤――山里に住む身分の低い人。後出の「山人」も同じ。
5　綿衣――真綿の入った衣服。八の宮が生前、僧侶たちに贈っていた。
6　御髪などおろい給うてける――「御髪などおろし給ひてける」と同じ。
7　岩のかけ道――ここでは、山寺への道のこと。

8 中の宮――姉妹のうちの妹君。

9 墨染ならぬ御火桶――服喪用の黒塗りではない火鉢。中納言は服喪者ではないので、平常用いる丸火鉢を取り出した。

10 対面し給ふ――訪れた中納言に姉君が応対すること。

11 思ひ隈なき――思いやりがない。

12 人――ここでは中納言を指す。

13 かやうにてのみは――このように、ただありきたりの対面をするだけでは。

14 移りぬべき世なりけり――男女の間柄では恋心を抱いてしまうものだ、ということ。

問１ 傍線部(ア)～(ウ)の解釈として最も適当なものを、次の各群の①～⑤のうちから、それぞれ一つずつ選べ。解答番号は 21 ～ 23 。

(ア) さるべきこと 21
① 当たり前のこと
② 残念なこと
③ 不思議なこと
④ あきれること
⑤ わかっていたこと

(イ) ひきつくろはせ給ふ 22
① 近づけなさる
② 整えさせなさる
③ 迎えさせ申し上げる
④ お座りになる
⑤ 用意させています

(ウ) いかがはせむ 23
① どうなるだろうか
② なんとかしてみよう
③ どうにも仕方がない
④ どんなにつらいことか
⑤ どうして会えないのか

問2　傍線部**A**「語らひ給ふ」とあるが、ここでの姉妹の心情の説明として最も適当なものを、次の①～⑤のうちから一つ選べ。解答番号は 24 。

① 父が生きていても、出家して山寺に籠もったならば、どのみち会えなかったのだと、その死を受け入れようとした。

② 父が出家し山寺にいても、存命なら邸に人も訪れ、自分たちは父と会う機会もあっただろうにと、その死を悲しんだ。

③ 出家した父は、極楽往生しているはずだから、自分たちも同様に出家して早く来世で父に会いたいと、強く願った。

④ 父は山寺に籠もったまま亡くなったが、生きている間、自分たちに会いたいと考えなかったのかと、恨めしく思った。

⑤ 父が亡くなったために、宇治の邸を訪れる人も少なくなり、父の思い出を語り合う人もいないと、つらく思った。

問3　傍線部**B**「うちとくとはなけれど、さきざきよりは少し言の葉続けて、ものなどのたまへるさま、いとめやすく心恥づかしげなり」の語句や表現に関する説明として最も適当なものを、次の①～⑤のうちから一つ選べ。解答番号は 25 。

①「うちとくとはなけれど」は、あえて中納言の機嫌を取ろうとする姉君の気持ちを表している。

②「少し言の葉続けて」は、姉君の悲しみも癒えて、ようやく人と話ができるようになったことを表している。

③「のたまへる」の「る」は尊敬の意味で、姉君が中納言を恐れ多く思っていることを表している。

④「いとめやすく」の「めやすく」は、姉君の容貌が、近くで見たくなるほど美しいことを表している。

⑤「心恥づかしげなり」は形容動詞で、姉君の応対が、すぐれていて立派な様子であることを表している。

問4 この文章の登場人物についての説明として適当なものを、次の①～⑥のうちから**二つ**選べ。ただし、解答の順序は問わない。解答番号は 26 ・ 27 。

① 「女ばら」は、年が変わり春になっても、自分たちは亡き八の宮のことを決して忘れまい、と思いをあらたにした。

② 姉妹は、八の宮亡き後は世間との交流も途絶え、「女ばら」の生活の面倒を見るのも難しくなるだろうかと心配した。

③ 「山賤」は、高貴な姉妹が、八の宮亡き後、自分たちのような卑しい者の訪問さえも喜ぶようになったことに驚いた。

④ 「阿闍梨」は、炭などを姉妹のもとへ贈った折、長年の習慣となった八の宮への奉仕が絶えてしまう寂しさを伝えた。

⑤ 中納言は、新年になったら、すぐには宇治の八の宮の邸を訪問することもできないだろうと思い、年の内に訪れた。

⑥ 八の宮は、生前、冬になるとみずから丸火鉢を用意し、出家に関心を持つ中納言の訪問を楽しみに待つ様子であった。

問５　この文章では、「雪」がたびたび描かれ、和歌にも詠まれている。それぞれの場面についての説明として最も適当なものを、次の①～⑤のうちから一つ選べ。解答番号は 28 。

①　１行目「雪、霰降りしくころは」では、山里が一面に白く清らかになることで、父八の宮が亡くなって初めて冬を迎えた姉妹が、不安を抱きつつも、この先、新しい気持ちで生活を始めようと思っていることが象徴的に表現されている。

②　11行目「いと雪深きを」では、法師や召し使いの少年たちが、見え隠れしながら、雪深い山路を、荷物を背負い、涙を流して上っていく姿を描いており、宇治の山里の冬の厳しさと人々の辛苦に満ちた生活の様子が暗示されている。

③　15行目「君なくて」の歌は姉君が詠んだもので、「松の雪」の「松」には「待つ」の意が掛けられており、姉妹の住む山里と外の世界を隔てるものとして降り積もった雪が、春が来て解けることを待ち望む気持ちが明示されている。

④　17行目「奥山の」の歌は、15行目「君なくて」の歌に答える形で詠まれたものだが、「雪」は消えてもまた降り積もるものとして意識され、雪が消えるように亡くなった父がもう一度この世に現れてくれたらと願う心が示されている。

⑤　19行目「雪もいとところせきに」では、並の身分の人でもやって来ないような激しい雪の中を、高貴な中納言が衣服の乱れを気にすることもなく、供も連れずに宇治の山里を訪れるところに、そのふるまいの軽率さが露呈している。

第4問 次の【問題文Ⅰ】は、唐代の宰相であった裴垍《はいき》に関する逸話であり、【問題文Ⅱ】は、唐代の司法官（本文では「大理」）であった徐有功《じょゆうこう》に関する逸話である。これらを読んで、後の問い（問1〜6）に答えよ。なお、設問の都合で返り点・送り仮名を省いたところがある。（配点 50）

【問題文Ⅰ】

裴垍作《なり》レ相ト、器局(注1)峻《しゅん》整《せい》ナレバ、人不二敢ヘテ干《もと》ムルニ以テセレ私ヲ。嘗(ア)有リ二故人ノ子(イ)自レ遠キ詣《いた》ルレ之ニ。垍資給(注2)優厚ニシテ、従《しょう》容(注3)《よう》トシテ款《くわん》狎《かふ》ス。其ノ人乗ジテレ間(注4)ニ求ム二京兆(注5)判司ヲ一。垍曰ハク、「公ノ才不レ称《かな》ハ二此ノ官ニ一。不下敢ヘテ以テ二故人之私ヲ一傷《そこな》ハ中朝廷ノ至公ヲ上。A它《た》日《じつ》有レバ二盲ナル宰相ノ憐ムレ公ヲ者一、不ランレ妨ゲ得ルヲ也。垍ハ則チ必ズ不トレ可《か》トセ。」

（孔平仲《こうへいちゅう》『続世説《ぞくせせつ》』による）

（注）
1 器局峻整――厳《おごそ》かで重々しい人物である。
2 資給優厚――金品などを十分に与えて手厚くもてなす。
3 従容款狎――ゆったりと落ち着き、打ち解けて慣れ親しむ。
4 乗レ間――頃合いをみはからって。
5 京兆判司――「京兆」は都の長安のこと。「判司」は文書を決裁する官。

【問題文Ⅱ】

皇甫文備[注1]、武后[注2]時酷吏[注3]。与徐大理有功論獄[注4]、誣徐党逆人[注5]、奏成其罪[注6]。武后特出之[注7]。(1)無何、文備(2)為人所告、有功訊之在寛[注8]。或曰、「B彼曩将陥公於死。今公反欲出之、何也。」徐曰、「爾所言者私怨、我所守者公法。C安可以私害公也。」

（王讜『唐語林』による）

（注）
1　皇甫文備——人名。
2　武后——則天武后。唐代の女帝。
3　酷吏——厳しくて無慈悲な官吏。
4　論獄——訴訟について審理して刑罰を定める。
5　誣徐党逆人——徐有功の仲間は謀反を企む者だと事実を偽って訴える。
6　奏成其罪——皇帝に申し上げて徐有功の刑罰を確定する。
7　出——釈放する。
8　在寛——寛大な態度で処置する。

問1 波線部(ア)「嘗」・(イ)「自」と同じ読み方をするものを、次の各群の①～⑤のうちから、それぞれ一つずつ選べ。解答番号は 29 ・ 30 。

(ア) 29 「嘗」

① 曾
② 密
③ 偶
④ 蓋
⑤ 凡

(イ) 30 「自」

① 毎
② 従
③ 以
④ 所
⑤ 雖

問２　波線部(1)「無レ何」・(2)「為二人 所一レ告」のここでの解釈として最も適当なものを、次の各群の①～⑤のうちから、それぞれ一つずつ選べ。解答番号は［31］・［32］。

(1)「無レ何」［31］
① わけもなく
② しばしば
③ 思いがけず
④ 案のじょう
⑤ 間もなく

(2)「為二人 所一レ告」［32］
① 人に告訴させたが
② 人の訴えを受理したが
③ 人に秘密をもらしたが
④ 人に訴えられたが
⑤ 人の罪を暴露したが

問3 傍線部**A**「它日有下盲宰相憐レ公者一、不レ妨レ得也」とあるが、裴垍は旧友の息子に対してどういうことを言おうとしているのか。その説明として最も適当なものを、次の①～⑤のうちから一つ選べ。解答番号は 33 。

① 後日、あなたのことを哀れに思ってくれる愚かな宰相が現れた場合には、あなたは高い官職を授けてくれるよう頼めばよいだろうということ。

② 後日、あなたのことを哀れに思ってくれる愚かな宰相が現れた場合には、その宰相があなたの望んでいる官職を授けてくれるだろうということ。

③ 後日、あなたのことを哀れに思ってくれる愚かな宰相が現れた場合には、その宰相があなたを高く評価して目をかけてくれるだろうということ。

④ 後日、あなたのことを哀れに思ってくれる愚かな宰相が現れた場合には、あなたはその人物と早く交際を結ぶとよいだろうということ。

⑤ 後日、あなたのことを哀れに思ってくれる愚かな宰相が現れた場合には、あなたはとんとん拍子で出世することができるだろうということ。

問４ 傍線部**B**「彼 嚢 将 陥 公 於 死」の返り点の付け方と書き下し文との組合せとして最も適当なものを、次の①～⑤のうちから一つ選べ。解答番号は 34 。

① 彼 嚢 将 陥レ公 於レ死　　彼嚢(さき)に将に公を陥(おとしい)れ死に於(おい)てせん

② 彼 嚢 将レ陥 公 於レ死　　彼嚢に将に陥れんとし公を死に於てす

③ 彼 嚢 将レ陥二公 於 死一　　彼嚢に将に公を死に陥れんとす

④ 彼 嚢 将 陥レ公二於 死一　　彼嚢に将に死に公を陥れん

⑤ 彼 嚢 将レ陥二公 於一レ死　　彼嚢に将に公を死に於て陥れんとす

問5 傍線部**C**「安 可ニ以レ私 害レ公 也」の解釈として最も適当なものを、次の ①～⑤ のうちから一つ選べ。解答番号は 35 。

① 私は、どうして個人的な怨みから道理に背(そむ)くような行為をしてよいであろうか。
② 私は、自分勝手な考えによって国家に損害を与えることになるのではないか。
③ 私は、どうして個人的な感情から国家の法を曲げてしまうことができようか。
④ あなたは、なぜ私に国家の法に背くような行いをするようにすすめるのか。
⑤ あなたは、なぜ自分の利益のために国家に損害を与えるようなことをするのか。

問６　**【問題文Ⅰ】**の裴垍と**【問題文Ⅱ】**の徐有功に関する説明として適当なものを、次の①～⑥のうちから**二つ**選べ。ただし、解答の順序は問わない。解答番号は［36］・［37］。

①　宰相である裴垍は、旧友の息子の訪問を喜び手厚くもてなしたが、彼の人事に関する分不相応な要求はきっぱりと拒否した。私情に流されない公正な人物と言える。

②　宰相である裴垍は、旧友の息子の才能を高く評価して官職を与えたいと思ったが、えこひいきだと疑われるのを恐れて断念した。周囲の目を気にする臆病な人物と言える。

③　宰相である裴垍は、旧友の息子から官職を求められたが、国家が今求めている人材ではないと判断して断った。国家の利益を第一に考える忠義な人物と言える。

④　司法官である徐有功は、個人的な怨みを抱く相手が告発された時、仁者だとの評判を得るためにかえって寛大な処置を施した。ずるがしこく計算高い人物だと言える。

⑤　司法官である徐有功は、自分を無実の罪に陥れた人物を審理した際、私情をいっさいさしはさまず法に照らして刑罰を科した。沈着冷静で有能な人物と言える。

⑥　司法官である徐有功は、自分を陥れようとした人物の取り調べに当たって、決して報復しようとせず法を適正に用いて釈放した。職務を全うする賢明な人物と言える。

MEMO

第 2 回

問題を解くまえに

◆ 本問題は200点満点です。次の対比表を参考にして，**目標点**を立てて解答しなさい。

共通テスト換算得点	62以下	63～82	83～106	107～124	125～143	144～161	162以上

偏差値 ➡ 37.5　42.5　47.5　52.5　57.5　62.5

得　点	49以下	50～71	72～94	95～115	116～137	138～160	161以上

〔注〕 上の表の，
「共通テスト換算得点」は，'21年度全統共通テスト模試と'22年度大学入学共通テストとの相関をもとに得点を換算したものです。
「得点」帯は，'22第１回全統共通テスト模試の結果より推計したものです。
第２回
現・古・漢別の対比表は「解答解説編」39ページを参照してください。

◆ 問題解答時間は80分です。

◆ 問題を解いたら必ず自己採点により学力チェックを行い，解答・解説，学習対策を参考にしてください。

◆ 以下は，'22第１回全統共通テスト模試の結果を表したものです。

人　数	205,549
配　点	200
平 均 点	103.9
標準偏差	35.0
最 高 点	200
最 低 点	0

第1問 次の文章は、柄谷行人が民俗学者の柳田国男（一八七五〜一九六二）について論じた「柳田国男試論」（一九七四年）の一節である。これを読んで、後の問い（**問1〜6**）に答えよ。なお、設問の都合で本文の段落に 1 〜 16 の番号を付してある。（配点　50）

1　たとえば、民俗学は「内側から」の考察であり、民族学は「外側から」の考察であるといわれている。柳田自身もそういっている。《**A** エスノロジー(注1)のほうでは、その土地の言葉の表相を知るというだけで、内の感覚にまではふれられない。同国人が国内のことをやるようにはいかない。しかし私は、エスノロジーの学問のカツ(ア)ヤクにたいして、少なくともある一面においては非常に大きな期待をもっている》。

2　しかし、「内側から」と「外側から」という区別は定義ではなくて、漠然とした比喩にすぎない。なぜなら、民俗学者もまた同国人を外側からみる眼をもっているし、民族学者も異国人の内側に入りこむ努力なしには何もできないからである。柳田が感心し「非常に大きな期待をよせた」『菊と刀』(注2)のルース・ベネディクトは在米邦人を観察し実験したのであるが、これもたんに「外側から」の考察とはいいがたい。したがって、**B** 同国人だけが理解しうるものとは、厳密にいえば柳田のいう「言葉」だけだといわねばならない。

3　もっとも、言葉といってもたんに〝表相〟ではなく〝内の感覚〟につながるような言葉である。柳田の初期の一連の研究、『蝸牛考』、『桃太郎の誕生』、『地名の研究』が共通しているのは、それらがもっぱら言葉を問題にしていることだ。「横断面」をみるといっても、彼は各地の習俗その他の外的な側面を比較するのではなく、ただ言葉の比較をとおして、その深層にある〝内の感覚〟に降りて行こうとしている。だからこういってもよい。宣長(注3)がそうであったように、柳田の民俗学はあくまで言葉の探求でありそれ以外のものではない、と。柳田の実践的な課題が「国語教育」に集約される所以もそこにある。

4　このとき言葉は言語学者のいうような言語ではない。言葉は人間のもっと内的な深い領域、ベルグソン(注4)がイマージュ(注5)とよんだものの側から考えられている。言葉は、概念でも事物自体でもなく、それらの起源にある一つの分かちがたい〝経験〟から浮かび上がってくるものであり、あるいはそれに名づけられた（定義された）ものである。

5 たとえば、柳田は標準語を非難し、方言に固有の微細な感情や感覚に関する語彙にとぼしいことを指摘している。これは関西育ちの私などもよく経験することだが、関西弁はまだしも普及しているからむしろ例外というべきかもしれない。が、今や、一般的に用いられるようになったシンドイとか、エゲツナイという言葉にせよ、それを標準語に翻訳することは難しい。翻訳可能なのはその〝表相〟の意味だけであって、その言葉を真に理解するということは、その言葉でしかいいあらわすことのできない〝経験〟を所有することにほかならないのである。つまり、言葉は、葉ではなく、その根幹あるいは土壌にまで降りえたときにはじめて了解される。

6 これは外国語についていっそうあてはまる事柄である。自由に読み書きが出来、流暢（りゅうちょう）に喋（しゃべ）れるということは何ものでもない。しかもこの了解はひとに新たな感情や感覚を創出させ、ひとを変えずにおかないのである。また知識や見聞が豊かであることもまだ何ものでもない。

7 森有正（注6）は、滞仏二十年ののちに開けてきた境地を次のように語っている。

ヨーロッパというものが、あるいはヨーロッパの中の個々のものや事象が、観念をとおすことなく、自分の感覚に直接しつつはいってくるようになって、外から借りてきた観念によってそれに解説を与えることの不可能な、一つ一つに、自分から出た解釈をもたらさなければならない、つまりヨーロッパの中で生きる、ということがはじまった。もう、過去の(イ)チクセキを食べているのではなくて、そこから自分で直接(ウ)ヨウブンをとって、自分で食べなければならなくなった。そういう時期に私ははいっている、という感じがするのです。

いまここにおいて、はじめて私は、Cヨーロッパのものをほんとうに学んだり、ほんとうに理解したりすることがはじまってきた。そういう意味で、私自身は、これから自分の勉強がほんとうにはじまり、自分の歩みがほんとうの意味をもつのです。このことは、いままでのことがすべて無意味だったということではなくて、ここに達するまでに不可避的にあったある厚い層が、だんだん透明化してきて、その中を通り抜けて、はじめてものが、ほんとうに自分と触れ合うことができるようになった。こういうことなのです。

（『生きることと考えること』）

8 ヨーロッパという異質の文化圏の内側に入りこみ、何か不透明な「厚い層」を通りぬけてその「内的な感覚」に到達したという経験が静かに語られている。西欧思想の辞書的・概念的理解をつきぬけてその根幹に触れるまでに、フランス語に早くから習熟していた森氏にして二十年を要したことに注目すべきだ。だが、そのために二十年努力したというわけではない。理解しようとしているあいだは「ほんとうに理解する」ことはできない。理解するとは、自分が変わることだ。そのためには、いつのまにかわかってくるまで待っていなければならない。結果的にそれが二十年だったということである。

9 ここで森氏がものに触れ合うことができるようになったというとき、そのものはむろんたんなる外的な事物のことではない。われわれは事物そのものをみることはできない。知覚はすでに記憶であるとベルグソンはいったが、われわれの知覚はすでにいわば〝内的な感覚〟としてしか存在しないのである。ものに触れ合うとは、したがってその〝内的な感覚〟を共有したということであり、フランス語の感性的な土壌にまで降りえたということである。

10 だが、これは何もヨーロッパに限られたものではない。異質の文化圏の〝内側〟に入るということには、つねに同じような過程があるといわねばならない。文化を真に外側から比較しうるには、内側まで入りこまなくてはならないのだ。人類学者のフィールドワークなるものに、いつのまにか「厚い層が透明化して」くるまで忍耐強く待ったものがあったためしはない。それは待つかわりにすぐに理解し説明しようとする。しかし、もし未開社会の〝内側〟に入りこむ学者がいたとすれば――それは不可能ではないのだ――そのとき民族学は〝外側から〟の観察だという非難を(エ)ヘンジョウしうるはずである。

11 しかし、日本の国内についても同じことがいいうる。なるほどそれはわれわれにとって異質な文化ではないが、漢字による概念的なフィルターを通してものをみているかぎり、われわれはまだものに触れ合っているとはいえない。〝内側から〟みるためには、やはり不透明なフィルターが消えてしまうまで待たなければならないのである。

12 柳田がやろうとしたのは、各地の言葉（昔話・伝説）のひだを一つ一つかきわけながら、その〝内的な感覚〟に到ろうとすることであって、いいかえればそれは言葉以前の言葉、あるいは経験に遡行することであった。それは過去への遡行であると同時に、源泉への遡行でもある。そして、柳田はこの二つを別のものとは考えていなかったのである。

13 柳田のいう「人が心の中で使ひつゞけて居る日本語」とは、外的な言語でないことはむろんだが、心理学者のいう「内的言語」でもない。つまり、これは事物でも概念でもなく、しかもその源泉であるような〝内的な感覚〟を意味しており、それはけっして外に表白されることがないのである。

14 それをもし「固有信仰」とよびたければ、そうよんでもよいであろう。だが、柳田は仏教・儒教・神道などを(オ)ハイジョしたとはいえ、それと同列に「固有信仰」を考えていたのではない。ただ仏教・儒教・神道といった〝信仰〟よりもさらに源泉にあるもの、日本人が日本語を通して感じ考えることそのものにひそんでいるものを感じとろうとしたのである。

15 柳田は「固有信仰」なるものをそれ自体としてとりあげたことはほとんどない。しかし、どんな対象をあつかっても「固有信仰」にまで遡行しなかったこともほとんどないのである。『食物と心臓』というような日常の食生活を論じたものでも、言葉を通して「固有信仰」に至ろうとしている。

16 柳田は心理、習俗、信仰、制度などを個別的に扱ったことはない。いいかえれば、心理学、社会学、神話学、宗教学、国語学などといった個別化によって考えたことがない。それは柳田の窮めようとした「固有信仰」が、たんなる心意現象でなく、人間のあらゆる行為をふくんでいたからである。つまり、柳田が〝内側から〟降りて行こうとしたのは、けっして外にそのまま表白されないが内的には持続している〝経験〟にほかならない。

（注）1 エスノロジー —— ethnology。民族学。

2 『菊と刀』—— アメリカの文化人類学者ルース・ベネディクト（一八八七～一九四八）による日本文化論（一九四六年発表）。

3 宣長 —— 本居（もとおり）宣長（一七三〇～一八〇一）。江戸中期の国学者。

4　ベルグソン――フランスの哲学者（一八五九～一九四一）。

5　イマージュ――image（フランス語）。イメージ。像。

6　森有正――フランス文学者、哲学者（一九一一～一九七六）。

問１　傍線部(ア)～(オ)に相当する漢字を含むものを、次の各群の①～④のうちから、それぞれ一つずつ選べ。解答番号は 1 ～ 5 。

(ア)　カツヤク　1
① サイヤクに見舞われる
② イチヤク有名になる
③ ケンヤクを美徳とする
④ 損なヤク回り

(イ)　チクセキ　2
① 言葉にガンチクがある
② ジンチク無害
③ 事件をチクイチ報告する
④ ハチクの勢い

(ウ)　ヨウブン　3
① ボンヨウな人物
② ジョウ分に富む食品
③ 諦めがカンヨウだ
④ 善行をショウヨウする

(エ)　ヘンジョウ　4
① 何のヘンテツもない
② 広大ムヘン
③ ヘントウに窮する
④ 金属のハヘン

(オ)　ハイジョ　5
① 春の訪れのケハイが感じられる
② 長期にわたる権力はフハイしていく
③ 多くの有名人をハイシュツしている
④ 不要なものがハイシュツされる

問2 傍線部**A**「エスノロジーのほうでは、その土地の言葉の表相を知るというだけで、内の感覚にまではふれられない。」とあるが、このことについて、本文の筆者（柄谷行人）はどのように考えているか。その説明として最も適当なものを、次の①～⑤のうちから一つ選べ。解答番号は 6 。

① 民族学が異文化に生きる人々の内的な感覚にふれていないとしたら、それは民族学者が、異文化の内側へと入りこみ異文化の人々と内的な感覚を共有できるようになるまで忍耐強く待とうとしないからである。

② 異文化を外側から観察しようとする民族学によって理解できるのは異文化の表相だけであり、異文化の中の内的な感覚に接近できるのは、異文化を内側から考察しようとする民俗学だけである。

③ 民俗学者が同国人を外側から見る眼をもっているのと同様、民族学者も異国人の内側に入りこむ努力なしには何もできないのだから、二つの学問の協力体制を早急に確立させるべきだといえる。

④ 民俗学は「内側から」の考察で民族学が「外側から」の考察だという区別は、定義ではなく不明瞭な比喩にすぎないのだから、「内側から」の学問と「外側から」の学問とはどういうものかを定義づけることが必要である。

⑤ 民族学は異国人の言葉の表相を観察することから始めて、やがて異文化の深層にたどりつくという点で、異国人の内側をひたすら考察する民俗学と手法は異なるものの、異文化研究に大きな貢献をしている。

問３ 傍線部**B**「同国人だけが理解しうるものとは、厳密にいえば柳田のいう『言葉』だけだといわねばならない」とあるが、ここで筆者が言おうとしているのはどういうことか。その説明として最も適当なものを、次の①～⑤のうちから一つ選べ。解答番号は 7 。

① 同じ国内に生きる者も一人一人が異なる文化的背景をもっているのだから、感覚や経験といったものを共有することはできず、言葉だけがそうした一人一人の間をつなぐものになりうるということ。

② 内的な感覚を共有していなかった国民同士の間でそうした共有を可能にするためには、共通の言語を習得する必要があり、その習得を通してはじめて国民同士の理解が深まっていくということ。

③ 文化を内側から見るか外側から見るかという区別に拘泥するような態度から得られるものは概念的理解にすぎず、重要なのは、特定の言語の根幹にありそれを支えている経験や感覚といったものを共有できるか否かだということ。

④ 本当の意味で異文化を理解しようと思ったら、文化を内側から見るのか外側から見るのかといったことにこだわるのではなく、その文化内で用いられている言語を自在に話せるようになることが必要だということ。

⑤ 言葉には言語学者のいうような言語と実践的な国語教育によって培われる言語があるが、たんなる表相ではなく人間の内的で深い領域につながっていくような言葉は後者の言葉であるということ。

問4　傍線部C「ヨーロッパのものをほんとうに学んだり、ほんとうに理解したりすること」とあるが、本文によれば、それはどういうことか。その説明として最も適当なものを、次の①～⑤のうちから一つ選べ。解答番号は 8 。

① ヨーロッパで長期間にわたって暮らし、その地の言語を学ぶことを通して、学んだことを自分の糧（かて）にしていき、知識や見聞を豊かにしていくことができるようになったということ。

② ヨーロッパの中で生きるということをはじめ、長い時間をかけてその地の言語を学んでいくうちに、その言葉から生まれたさまざまな文化的成果を自ら進んで享受できるようになったということ。

③ ヨーロッパの言語を身につけていくうちに、その地の文化の内側に入りこみそこにある内的な感覚にふれることの重要性に気づき、そうしたことができるようになるための努力を積むようになったということ。

④ ヨーロッパで言語を学んでいくうちに、その言語の根底にある内的な感覚を知ることができるようになり、そこではじめてヨーロッパの文化を外側から眺めることも可能になったということ。

⑤ ヨーロッパの言語を会得していく中で、その言語の源泉ともいえる感性的な土壌へと直（じか）に入っていけるようになり、新たな感覚を身につけた、それまでとは異なる自分を創りあげていくようになったということ。

問５ 次に示す【資料】は、本文の中に引用されている柳田国男『国語の将来』（一九三九年）の一節である。これを読んだＸさんは、本文の 5 冒頭の一文にある「柳田は標準語を非難し、方言に固有の微細な感情や感覚に関する語彙にとぼしいことを指摘している」という問題について、本文と【資料】とを踏まえ、【ノート１】を作成した。空欄 Ⅰ ～ Ⅲ に入るものとして最も適当なものを、後の各群の ① ～ ④ のうちから、それぞれ一つずつ選べ。解答番号は 9 ～ 11 。

【資料】

土語即ち母の語で物を考へるといふことは、必ずしもそれが早く又自然に修得したもので、他の一方は時おくれて外から注入したものだといふ理由だけではないやうである。学校の言葉には制限があり、又統一の為の選定がある。仮に其全部を遺憾なく消化しても、土地々々の実際の必要を皆覆ふだけの余裕は無い。常民の思慮感情は決してさう自由奔放のものではないのだが、是を導くのは各人の環境と、至つて平凡なる昔からの実験である故に、たとへば価値ある新しい材料を授けられたからと言つて、ふだんはさういふ事ばかりを念頭に置いては居ない。如何に国語の教員が干渉を試みるとも、腹で思ふことは勝手でそれには別の語が無いから、依然として入学前から知つて居る語を使用して、考へたいことを考へ、感ずるまゝに感じて居るのである。それが偶々外部へ表白せられる場合、一応翻訳見たやうな手続を要するか否かによつて、借りた言葉か自分の言葉かゞ決するのである。

（柳田国男『国語の将来』による）

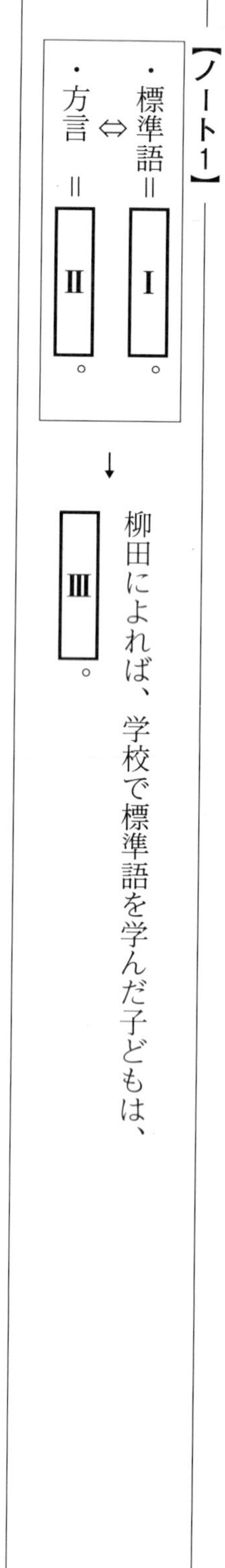

Ⅰ に入るもの 9

① 語彙にとぼしい言語であるため、人の感情や感覚などを表現することには適していない
② ほとんどの人間にとっては成長した後になって教えられた言葉であり、その点にこそ問題がある
③ 制約をもった言葉であり、方言の中で息づいている感情や経験すべてをすくい取ることはできない
④ 本当の意味での内的な言語ではないが、心理学者のいう「内的言語」に近いものである

Ⅱ に入るもの 10

① 庶民のもっている自由奔放な感情をありのままに表現した言葉である
② 標準語の奥底に潜在している内的な感覚をそのまま言語化したような言葉である
③ 人間の生きてきた環境や文化的制約といったものを超えた、解放的なところをもつ言葉である
④ 一人一人が地域の生活の中で自然に身につけてきた内的な感覚につながる言葉である

Ⅲ に入るもの 11

① 頭の中では前々から知っている言葉を用い、自分の感覚に忠実に物事を考えたり感じたりしている
② 自分が標準語を学び身につける時期が遅かったことを、悔やまざるをえなくなりがちである
③ 標準語に即した新たな感覚や感情が自分の中に芽生えはじめ、自身が変わっていくような感覚に襲われる
④ 自分のあるがままの感情を、時と場合によって方言に翻訳したり標準語に翻訳したりする

問6　Xさんは、本文の 15 に柳田が「日常の食生活を論じた」とある点に注目し、柳田が食物について述べた言葉を踏まえて【ノート2】を作成した。空欄 **Ⅳ** に入るものとして最も適当なものを、後の①～⑤のうちから一つ選べ。解答番号は 12 。

【ノート2】

・柳田は、「食物のような卑近な物質的な生活様式ですらも、みな背後に信仰なり人生観なりの裏づけがある」と述べている。

↓

・このことからもわかるように、柳田の民俗研究とは、 **Ⅳ** だったということができる。

Ⅳ に入るもの 12

① さまざまな土地の習俗や制度などの中から共通する普遍的事象を抽出し、「固有信仰」に至ろうとする行為
② 標準語に象徴される中央の文化を相対化し、方言に象徴される地方文化の活性化を図ろうとする行為
③ 各地に伝えられてきた人間の多様な営みに注目し、その奥にある言葉以前の言葉にたどり着こうとする行為
④ 心理、習俗、信仰、制度といった個別な事象と、「固有信仰」との違いを明らかにしていこうとする行為
⑤ 文化の根底に存在する内的な感覚と直結した「固有信仰」について、その功罪を明らかにしようとする行為

第2問

次の文章は、山田太一（やまだたいち）の小説『異人たちとの夏』の一節である。四十八歳の「私」は、十二歳の時に両親と死に別れたが、その両親の幽霊と浅草（あさくさ）で出逢う（であう）。それ以降、幽霊となった両親のもとをたびたび訪れるが、次第に自分の生気が失われていくのを感じ、ついに両親の幽霊に別れを告げることにした。以下はそれに続く場面である。これを読んで、後の問い（**問1〜5**）に答えよ。なお、設問の都合で本文の上に行数を付してある。（配点 50）

「今日は夕飯を外でっていうのは、どうですか？」と私は父の方へ行く。

「外って？」と母が振りかえる。

「お父さんたちと、すき焼きを外で食べたことなんてなかったでしょう？」

「あの頃は、そんなことは、とってもな」と父は扇風機の首が回るようにして、位置をずらしている。

「今夜は、奢（おご）らせて貰（もら）えませんか？」

「ここじゃなくて？」と母の声に緊張のようなものを感じた。父の動きも止（とま）っている。

「あ、ここの方がいい？」と私はすぐ取り消す気になったが、

「そんなことはねえさ」と父がいう。

「だって」と母が台所でまだ棒立ちでいる。

キャッチ・ボールをしに外に出たことがあるから、少し足をのばして雷門（かみなりもん）（注1）あたりのすき焼き屋に入るのは、なんでもないことに思ったのだが、両親にとっては、なにか高い障害を乗り越えることのようだった。

「いいんです。ちょっと、そう思っただけで」

別れをいうのに、この部屋ではない方がいいような気がしていた。たとえば、すき焼き屋の広間のような、大勢の客や仲居のいるところの方が話しやすい気がした。しかし、両親に苦痛を強いる気はなかった。

「大体、すき焼きの季節じゃねえよ。ここで、なんか食べりゃあいいじゃねえか」

「そうですね。そうしましょう。一度、三人で鍋かこむっていうの、いいなって思ったんです」

「冷房がないと、鍋はねえ」と母がいう。

「いいんです。すいません。余計なことをいって」

「立ってねえで、西瓜（すいか）切らねえか」

父が母に叱言（こごと）のようにいう。なごやかな空気に(ア)水をさしたようになり、**A**三人の世界がこわれやすいことを知った。

今日は、しかし、そんなことはいっていられない。二人を打ちのめすことをいわなければならない。

西瓜を食べ、花札(注２)をした。

母も、ちらりと見せた陰りをすぐ捨てて、なかなか勝負強かった。

四時が来て、五時が来た。

私はどこかで切り上げようと思うのだが、二人が楽しそうで、やめるといい出せなかった。夕闇が部屋に、しのびこんで来た。するど、急に恐怖が私を捉えた。明るいうちに話さなければならない。暗くなってからでは、勇気が出ないかもしれない。しかし、今日は話さずに帰ることは絶対に出来ない。

「お父さん」と私はいった。「お母さん」

「なんだ？」

「話があるんです」

「話？」

「話って？」

「すいません。いいですか？　いま」

「よくもねえけど、なんだ？」

私は正座して、深く頭を下げた。

「どうしたの?」と母がいう。

「なんの真似だ?」と父も腰を落した。

「今日でもう、お目にかかれません」

「どうして?」

「どうしてだ?」

二人は、悲しく理不尽なことをいわれたように声をあげた。やはり両親は、私の衰弱を知らないのだ。

「ここへ来るのは、本当に楽しいし、お父さんとお母さんに逢えたことを、ぼくは、どれほど幸せに思っているか分りません。だから、もっと逢って、死んでしまったっていいんだけど――」

「どうして死ぬんだ?」

「そうよ。どうして死ぬの?」

私は、ある日、すさまじくやつれた自分を鏡の中に見たこと、などを話した。

話し終え、私はまた両手をついて深く二人に詫びた。

「そうか」と父がおだやかにいった。

「やっぱりねえ」と母が淋しい声を出した。「このままやって行けるわけはないと思っていたのよ」

それでも私は顔を上げられず、そのまま消えてしまいたかった。

「仕様がねえや」と父がいう。

「そう。短くたって、こんな思いが出来ただけで、どれだけ私らも幸せか分りゃしない」

「行こうじゃねえか」

「どこへ?」

思わず私は顔を上げて父を見た。

「どこって、すき焼きだよ。真夏に冷房で、しっかりすき焼き食おうじゃねえか」

「いいの？」

「いいに決ってるよ」と母が泣き声になった。「お別れじゃないか。いいに決ってるさ」

（イ）宵の口の歩道を雷門に向って三人で歩いた。

「あ、そうだ」と父が立止る。

「なに？」

「いま人形焼（注３）売ってたな。一袋、買って来るか」

私もせい一杯明るい顔をしてみせる。

「いいね。先行ってていいよ。すぐ追いつくから」

私はあと戻りをして、観音堂やら七福神に焼いた人形焼を一袋買う。釣り銭を待ちながら見ると、二人は先へなど行かないで私を待っている。三十代の両親に見られながら買い物をしていると、中学生になったようだった。

そうなのだ。父や母は、私と別れれば浅草もないのだ。多分今日が浅草との別れなのだ。父は思い出に触れたいのだ。

「仲見世（注４）を歩こうか。人形焼食べながら、観音様をお参りして、それから夕飯っていうのは、どうかな？」

「いいけどなあ」と父は心から無念そうにいった。「いいけど、そういう訳にいかねえんだ。そこまで俺たちは、思うようにはいかねえんだ」

「観音様にお参りしたいけど」

母が少し泣いた。いきのいい、花札をやっていた時の母とは別人のように肩を落していた。私は思わず口に出そうな言葉を、文字通りのみこむようにした。「やめた、やめた。別れるのはやめた。また来るよ、お母さん」そういいたかった。

「行くか？」と父がいう。

「ああ。じゃ、すき焼き、うんと食べよう。うんと贅沢しよう」

仲居が来て鍋を置き、油をひく。すき焼きの仕度をはじめる。

「こいつはね、姐さん」と父がいう。

「十二で両親に死なれてさ」

「ほんとですか？」

「苦労したの。よくやったよ。よくやった、えらいよ」

「おひとりで、ずっと？」と仲居が私を見る。

「一人じゃない。お祖父さんもいたし叔父さん夫婦にも世話になったし」

「それだって、大半は一人よ。一人で頑張った。今はな、ここへ来て、いくら牛肉食ってもいいっていう。出世したもんだよ」

「もう酔っちゃったんですか？」と仲居は呆れている。

「いいわ」と母が明るい声を出した。かえってドキリとして見ると、仲居に「あとは私がやります。足りなくなったら、お願いするわ」とにこりと笑った。

仲居も馴れた応対で愛想よく礼をいって離れて行った。

「四十八だなんて驚いちゃうよ」と母は私を見つめる。

「そうだね」と私はいった。「ぼくの方は、お母さんが若くて綺麗で嬉しかったよ」

「いうかねえ」と父は照れている。父の齢なら、私もこんな型通りのことは、いわなかったかもしれない。いまは、かえって型通りの方がいいのだという気がしていた。その方が気持が伝わるという気がした。

B「私たちなしで、よく三十六年もやって来たね」

「途中からは女房がいるよ」と父がいう。

「子供ってもんは、なんとかやってくもんなんだね」

「いねえんじゃやってくしかないだろうが」

「お父ちゃんは黙って」

「そういういい方をするなよ」

「気がつかないの？　無駄口たたいてる暇はないのよ」母の声が急に泣くように震えた。

「暇がないって？」私は母から父に目を移した。「そんなに急がなきゃならないの？」

「そうなの」母の目に涙が溢（あふ）れていた。「だからお姉さん、行かせたの」

また父を見ると、ぶたれたような顔をしている。

「どういうこと？」と私はきいた。

「なんでもねえや」

真顔で父は強く首を振る。なんでもない顔ではなかった。

「いい？」と母が、座り直した。「(ウ)気がせいて、うまくいえないけど、お前を大事に思ってるよ」

「行っちゃうの？」

そんな気がした。

「お前に逢えてよかった」と父がいった。「お前はいい息子だ」

「そうだよ」と母がいう。

「よかないよ。ぼくはお父さんたちがいってくれるような人間じゃない。いい亭主じゃなかったし、いい父親でもなかった。お父さんやお母さんの方が、どれだけ立派か知れやしない。暖かくて驚いたよ。こういう親にならなくちゃって思ったよ。ぼくなんか親孝行面（づら）してるけど、お父さんたちがずっと生きてたら、大事にしたかどうか分らない。ろくな仕事もして来なかった。目先の競争心で——」

いいかけてハッとした。

母の肩のあたりが頼りないのだ。輪郭はたどれるが、その向うが見えている。

慌てて父を見ると、父の胸のあたりがもう消えかけている。

こういうことなのか。こういう風に行っちゃうのか。激しい衝撃で、口をあけたまま声が出ない。

「なんにもいうな」とその父がいった。「もうなんにもいうな」

「あんたをね」と母がいった。「自慢に思ってるよ」

「そうとも。自分をいじめることはねえ。手前(てめえ)で手前を大事にしなくて、誰が大事にするもんか」

「行かないで」

思わず幼児のような声になった。

「駄目らしいや。もうちょっと間があると思ってたんだが」

「嫌だ」

「身体を大事にね」

「もう逢えねえだろうが」

C とどめようもなく父の肩も消え、母の顔も薄くなって行く。見逃(の)がすまいとした。父が消えて行く。

「ありがとう。どうも、ありがとう。ありがとうございました」

声はおさえていた。この瞬間を誰かに邪魔されたくないという気持が、無意識に働いていた。

「さよなら」

ほとんど見えない母がいった。

「あばよ」

父は見えなかった。

涙も出なかった。打ちのめされていた。

「さよなら」と小さくいった。

父も母も、たちまち跡かたもなく、箸と小鉢とビールのグラスと人形焼の袋と、お膳の汚れと皺(しわ)のよった座蒲団(ざぶとん)だけがあった。

鍋が湯気を立てて煮えていた。

（注）1　雷門――東京都台東区の浅草寺(せんそうじ)参道にある門、およびその近辺の町名。浅草寺は地元では「観音様」と呼ばれる。

2　花札――花合わせ用のカルタを使った遊技。

3　人形焼――カステラ風の生地を型に入れて人形などのかたちに焼いた菓子。浅草の名物とされる。

4　仲見世――浅草寺の参道にある商店街。

問1 傍線部(ア)〜(ウ)の本文中における意味として最も適当なものを、次の各群の①〜⑤のうちから、それぞれ一つずつ選べ。
解答番号は 13 〜 15 。

(ア) 水をさした 13
① 泥を塗った
② 第三者が口を出した
③ じゃまをした
④ 冷水（ひやみず）を浴びせた
⑤ しこりを残した

(イ) 宵の口の 14
① 日が落ちて間もない
② 夜の帳（とばり）につつまれた
③ 人のまばらになった
④ にぎわいはじめた
⑤ 夜も更けてきた

(ウ) 気がせいて 15
① 混乱して
② 悩ましくて
③ あせって
④ 胸がつまって
⑤ 気がかりで

問２　傍線部**A**「三人の世界がこわれやすいことを知った」とあるが、これはどういうことか。その説明として最も適当なものを、次の①～⑤のうちから一つ選べ。解答番号は 16 。

①　自分の勝手な提案によって、それまで和やかだった雰囲気が一転して険悪なものに変わってしまったことから、親子水入らずの大切な時間が気まずいものになってしまうのではないかという予感に襲われたということ。

②　自分の提案が思いがけず両親に緊張を与え、その場の雰囲気をぎこちないものにしてしまったことで、生者と死者との越えがたい隔たりを知り、自分たちの関係に潜む危うさのようなものを実感したということ。

③　母に対する父の心無い一言が、その場をしらけさせてしまったことで、家族というものはもともと壊れやすくはかないものだということをはじめて知り、どこか切ない気持ちになってしまったということ。

④　自分の何気ない提案が、両親を戸惑わせ、その場の雰囲気を暗くさせてしまったことから、両親との関係をきちんと作ることができていなかった自分の不甲斐(ふがい)なさを思い知り、情けない気持ちになってしまったということ。

⑤　両親が外で食事をすることを諾(うべな)うことがなかったのは、両親も自分との別れを敏感に感じ取っていたからなのだということがわかり、幽霊である両親と時間を過ごすことがいかにかけがえのないものであるかを感じたということ。

問3 傍線部**B**「『私たちなしで、よく三十六年もやって来たね』『途中からは女房がいるよ』と父がいう。」とあるが、こうした会話からうかがえる両親についての説明として最も適当なものを、次の①～⑤のうちから一つ選べ。解答番号は 17 。

① 照れ屋の父は「私」との別れに際してもうまく愛情表現ができず、もどかしがっているが、しっかり者の母は、最後の時を有効に使って、「私」に言い残そうと思っていたことを伝えている。

② 母の言葉をいちいち冷たく突き放す父に対して、母は内心苛立（いらだ）っているのだが、別れに際して「私」にその苛立ちを悟られないように、あえて父を無視して「私」に語りかけている。

③ 母の言葉に対して父がすかさず皮肉を言ってはいるが、それは二人にとってごく自然なものであり、そうした軽妙なやりとりができるほど、二人はあうんの呼吸で通じ合っている。

④ 別れの場をしんみりさせたくないという気持ちもあってか、何かとまぜかえすような態度をとる父に対して、母は残された時間を惜しむようにして、「私」に精一杯の言葉をかけている。

⑤ 「私」に優しい言葉をかけて愛情を示そうとする母とは対照的に、すげない態度をとり続ける父であるが、そうした態度で悲しみをごまかす父の方が、「私」との別れに打ちひしがれている。

問４ 傍線部**Ｃ**「とどめようもなく父の肩も消え、母の顔も薄くなって行く。」とあるが、ここに至るまでの「私」についての説明として最も適当なものを、次の①～⑤のうちから一つ選べ。解答番号は 18 。

① ようやく別れを告げたものの、両親の落胆ぶりを目の当たりにしたことで、前言を撤回することを決めた。そうしたなか、突然姿が消え始めた二人に驚いた「私」は、どうにかして両親をこの世に引き留めようと必死になっている。

② 会えなくなると告げたものの、思い出深いすき焼き屋でもまだその訳を打ち明けることができずにいた。そうしたなか、急に姿が消え始めた二人を見た「私」は、両親を再び失ってしまうことの悲しみに打ちのめされている。

③ 両親に別れを告げた以上、早く別れなければと思っていたが、それを決断することができずにいた。そうしたなか、姿が消え始めた両親を見た「私」は、逡巡（しゅんじゅん）する気持ちを振り切り、感謝の思いを伝えようとしている。

④ 別れを打ち明けるまでは迷いがあったが、打ち明けた後は、徐々に気持ちも落ち着いていた。そうしたなか、別れが現実のものになった瞬間、幼子に戻ってしまった「私」は、二人に捨てられてしまったような錯覚に陥っている。

⑤ やむなく両親に別れを切り出したものの、その後も気持ちは乱れ続けた。そうしたなか、思いがけないかたちで別れが突然訪れたことに打ちのめされた「私」は、両親へのあふれる思いをこらえることができずにいる。

問5　次に示す**【参考文献1】**は、小説『異人たちとの夏』の作者山田太一が、この小説について述べたもの、**【参考文献2】**は評論家の堀切直人(ほりきりなおと)によるものである。これらを読んで、後の(i)・(ii)の問いに答えよ。

【参考文献1】

浅草での幼少期、鍋といえば、すき焼きだった。しゃぶしゃぶも水炊きも知らなかった。

子供が知らなかっただけで、戦前の浅草にだって、しゃぶしゃぶはともかく、水炊きはあっただろうし、今となれば猪(しし)鍋とか桜鍋、柳川(やながわ)鍋とか思いつくけれど、故郷浅草の御馳走(ごちそう)というように振りかえると、すき焼きのほかには一向に思い浮かばない。

といっても商売をしていて夕食時も両親は店に出ていたから、わが家で鍋を囲んだという記憶はない。なにかあった時に（法事とか兄が兵隊になる前日とかいうことだろうと思うのだが）雷門あたりのすき焼き屋へ家中で出掛けたのである。

ビールや酒が出て、鍋の湯気が立ちのぼり家中がわいわいいっているのに倦(あ)きて、五、六歳の私は廊下へ出て、でんぐりがえしなどをしている。仲居さんが通って「おやおや、坊やちゃん、お上手ですねえ」と愛想をいってくれる。嬉しくて何回もやってしまう。

少年期からは戦中戦後の窮乏生活に入ったので、幼少期のそんな記憶が青年期までひき継がれて、長い間私は贅沢とか御馳走とかいう言葉から不可避的にすき焼きを連想した。すき焼きの匂いをかぐと、華やいだ気分になった。

『異人たちとの夏』は、浅草で両親の幽霊と逢い、逢(お)う瀬を重ねるという架空の話だが、自分の過去と細部では重ね合(あわ)せられるところが少なくない。

幽霊の両親と別れる場面で、父と母は目の前でだんだん薄くなって消えてしまうのである。その舞台を私は、どうしても雷門のすき焼き屋にしたかった。これはもう他の人には通じない私の勝手な思い込みなのだが、上記の理由によって、特別な出来事は、すき焼き屋に限るのである。

ところが、小説の季節は夏であった。

夏にすき焼きは、どういうものか？　迷って、料亭にしようか、鰻（うなぎ）屋の二階にしようかとあれこれ時間をかけたが、やっぱりすき焼き屋がいいのである。湯気の向こうで両親が消え、そのあとに鍋だけがぐつぐつ音をたてている。そうでなければならなかった。

いいではないか。夏場、すき焼き屋は休業というわけではない。私は強引に両親を、すき焼き屋の座敷に案内した。

（山田太一の文章による）

【参考文献２】

「飽食の時代」とは、言い換えれば、〝食〟が飽和状態に達することで、かえって〝食〟の根本が見失われ、食文化が最も貧相になり下がった時代なのではなかろうか。なるほど私たちはお金を出しさえすれば、何でも好みのものが食べられるが、そのかわり、ものを食べることの真の喜び、ありがたさ、かけがえのなさなどの実感をすっかりなくしてしまったのではないか。かつて〝食〟は人間のドラマのなかにその不可欠の因子としてちゃんと織り込まれていて、たとえ情報量が少なく、素材が限られていようとも、精神的な豊かさをたっぷり秘めていた。ところが今日、〝食〟は物量の面ではちきれんばかりに膨れ上がりながらも、人間のドラマから切り離され、孤立化して、内実がおそろしく貧弱になっている。この「飽食の時代」から自分を意識的に隔絶させでもしない限り、私たちが人間の精神における〝食〟の重要な役割を明瞭に自覚化することはとうてい不可能であるにちがいない。

（堀切直人「食は惜しみなく恵む」による）

(i) **【参考文献1】**と**【参考文献2】**を踏まえた場合、本文（小説『異人たちとの夏』）はどのように評することができるか。その説明として最も適当なものを、次の①～⑤のうちから一つ選べ。解答番号は 19 。

① 幽霊の両親が主人公の目の前で消えるという不自然にも見える描写をあえて取り入れることで、「飽食の時代」だからこそ物質よりも精神に目を向ける必要があるという作者の主張を訴える物語になっている。

② 物語を読み解くための伏線が巧妙に仕込まれており、そのことが、「食」というものの中にも実はさまざまなドラマが内包されているということを読み手に想起させてくれる。

③ 非現実的な設定ではあるが、作者自身の食をめぐる実際の体験が反映されており、食べるという行為が本来もっている豊かさといったものを描き出した物語になっている。

④ 贅沢で非日常的な食事の場面をあえて小説中に挿入することで、逆にものを食べることのありがたさを忘れてしまっている「飽食の時代」の人間の愚かさを浮かび上がらせるという仕組みになっている。

⑤ 小説の中で主人公による幼少期の食事の思い出が切々と語られており、そのことによって、「食」というもののかけがえのなさや、それが人にもたらす喜びといったものが表現されている。

(ii)　本文（小説『異人たちとの夏』）および【**参考文献１**】の表現や内容に関する説明として適当なものを、次の①〜⑥のうちから**二つ**選べ。ただし、解答の順序は問わない。解答番号は 20 ・ 21 。

①　本文の25行目「夕闇が部屋に、しのびこんで来た」は、単なる情景描写ではなく、時が過ぎていくなかで気を揉んでいる「私」のありようと関連づけられたものになっている。

②　本文の67行目「中学生になったようだった」では、直喩が用いられており、そのことによって、「私」の礼儀正しいふるまいが生き生きと表現されている。

③　【**参考文献１**】では、1行目「浅草での幼少期……」、2行目「今となれば……」というかたちで過去と現在とが対比されているが、そのことから、「飽食の時代」を生きざるをえない作者の困惑を読み取ることができる。

④　【**参考文献１**】の末尾「私は強引に両親を、すき焼き屋の座敷に案内した」は、小説の主人公とそれを描く作者とが一体となっているかのような表現になっており、そこからは、自作に寄せる作者の強い思いがうかがえる。

⑤　本文では、物語の中ですき焼き屋が重要な舞台となっているが、作者は個人的にも思い出深いこの店について描くために小説を書いたのだということが、【**参考文献１**】から読み取れる。

⑥　本文と【**参考文献１**】は同じ作者によるものであり、幻想的な世界が短文を効果的に用いた小気味良い文体によって描かれているところに共通点を見出すことができる。

第3問

次の文章は、『宇津保物語』の一節である。愛する妻に先立たれた橘千蔭（「大臣」「大殿」）は、妻との間にもうけた息子（「忠こそ」）をたいそうかわいがっていた。やがて、千蔭は、夫を亡くした一条の北の方に思いを寄せられ、通うようになるが、一条の北の方は、千蔭の訪れが途絶えがちであるうえ、忠こそにも冷淡な態度をとられたため、それを恨んで忠こそを陥れる策略を巡らせた。その結果、父に疎まれるようになった忠こそは、前途に希望を失い、愛用の琴を残して姿を消してしまう。その後、一条の北の方の策略を知った千蔭は悲嘆に暮れ、一条の北の方のもとへの訪れがいっそう遠のいた。これを読んで、後の問い（**問1〜5**）に答えよ。（配点　50）

かく思ほし嘆きつつ経給ふほどに、かの一条の北の方、思ほし嘆くこと劣らず、「今や今や」と待ちわたり給ふに、大臣おはしまさねば、御座をうち払ひて臥し給ふに、御前の花すすきの折れかへりて招くを見給ひて、北の方、

待つ人の袖かと見れば花すすき身の秋風になびくなりけり

などのたまひわたるに、風涼しくおぼゆれば、大殿にかく聞こえ給へり。「はや聞こえじと思へど、『訪はで憂き人は』（注1）と言ふめれば、(ア)聞こえではえあらぬものなれば、ただ今の風のあやしく心細ければ」とてなむ、

「X　我が宿に時々吹きし秋風のいとど嵐になるがあやしさ」

ものもおぼえぬ御心地に、

「Y　秋来とも木草の色し変はらずば風のとどまる花もありなむ

なほのどかに思したれ」と聞こえ奉り給ふ。北の方、「なほざりなる御心かな。なほいみじきものは女の身なり。Aかう思ひはてられぬるにこそはあめれ。かく思ほさむ人は、よろづのこと思ふともかひもあらじ」とて、

白露に色変はりゆく秋萩は玉まく葛（注2）もかひなかりけり

とて居給へり。

年ごろ、大臣の通ひ給ふこと、七年ばかりありしに、一日（注3）に使ひ給ふもの、数知らずありしほどに、(イ)ここらの年ごろを、尽

くしはてて限りなく貧しくなるままに、あるは男につきて去り、宮仕へしつつ出でて往ぬ。御徳の盛り(注4)に、(ウ)なめく使ひにくしとて、人よりことに憎み給ひし下仕へなむ、よもぎといひて、とどまりて、「さ言ひてあらむやは。我だにつかまつらでは誰かはあらむ」とてつかうまつりける。殿に残りたるものなし。かの俊蔭(注5)のぬしの奉り給へりける琴のみなむ残りたりける。それをぞ、この時の大将に万石に売りて使ひける。

かくて、この大臣、斎(注6)、精進をして経給ふほどに、山里の心細げなる殿まうけ給ひてぞ住み給ひける。そのわたりは、比叡(注7)坂本、小野のわたり、音羽川近くて、滝の音、水の声、あはれに聞こゆる所なり。もの思はぬ人だにも心細げなるわたりなり。ましていみじき心地してなむ経給ひける。大臣、思すやう、「我世の中に久しくえあるまじきを、せまほしきわざ、我が世にしてむ」と思して、まづ故君(注8)の御ために、一切経(注9)、多宝塔造らせ給ひて、供養し給ひけり。我が後のわざし給ひ、忠こそのために給ふ。「この世にあらば息災となれ。なきものならばかの世の道ともなれ」とて、ありし時使ひしもの、みな誦経(注10)にし給ふとて見給ふに、かの山へ入るとて、もの書きつけし琴取り出でて見給ふに、書きつけ(注11)たるものを見つけて、大臣、おどろきもだえ給ひて、思ほすこと限りなし。さて日々に誦経にして、「かい具してもて慣らししものをや。我が目には見じ」とのたまひて、仏造らせ給はむとて、Bよろづの武具して、力人集まりて割るに、いささかなる傷つかず、金の上に露かからむばかりなり。もてわづらひ給ふほどに、大空かきくらして雨降り、雷鳴りて、この琴を巻き上げつ。かく大いなるわざをして待ちわたり給ふほどに、忠こそを恋ひ死に隠れ給ひぬ。

（注）1　訪はで憂き人は――当時の人が、恋人の訪れが途絶えた時に口ずさんだ一句と思われる。

2　玉まく葛――葛の新葉で開ききらず巻いているもの。ここでは、まとわりつくことの比喩として用いられている。

3　一日に使ひ給ふもの――訪れた千蔭をもてなすために、一条の北の方が一日にかけた費用。

4　御徳の盛り――たいそう裕福でいらっしゃった頃。

5 かの俊蔭のぬし――清原俊蔭。かつて唐に渡る際に遠い国に漂着し、そこで天人たちから得たいくつもの琴を日本に持ち帰った。そのうちの一つは、一条の北の方の亡き夫に贈られ、一つは、千蔭に贈られて忠こそに伝えられた。

6 斎、精進――身を慎み、仏道に励むこと。

7 比叡坂本、小野のわたり――比叡山の西の麓（ふもと）のあたり。

8 故君――千蔭の亡き妻。

9 一切経、多宝塔――「一切経」は仏教聖典の総称。「多宝塔」は仏像を安置する仏塔の一種。

10 誦経――布施にする品物。

11 書きつけたるもの――忠こそが家を出る時に琴に書きつけた、「弾く人もむなしくならば琴（こと）の音（ね）も空蟬（うつせみ）のみや今は調べむ」という歌。

問１　傍線部(ア)～(ウ)の解釈として最も適当なものを、次の各群の①～⑤のうちから、それぞれ一つずつ選べ。解答番号は［22］～［24］。

(ア)　聞こえではえあらぬものなれば［22］
①　申し上げてしまうことにするけれども
②　聞かずにいることはできないものなので
③　どうしても噂(うわさ)になってしまうのならば
④　理解できないわけではないものの
⑤　申し上げずにはいられないものだから

(イ)　ここらの年ごろを［23］
①　今の年齢になって
②　何年にもわたって
③　近年になって
④　多くの年月を経ても
⑤　ここでの数年間でも

(ウ)　なめく使ひにくし［24］
①　不作法で腹立たしい
②　怠惰で使えない
③　無礼で厄介だ
④　不快で憎らしい
⑤　中途半端で役立たずだ

問2 傍線部**A**「かう思ひはてられぬるにこそはあめれ。かく思ほさむ人は、よろづのこと思ふともかひもあらじ」の語句や表現に関する説明として最も適当なものを、次の①～⑤のうちから一つ選べ。解答番号は 25 。

① 「かう思ひはてられぬる」は、一条の北の方が千蔭から気にもかけてもらえなくなってしまったということを表している。

② 「にこそはあめれ」の「めれ」は断定の意味で、自分が千蔭に愛されなくなったわけに納得する一条の北の方の気持ちを表している。

③ 「かく思ほさむ人」は、どんなにないがしろにされても千蔭を慕わずにいられず、切ない思いに駆られる一条の北の方自身のことを表している。

④ 「よろづのこと」は「いろいろなこと」という意味で、千蔭の非難に対してあれこれ苦悩が尽きないということを、一条の北の方が強調している。

⑤ 「思ふともかひもあらじ」は、千蔭がいくら自分と離れようとしても離れるつもりはないという、一条の北の方の強い気持ちを表現している。

問3 傍線部**B**「よろづの武具して、力人集まりて割る」とあるが、千蔭がそのような振る舞いを指示したのはなぜか。その理由の説明として最も適当なものを、次の①～⑤のうちから一つ選べ。解答番号は 26 。

① 忠こその琴は、普通の楽器にはない不思議な力を持っていると聞いていたので、その力を試してみようと思ったから。

② 忠こその愛用していた琴がそばにあるとつらいので、それを仏像に作り変えて、忠こそのために祈ろうと考えたから。

③ 忠こその残した見事な琴は仏に捧げるべきものであるが、琴のまま捧げても十分な功徳を得られないと思われたから。

④ 忠こそを探し出すには、忠こその琴を布施にして仏にすがり、一条の北の方の恨みを鎮める必要があると思ったから。

⑤ 忠こそが弾く音色を再び聞くことができないのなら、忠こその琴だけが手元に残っていてもしかたないと思ったから。

問4 この文章の登場人物についての説明として最も適当なものを、次の①～⑤のうちから一つ選べ。解答番号は 27 。

① 一条の北の方は、どんなに待っても千蔭の来訪がないので、自分の策略が知られたのかと悩んで寝込んでしまった。

② 一条の北の方に長年仕えていた女房たちの中には、夫が任官したことをきっかけに勤めを辞めて出て行く者もいた。

③ よもぎは、一条の北の方から辞めないでくれと頼まれると、喜んで一条の北の方の邸に残って最後まで仕えた。

④ 当時大将だった人は、一条の北の方が所持していた琴を、大金を支払って手に入れたものの、すぐに売り払った。

⑤ 千蔭は、山里に隠棲(いんせい)し、残り少ない命のなかでやりたいことはやっておこうと思い、まず亡き妻の追善供養を行った。

問５　次に示す【文章】を読み、その内容を踏まえて、**X**・**Y**・**Z**の三首の和歌についての説明として適当なものを、後の①～⑥のうちから**二つ**選べ。ただし、解答の順序は問わない。解答番号は［28］・［29］。

【文章】
『宇津保物語』の和歌**X**と同じと思われる歌は、『風葉和歌集』にも記されている。一条の北の方が千蔭のもとに送ったという状況も同一である。しかし、『風葉和歌集』では、

Z　我が宿に時々吹きし秋風もいとど嵐となるがわびしさ

となっており、『風葉和歌集』の和歌**Z**と『宇津保物語』の和歌**X**とでは部分的に表現が異なる。『宇津保物語』では、和歌**X**に対して、千蔭が和歌**Y**を返す様子が描かれている。

① 和歌**X**は、風ですすきが人を手招きするようになびく様子を、千蔭の訪れを願う自分の気持ちと重なるもののように感じた一条の北の方が、それほどまでに千蔭を恋い慕うことを我ながら不思議に思う気持ちを詠んだものである。

② 和歌**Z**では、今までも、千蔭が自分に飽きてしまって愛情が薄くなっていることを感じる折はあったが、最近では、もう訪れはないのだろうと思ってしまうほどに千蔭が姿を見せなくなったことを一条の北の方が嘆いている。

③ 和歌**X**では、以前は時々は来てくれたものの、今は冷たい態度をとるようになった千蔭に対して、一条の北の方がなお抱き続ける恋心が詠まれているのに対して、和歌**Z**では千蔭に忘れられたことをひたすら恨む気持ちが詠まれている。

④ 和歌**X**では、一条の北の方が、自分のつらい現状について腑に落ちない気持ちを詠んでおり、それに対して和歌**Y**では、たとえ自分との関係が途絶えたとしても、あなたには他に恋人が現れるだろうと、千蔭がそっけなく応じている。

⑤ 和歌**Y**の、秋が来ると花を散らせる風が吹くこともあるのだという内容は、和歌**X**の「あやしさ」で結んで理由を問うような内容に応じたものであるが、和歌**Z**の「わびしさ」で結んで相手をなじるような内容とは対応していない。

⑥ 和歌**Y**は、一条の北の方がどんなに困窮して心細い境遇になったとしても、その花のような美しさに惹かれて、心変わりせずに留まろうと詠んでいるが、それが千蔭の本心ではなく、うわべだけの慰めであることは明らかである。

第4問 次の文章は、「墨守」という言葉のもとになったとされる戦国時代の墨子（墨翟）に関する故事を記したものである。これを読んで、後の問い（**問1〜7**）に答えよ。なお、設問の都合で返り点・送り仮名を省いたところがある。（配点 50）

公輸般(注1)為高雲梯(注2)、欲以攻宋。A墨子聞之、自魯(注3)往。裂裳裹足(注4)、日夜不休、十日十夜而至於郢(注5)。(1)見荊(注6)王曰、「臣北方之鄙(注7)人也。聞『大王将攻宋』。信有之乎。」王曰、「然。」墨子曰、「必得宋、乃攻之乎。B亡其不得宋且不義、猶攻之乎。」王曰、「必不得宋且有(注8)不義、則曷為攻之。」墨子曰、「甚善。C臣以宋必不可得。」王曰、「公輸般天下之巧工也。已為攻宋之械(注9)矣。」墨子曰、「D請令公輸般試攻之。臣請試守之。」(2)於是公輸般設攻宋之械、墨子設守宋之備。公輸般九攻之、墨子九却之、不能入。故 **a** 輟不攻 **b** 。

（『呂氏春秋』による）

（注）
1 公輸般――戦国時代の人。楚のために城壁を攻撃する「雲梯」という器械を作った。
2 宋――戦国時代の国名。
3 魯――戦国時代の国名。
4 裳――下袴。下半身に着ける衣服。
5 郢――楚の都。「楚」は戦国時代の国名。
6 荊王――楚の国の王。「荊」は「楚」の別称。
7 鄙人――田舎者。自らを謙遜して言う語。
8 且有――さらに。その上に。
9 械――しかけ。からくり。

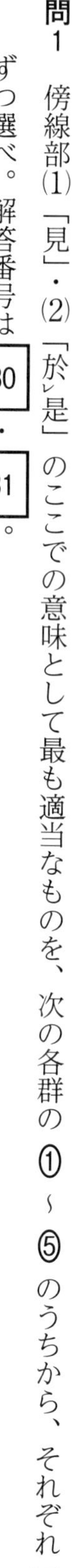

問1 傍線部(1)「見」・(2)「於レ是」のここでの意味として最も適当なものを、次の各群の①～⑤のうちから、それぞれ一つずつ選べ。解答番号は 30 ・ 31 。

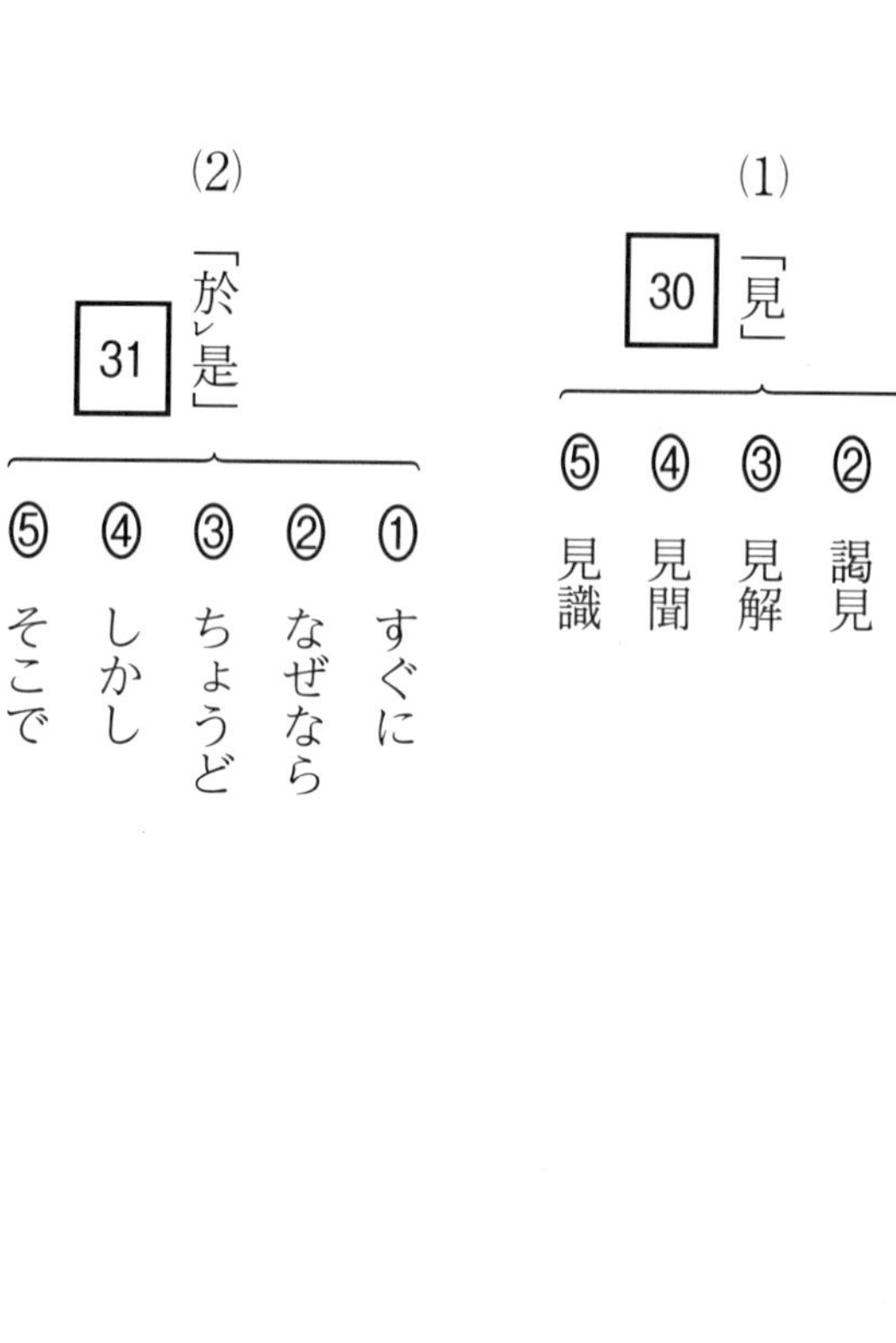

(1) 「見」 30

① 発見
② 謁見
③ 見解
④ 見聞
⑤ 見識

(2) 「於レ是」 31

① すぐに
② なぜなら
③ ちょうど
④ しかし
⑤ そこで

問２ 傍線部**A**「墨子聞レ之、自レ魯往」とあるが、その理由の説明として最も適当なものを、次の①～⑤のうちから一つ選べ。解答番号は 32 。

① 大国の計画を非道なものだと考えたので、その実行を阻止しようとしたから。
② 大国の態度は傲慢だと考えて、その過ちを天下に知らしめようとしたから。
③ 大国の政策を有益なものだと考えて、その計画に加わりたいと思ったから。
④ 大国の技術は賞賛すべきものだと考えて、その技術を習得したいと思ったから。
⑤ 大国の要求に逆らっても無益だと考えたので、あきらめて受け入れようとしたから。

問3 傍線部**B**「亡其不レ得レ宋且不義、猶攻レ之乎」の解釈として最も適当なものを、次の①～⑤のうちから一つ選べ。解答番号は 33 。

① それならば宋を手に入れられなくても、宋を攻めること自体は不義ではないのだから、やはり王様は宋を攻めるのでしょうね。

② それとも宋を手に入れようとして、さらに不義の行いをすることになったにもかかわらず、やはり王様は宋を攻めるのでしょうか。

③ それならば宋を手に入れることはかなわないことであり、また不義でもあるので、やはり王様は宋を攻めることをやめるべきでしょう。

④ それとも宋を手に入れられず、さらに宋を攻めることが不義であったとしても、やはり王様は宋を攻めるのでしょうか。

⑤ それとも宋を手に入れないで、さらに不義を重ねるというならば、やはり王様は宋に攻められてしまうことになるでしょう。

問４ 傍線部**Ｃ**「臣 以 宋 必 不 可 得」の書き下し文とその解釈との組合せとして最も適当なものを、次の①～⑤のうちから一つ選べ。解答番号は 34 。

① 臣以(おも)へらく宋必ず得べからざらんと
私は宋をきっと攻略できないだろうと思います

② 臣以へらく宋必ず不可として得んと
私は宋は誤って攻略しようとしているのだと思います

③ 臣宋を以(もっ)て必ずしも可として得ずと
私は宋の攻略が正しいとは限らないと思います

④ 臣宋を以て得べからざるを必ずせんと
私は宋をきっと攻略できないようにしようと思います

⑤ 臣以へらく宋必ずしも得るを可とせずと
私は宋を攻略する価値はそれほどないと思います

問5 傍線部**D**「請令公輸般試攻之」に用いられている句法の説明として適当なものを、次の①～⑥のうちから二つ選べ。ただし、解答の順序は問わない。解答番号は 35 ・ 36 。

① この文には受身の句法が用いられており、「～される」という意味を表している。
② この文には使役の句法が用いられており、「～させる」という意味を表している。
③ この文には抑揚の句法が用いられており、「～でさえ～だ」という意味を表している。
④ この文には尊敬の意を含んだ詠嘆の句法が用いられており、「なんと～でございましょう」という意味を表している。
⑤ この文には確認の意を含んだ推量の句法が用いられており、「～ということでよろしいでしょう」という意味を表している。
⑥ この文には要求の意を含んだ願望の句法が用いられており、「どうか～してください」という意味を表している。

問6 空欄 **a** ・ **b** に入る語の組合せとして最も適当なものを、次の①～⑤のうちから一つ選べ。解答番号は 37 。

① **a** 荊　**b** 魯
② **a** 宋　**b** 荊
③ **a** 荊　**b** 宋
④ **a** 宋　**b** 魯
⑤ **a** 魯　**b** 荊

問7 「墨守」という言葉は、次の【資料】の何休(かきゅう)の伝記とその〔注〕にも見える。何休は儒学の一派である公羊学(くようがく)の学者であった。本文および【資料】の内容として最も適当なものを、後の①～⑤のうちから一つ選べ。解答番号は 38 。

【資料】

何休好(ミ)二公羊学(ヲ)一、遂(ニ)著(ス)二『公羊墨守(ヲ)』一。

〔注〕言(フココロハ)公羊(ノ)義理深遠(ニシテ)、不(ルコト)レ可(カラ)二駁(ばく)難(ス)一、如(キ)二墨翟之守(ルガ)レ城(ヲ)也。

(『後漢書(ごかんじょ)』による)

① 墨子が公輸般の度重なる攻撃をすべて見事に防ぎきった故事を踏まえ、何休は公羊学が反論を許さないほど優れたものであるという主張を込めて著作に『公羊墨守』と名付けた。

② 墨子が大国の脅威から弱小国を守るためにその身を犠牲にした故事を踏まえ、書名の『公羊墨守』には公羊学に自分の人生を捧(ささ)げようという何休の思いが込められている。

③ 墨子が公輸般の九度にわたる攻撃に耐えきれず大国の王に助けを求めた故事を踏まえ、何休は書名の『公羊墨守』に公羊学の存続のために多くの助力が必要だという思いを込めている。

④ 墨子が弱小国を攻めようとする大国の意図を見事にくじいた故事を踏まえ、何休は著作に『公羊墨守』と名付けて公羊学以外の学派の独善的な主張を論破しようという思いを込めた。

⑤ 墨子が公輸般と協力して弱小国を次々と攻め滅ぼした故事を踏まえ、何休は公羊学が他学派よりも優れた道理を説いていることを明らかにするために『公羊墨守』という書名を付けた。

第 3 回

問題を解くまえに

◆ 本問題は200点満点です。次の対比表を参考にして，**目標点**を立てて解答しなさい。

共通テスト換算得点	60以下	61～83	84～105	106～127	128～146	147～163	164以上
偏差値 ➡		37.5	42.5	47.5	52.5	57.5	62.5
得　点	43以下	44～63	64～83	84～102	103～122	123～142	143以上

〔注〕 上の表の，
「共通テスト換算得点」は，'21年度全統共通テスト模試と'22年度大学入学共通テストとの相関をもとに得点を換算したものです。
「得点」帯は，'22第2回全統共通テスト模試の結果より推計したものです。
第3回
現・古・漢別の対比表は「解答解説編」75ページを参照してください。

◆ 問題解答時間は80分です。

◆ 問題を解いたら必ず自己採点により学力チェックを行い，解答・解説，学習対策を参考にしてください。

◆ 以下は，'22第2回全統共通テスト模試の結果を表したものです。

人　数	317,505
配　点	200
平均点	92.2
標準偏差	29.7
最高点	200
最低点	0

第1問　次の【文章Ⅰ】【文章Ⅱ】を読んで、後の問い（問1～6）に答えよ。（配点　50）

【文章Ⅰ】

ヨーロッパ文学の代表的な名作に親しもうとするとき、多くの読者は翻訳書を手に取ることになるだろう。ところが、翻訳に対して一種のアレルギー反応を示す人たちもいるし、翻訳が原作に対して何らかの違い（あるいは間違い）を含むことを半ば定めとするため、翻訳に不信の念を抱く読者もいる。「A翻訳家は裏切り者である（Traduttore, traditore）」というイタリア語起源の表現が広く人口に膾炙（かいしゃ）しているゆえんだ。

そもそもこの表現自体、トラデュットーレとトラディトーレという音の類似に支えられているのに、その点を日本語訳に反映させるのは困難であり、翻訳によって音を裏切る結果を(ア)ロテイせざるを得ない。

だが、それにもかかわらず翻訳は擁護されなければなるまい。翻訳がわれわれの文化を豊かにする営為であることに疑いの余地はないからだ。ヒューストン[注1]は、文学をその「広大さ」と「多様さ」において愛するために翻訳が必須であることを説き、「翻訳は、裏切りではないというだけではありません。それは人類にとっての希望なのです」と講演を結んでいた。あらゆる局面でグローバリズムがいわれながら、その実、異なる社会や文化のあいだの障壁がかえって高くそびえてもいる現代において――さらには若い世代が〝ガイブン〟（＝外国文学）を敬遠しがちになってしまったわが国の現状に(イ)照らして――傾聴するに足る意見ではないだろうか。

そもそも、日本は本来外国の文物を受容し血肉と化すことにおいて、どの国にも負けないほどの力を発揮してきた。ヨーロッパ近代文学に関してもそれはまぎれもない事実である。

たとえば明治一二年から一三年にかけて出た宮島春松訳[注2]の『哲烈（てれまく）禍福（かふく）譚（ものがたり）』を見よう。原作はフェヌロン[注3]の『テレマックの冒険』（一六九九年）である。ルイ十四世の孫のために書かれたこの物語は、オデュッセウスの息子テレマコスの旅を描くもので、ギリシア神話やホメロスの『オデュッセイア』の知識を前提にしている。従って翻訳には大変な苦労があったはずである。しかし訳者宮島――陸軍省に務めフランス兵書の翻訳を担当していた――は、ヴィーナスを「于干酸（うにす）の神」、キューピッドを「愚非鈍童子（くぴどんどうじ）」などと漢字で表現しつつ、ごまかしなく内容を伝えようと懸命に努力しているのだ。

原書の文章に厳密に即し、その内容をできるだけ忠実に訳していくという姿勢は、決して自明のものではない。それどころか、むしろ翻訳する側の事情にあわせ勝手に書き換えることのほうが推奨される場合もある。フランスにおいては、翻訳に対し「忠実な醜女」よりも「不実な美女」、つまり原典に照らしての正確さよりもフランス語としての読みやすさを求める意識が長らく強かった。その背景にはフランス語こそは最も明晰（めいせき）で美しい言語であるという〝中華思想〟(注4)があり、翻訳によってフランス語の純粋さが損なわれることへの嫌悪があった。

ヨーロッパ近代に、そうした不実さと真っ向から対立する翻訳の一大ムーヴメントが巻き起こったのは、一八世紀後半のドイツにおいてだった。「一国の言語の力というものは、異質なものを拒絶するところではなく、それを貪るように取り入れるところにある」というゲーテ(注5)の言葉を引きつつ、アントワーヌ・ベルマン(注6)はドイツ近代文学の成立において翻訳が演じた役割の意義を強調する。ベルマンの論の要点は、翻訳がつねに異質なもの、異なるものと対峙（たいじ）するという試練であるということだ。相手の他者性を認識しながらも排除せず、むしろそれを自らのアイデンティティを問い直す(ウ)ケイキとして自己を鍛え上げ、新たな同一性を獲得する。ベルマンはそんなダイナミックな意義をもつものとして翻訳を捉え直そうとする。

そうした議論は、明治維新以来――あるいは『解体新書』（一七七四年）以来――、西洋の書物相手に格闘してきた日本人たちの営為にまさしく当てはまるものだ。そこには巨大な他者としての西洋を理解し、その精髄を咀嚼（そしゃく）してわがものとしようとする努力の絶えざる積み重ねがある。異国の言葉を何とか自国の言葉に移し替え、新たな表現を開花させようという真摯な願いが一貫している。グローバリゼーションが進み、日本と西洋のあいだの差異がほとんど消えたかのように見えようとも、言語という根底的な差異は頑として(エ)残り続ける。翻訳文学を読むことは、その困難に挑もうとする緊張に満ちた試みに加わることである。同時に、一冊の翻訳書とは訳者が何らかの形で困難を乗り越えたことの喜ばしい証（あか）しでもあるはずだ。そしてその

「形」の多様性もまた、翻訳に固有の面白さだと考えたい。

フランス文学の名作でいえば、プルースト(注7)の長大な『失われた時を求めて』の個人訳を、われわれはいま四種類、読むことができる。最初のページを開いてみると——

「長い時にわたって、私は早くから寝たものだ」(井上究一郎訳)

「長いあいだ、私は早く寝るのだった」(鈴木道彦訳)

「長い間、私はまだ早い時間から床に就いた」(高遠弘美訳)

「長いこと私は早めに寝(やす)むことにしていた」(吉川一義訳)

B 同一の作品でありながら、訳文はそれぞれに微妙な違いを示している。《Longtemps, je me suis couché de bonne heure》という原作の一行目が翻訳というプリズムをとおして多様なスペクトルを描き出す。それは翻訳がどこまでいっても絶対的な「正解」ではなく、畢竟、相対的なものに留まることの表れだろう。しかし同時に、それは翻訳が原作によって引き起こされた新たな創造であることを示す事態でもある。訳者が独自の工夫を凝らして取り組む創造の瞬間に立ち会うスリル——海外の小説を翻訳で読む楽しみには、そんな要素もあるのではないだろうか。

(野崎歓「翻訳は『裏切り』ではない」による)

(注) 1 ヒューストン——ナンシー・ヒューストン。カナダ出身のフランスの小説家・翻訳家(一九五三—)。ここでいう講演は、「新潮」二〇〇八年一一月号に掲載されている。

2 宮島春松——明治初期の官吏・雅楽家(一八四八—一九〇四)。

3 フェヌロン——フランソワ・フェヌロン。フランスの神学者・作家(一六五一—一七一五)。

4 中華思想——一般的に、自己の文化が最高で世界の中心に位置するとみて、それと異なる文化を蔑視する考え方をいう。

5 ゲーテ——ドイツの詩人・作家(一七四九—一八三二)。

6 アントワーヌ・ベルマン——フランスの翻訳家(一九四二—一九九一)。

7　プルースト――マルセル・プルースト。フランスの小説家（一八七一―一九二二）。

【文章Ⅱ】

今、私たちは当たり前のように小説というジャンルに親しんでいる。しかし、いわゆる「近代小説」の歴史はそれほど長くない。たかだか二〇〇年～三〇〇年である。物語そのものは太古の昔からあったが、私たちが今、無意識のうちに「小説」と見なしているジャンルは人類の長い歴史の中で見るとごく新しいもので、そこには旧来の物語にはないいくつかの明確な特徴がある。

その中でももっとも重要なものが「内面」の描写である。そう言うと、「内面なんか、誰でも持っているじゃないか。昔の人だって、内面くらいあっただろう」と反論する人もいるかもしれない。もちろん「心の中で何かをこっそり考える」という意味での内面性は、古代人でも持っていた。しかし、近代へと時代が移行する中で、「内面」の持つ意味合いが変化したのである。そして、一見些少（さしょう）に見えるこの変化が、実際には大きな人間観の変化に基づいてもいた。この人間観とは、かいつまんで言うと一人一人の人間にそれぞれ別の「個性」なるものがあって、その「個性」はその人が心の中で何を考えているかに基づく、というものだった。

こうした中で小説というジャンルは、個人が内面に抱える「個性」を描出するという役割を担うようになる。C小説は一方で近代文化の産物でもあるとともに、近代文化の生みの親でもあったのである。近代文化が形成されるにあたっては、小説的発想がきわめて大きな役割を果たしていたと言える。

このあたりから少しずつ「翻訳」の話につながってくる。というのも、小説中の内面描写では、必ず言い換えや解釈といった要素がからんでくるからである。そもそも内面が奥に隠れていて見えないのなら、それを表にさらすのは本来、不可能のはずだ。だから、何らかの形でそれを外に出すための「加工」や「変換」が必要となってくる。内面描写が翻訳という行為と重なるのはそこである。

では、具体的にはそれはどのように行われただろう。実はこれはいまだに解決されていない問題でもある。内面描写の方法は時代に応じてさまざまに変化してきたし、今現在も、小説家はあれこれ知恵をめぐらせながら、どうやって人間の「心」を描くかに腐心している。流行はあってもおそらく正解はないのだ。

英文学でいうと、内面を表現する装置としてこれまでよく使われてきたのは「手紙による告白」という方法だった。この方法は書簡体小説として流通するようになり、現代でも依然として、そうした作品が書かれることがある。

ただ、時代が進むと、全篇(ぜんぺん)手紙という作品よりも、「大事な真相」や「ほんとうの気持ち」だけを手紙という形で表現する作品が増えてくる。この頃から少しずつ重要な役割を果たすようになったのは、登場人物よりもちょっと上の位置にいて、世界全体を見渡すような「目」を備えた語り手である。語り手は作家とある程度重なることもあるが、完全に同一とも言えない。この語り手が登場人物の内面を外からのぞきこんで、かわりに私たち読者に伝える、というプロセスが一九世紀の小説ではヒン(オ)パンに見られるようになっていく。いわゆる「全知の語り手」の登場である。

こうした語りの方法が主流になる背景にあったのは、「共感」という価値への注目である。他者の心など本来はわからない。しかし、共感の力を通してそれを推し量ることができる、また、それがとても価値のある行為だという考えが次第に根付いていった。その延長上で、小説家も登場人物の心の中を推し量ることに力を注ぐようになる。

おもしろいのは、そうした「推し量り」に伴って語り手が登場人物への敬意や愛を示したり、逆にやや意地の悪いアイロニカルな視線を送ったりするということである。語り手と登場人物との間にはちょっとした距離ができていて、その距離をあけたまま語り手が腹話術のように語ってみせるので、読者としても登場人物の声をそのまま聞くというより、その間接性をこそ味わうことになる。

二〇世紀小説になると、全知の語り手によるこうした「代弁」よりも、より直接的に人物の内面の声を伝えようと、作家たちは継起する意識そのものを未整理のまま表現したりするようになる。これもまた人間の心の「翻訳」。小説というジャンルの翻訳をめぐる冒険はまだまだつづくのである。

(阿部公彦(あべまさひこ)「二〇世紀文学と翻訳」による)

問1　次の(i)・(ii)の問いに答えよ。

(i)　傍線部(ア)・(ウ)・(オ)に相当する漢字を含むものを、次の各群の①～④のうちから、それぞれ一つずつ選べ。解答番号は 1 ～ 3 。

(ア)　ロテイ　1
① 自らの作品をキンテイする
② 協定をテイケツする
③ 裁判所でチョウテイする
④ 法律にテイショクする

(ウ)　ケイキ　2
① いつの間にかモッケイが成立していた
② 万一に備えてケイカイする
③ 電気ケイトウが故障する
④ 業務をテイケイすることになった

(オ)　ヒンパン　3
① 船舶がシュッパンする
② 商品のハンロを開拓する
③ 雑草がハンモする
④ 商品をウンパンする

(ii) 傍線部(イ)・(エ)とは**異なる意味**を持つものを、次の各群の①～④のうちから、それぞれ一つずつ選べ。解答番号は 4 ・ 5 。

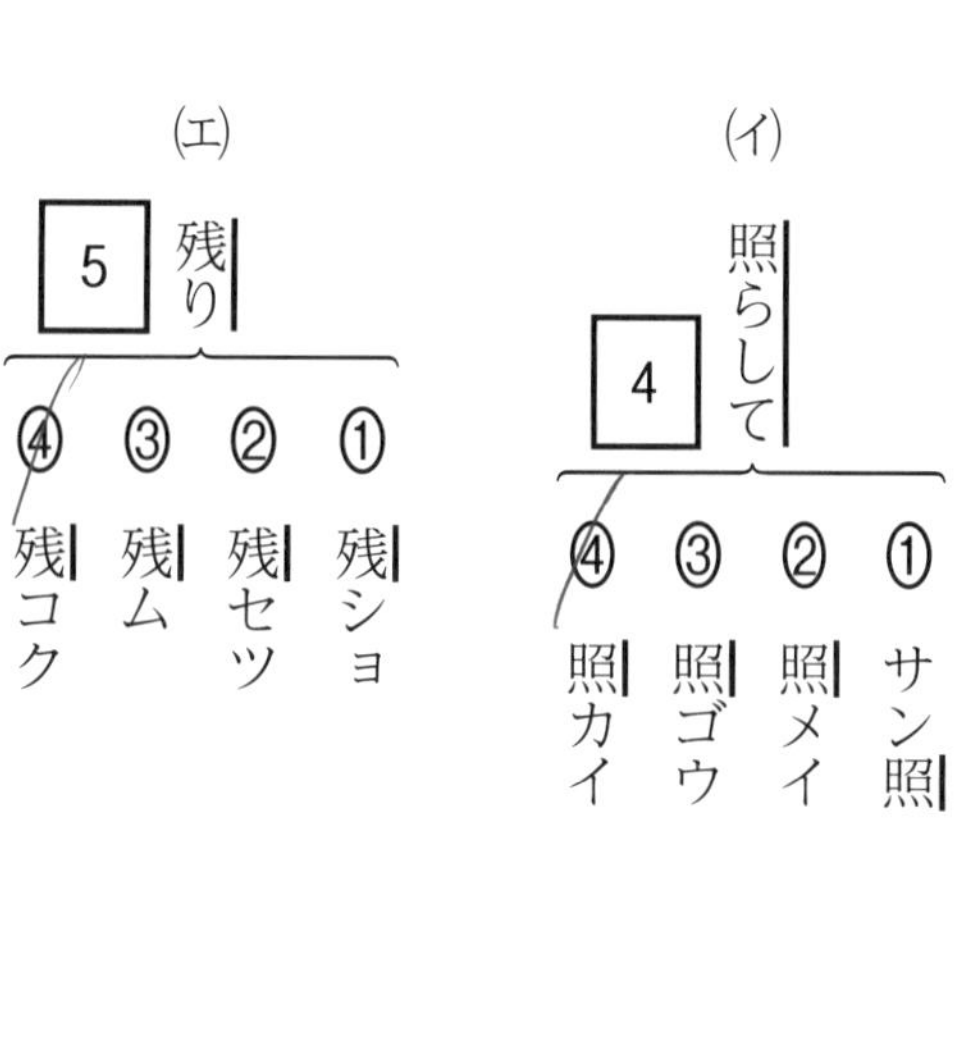

(イ) 照らして 4
① サン照
② 照メイ
③ 照ゴウ
④ 照カイ

(エ) 残り 5
① 残ショ
② 残セツ
③ 残ム
④ 残コク

問2　傍線部**A**「翻訳家は裏切り者である」とあるが、本文によれば、この言葉はどういうことを言っているのか。その説明として最も適当なものを、次の①～⑤のうちから一つ選べ。解答番号は［6］。

① 翻訳はたとえ名訳であっても原作に対して何らかの間違いを含んでいることが多く、翻訳家はそうした誤謬（ごびゅう）を無くすようにしなければならないということ。

② 原作と翻訳とにはさまざまな違いが生じるため、翻訳は原作の面白さを十分に伝えることができず、翻訳文学を敬遠する風潮が広がっているということ。

③ 原作の内容をいくら正確に翻訳したとしても、原語の音を翻訳に反映させることは困難であり、そうした点で翻訳には限界が生じてしまうということ。

④ 翻訳は自らの言語や文化よりも原作のそれを優先するため、自文化をより豊かにしたいという翻訳家の思いは、かえって自文化を裏切ることになるということ。

⑤ 異なる言語間にはさまざまな差異が存在する以上、翻訳は原作をすべて忠実に再現することはできず、原作の価値を損なうものであるということ。

問3 傍線部**B**「同一の作品でありながら、訳文はそれぞれに微妙な違いを示している。」とあるが、このことについて筆者はどのように考えているのか。その説明として最も適当なものを、次の①～⑤のうちから一つ選べ。解答番号は 7 。

① 翻訳は、異国の言語を可能な限り厳密に自国の言語に移し替える営みであり、訳者は正確な表現を目指して絶えず努力を積み重ねるが、その過程で訳者独自の創意が入り込むため、翻訳書に表現の違いが生じることは是非もない。

② 翻訳が、翻訳する側の事情にあわせて原作を書き換えるものである以上、訳者によって解釈の異なる部分が存在するのは当然のことであり、むしろ解釈や表現の多様性にこそ翻訳書に固有の面白さがある。

③ 翻訳は、訳者が文化的な齟齬(そご)を伴う異質な言語と真摯に向き合うなかで、自らの言語や文化を見つめ直しながら異質性を取り込もうとする営為であり、そうした苦心の末に、翻訳書は訳者それぞれの趣向が加えられたものになる。

④ 翻訳は、他者としての言語を通して異なる文化を理解する手段であるが、訳者は文化の理解そのものよりも表現に独自の工夫を凝らすため、翻訳書を読むことには各々の訳者が創造した新たな表現を見つけるという楽しみが生まれる。

⑤ 翻訳が、新たな表現を開花させるという願いのもとに行われる正解のないものである以上、できる限り多様な訳文が案出されることが望ましく、そうしたなかで他の訳文を凌駕(りょうが)する個性的な表現を創造することが訳者の真骨頂である。

問４ 傍線部**Ｃ**「小説は一方で近代文化の産物でもあるとともに、近代文化の生みの親でもあったのである。」とあるが、「小説」が「近代文化の生みの親」であるとはどういうことか。その説明として最も適当なものを、次の①～⑤のうちから一つ選べ。解答番号は 8 。

① 小説は人間の内面を描き出そうとするが、そうした小説が読まれるようになったことで、一人一人の人間は独自の心をもつ個性的な存在だと考えられるようになったということ。

② 小説は近代における人間観の変化から生み出されたが、その人間観とは、一人一人の人間は別々の個性をもつがゆえに別々の内面を有しているという考え方だということ。

③ 小説は各自に固有な内面の表現の仕方が旧来の物語のそれとは異なっているが、そのような小説の誕生は、人々が自らの個性を構築するうえで役に立ったということ。

④ 小説は人間ならば誰もが有している内面の普遍性を描出するが、その描出の仕方をさまざまに工夫することで、近代文化の形成に大きな役割を果たしたということ。

⑤ 小説は隠れた内面を表にさらすという本来不可能な試みであるが、不可能を可能にすることで文化が創造されるという点で、近代文化も例外ではないということ。

問5 次にあげる【**資料**】は、一九世紀にイギリスで書かれた小説の一節であり、【**文章Ⅱ**】の筆者は、【**文章Ⅱ**】と同じ出典の別の箇所で、これを一九世紀の小説の典型として引用している。【**資料**】に登場する「自分」は、領主の息子に捨てられ、その復讐（ふくしゅう）のために、二人の間に生まれた赤ん坊を連れて領主のもとに向かおうと雪の中を歩くが、その途中で行き倒れになってしまった。【**資料**】の表現を【**文章Ⅱ**】に即して説明したものとして最も適当なものを、後の①～⑤のうちから一つ選べ。解答番号は 9 。

【**資料**】

自分の夫は、自分の存在など暗い心の隅におしかくしてしまって、人に笑顔をむけたり笑顔をむけられたりしていることだろう。しかし自分はどうしても彼の歓（よろこ）びを打ちこわしてやるのだ。汚いぼろをまとったまま――かつては誰にもおとらず美しかった顔もやつれたままに、髪の毛や目もとが父親に生き写しの子供をつれていって、自分はこの家の長男の妻だと、スクワィヤーに名のってでてやるのだ。不幸な人々は、自分のその不幸は、自分ほどには不幸でない人からもたらされたものである、と思わずにはいられないものである。（ジョージ・エリオット『サイラス・マーナー』）

① 語り手は、「自分の夫は」「自分は」「不幸な人々は」のように主語を転換させながら、複雑な人間関係を描き出しているが、一貫して「自分」に共感する姿勢を保ち続けている。

② 全知の存在である語り手は、「自分」の内面を正確に描写しようとしているが、文末に「やるのだ」という表現を繰り返すなど、彼女の内面を未整理のままに描いているところもある。

③ 語り手は、「自分」と一定の距離を保ったまま彼女の様子を分析しており、「汚いぼろをまとったまま」「顔もやつれたまま」という表現からは、冷静な観察者としての目がうかがわれる。

④ 小説世界全体を知る存在である語り手は、「自分」の内面に寄り添いその代弁をしている一方、「不幸な人々は」で始まる一文では「自分」のありかたを冷ややかな目で捉えている。

⑤ 語り手は、不幸な「自分」に心から共感する態度を示しつつ、一方で、「自分」はそれほどには「不幸でない」という真実をあからさまにするという矛盾した描き方をしている。

問６　Ｋさんは授業で**【文章Ⅰ】**と**【文章Ⅱ】**を読み、「翻訳」について自分の考えを整理するため、次のような**【メモ】**を作成した。これについて、後の(i)・(ii)の問いに答えよ。

【メモ】

【文章Ⅰ】では、翻訳に対する二つの対照的な考え方が示されている。

● 翻訳は「裏切り」である

⇔

● 翻訳は「希望」である……筆者は、いま世界は、［　**X**　］という状況にあり、だからこそ、この考え方を支持したいと述べている。

【文章Ⅱ】では、翻訳と近代小説との関係が述べられている。

● ［　**Y**　］。

(i)【メモ】の X ・ Y に入る語句として最も適当なものを、次の各群の①～④のうちから、それぞれ一つずつ選べ。解答番号は 10 ・ 11 。

X に入る語句 10

① グローバリゼーションが進み、地域差が消失している
② 若い世代の人々の間で、外国文学を敬遠する傾向が生まれている
③ 海外の小説を翻訳で読むことの楽しみに、人々が気づき始めている
④ 国家の枠を超えることが提唱されながら、それを阻む動きも強まっている

Y に入る語句 11

① 両者ともに、内面の描写を最も重要だと考えている
② 両者は、抽象的なものを具体化しようとする点で共通している
③ 翻訳という行為には、近代小説の本質的なあり方が表れている
④ 近代小説の登場は、翻訳の手法に変化をもたらしている

(ii)　Kさんのクラスでは、生徒が翻訳について話し合った。**【文章Ⅰ】**と**【文章Ⅱ】**、および**【メモ】**の内容を踏まえた発言として**適当でないもの**を、次の①～④のうちから一つ選べ。解答番号は 12 。

① 生徒A――**【メモ】**にまとめられているように、**【文章Ⅰ】**と**【文章Ⅱ】**は、ともに翻訳について述べているけれど、観点が異なっているね。そして、**【文章Ⅰ】**よりも**【文章Ⅱ】**の方が、翻訳という行為を広い意味で捉えていることが読み取れる。

② 生徒B――**【文章Ⅰ】**と**【文章Ⅱ】**の共通点として、翻訳を歴史的な視点から捉えていることがあげられると思う。翻訳についての考え方は地域や時代ごとに異なるし、百の人間がいれば百の翻訳があると言うこともできるのだから、翻訳という行為の可能性は無限に広がっているのだと感じるよ。

③ 生徒C――**【文章Ⅰ】**では明治期の日本の翻訳にも言及されているけれど、当時の日本人が西洋を大いなるものと捉え、その文化の精髄をわがものにしようと奮闘していた姿がうかがえるエピソードになっている。一方で、それとは異なるあり方として、自国語の美しさを最優先にするやり方もあるんだね。

④ 生徒D――**【文章Ⅰ】**でいう翻訳も、**【文章Ⅱ】**でいう翻訳も、時代によってさまざまに変化してきたということだよ。そうした歴史を知るわれわれは、過去の業績を参考にしながら、その時々の流行に惑わされることなく、誰もが納得できる翻訳の方法を見つけていきたいものだね。

第2問 次の文章は、木山捷平「氏神さま」（一九四三年発表）の一節である。これを読んで、後の問い（**問1～6**）に答えよ。（配点　50）

突然、子郎が家から半丁(注1)ばかりのあたりで母親を連呼する泣声が聞えた。その徒事ならぬ呼声にハツは炬燵を蹴るように玄関に飛び出た。そして、彼女は顔中を涙だらけにしている子郎をひったくるように座敷に抱き上げたが、まだ事の真相は分らなかった。まるで青鬼赤鬼が喧嘩でもしているような醜体で二、三分、A やっと彼女は子郎が左の腕に事故を起しているのを見とめた。急ぎ着物をぬがしてみると、子の小さな左腕は赤く血走ってぐんにゃり飴棒のように曲っているのが目を衝いた。が、彼は真正面には見つめていられず、

「骨が脱れたんだ。骨接ぎに行ってぐっとやって貰えば直ぐ治る。――こら、子郎、泣くんじゃない」

棒立ちになって怒鳴るように浴びせた。

桜の蕾もふくらんで、何となく人の心も浮々し、日の丸の旗のはためく町へ、ハツは古ぼけた着物の上に子郎を背負い、地べたを這うような恰好で接骨医院を捜しに出掛けた。彼はわざと(ア)鷹揚に家に残ったが、一人で家にいると却って不安が萌した。家の前の道に出、それから子郎が先刻まで遊んでいた近くのお寺まで足をのばした。どんな所でどう怪我をしたか、知って見たいのであった。

彼は寺の裏にまわった。が、寺の裏にまわって見ると、そこは古材木が乱雑に積まれただけの薄暗いような湿地で、幼児などの来るような場所ではなかった。何をしに子郎は一人でこんな所へ這入って来たのか、彼はへんな気がしてそこに暫く佇っていたが、気がつくと古材木には錆びた五寸釘が幾本も突き出ていて、はっと胸がすくんだ。子郎はここの何処で転んだのかは分らぬが、まかり間違えばあの古釘で頭をがっと突き刺されなかったとも限らない、そう思うと彼は身がぞくぞくして急いで家の方へひきかえした。

「あのね、矢っ張し脱臼ではなくて骨折なんですって。でもこの位の怪我、子供だから直ぐ治るんですって、……」

一時間も長い時間が経って、帰って来たハツが彼に伝えた。彼女はもう一安心したのか案外落着いた顔で、子郎にはちゃんとキャラメルなどあてがって、機嫌をとっているのを見ると、

「そうか、御苦労。なアに、腕の骨折くらい柔道の道場なんかじゃ始終あることさ。心配はないよ」そう叫ぶように言うと、彼ははじめてほっとした気がして来た。

けれども、子郎はこの夜まんじりともせずに泣きつづけた。痛みと泣声とが渾然一体となって、誇張もない駆引もない感に徹した子の哭声を彼は隣室できさながら、――いっそ骨折と決れば、子の哭くのもそれが快癒に至る一つの過程であるものを――度胸を大きくして高鼾で眠ることの出来ぬ自分の脆弱が悲しまれた。愚かな父母の不注意から、子の肉体を傷つけたことが、とりかえしのつかぬ悔恨となって、やっぱしこの子は出生が神にめぐまれず、骨の組織も人並より脆いのだろうか、結局考えはそこへ落ちて、彼の胸はきりきり針でさされるように疼くのであった。

けれども何時とはなく春がすぎ、夏がゆき、秋が来ていた。そして秋ももう深く、彼の借家の周囲には虫の鳴声も、殆ど跡絶えた或る宵であった。炬燵にうたたねしている彼をハツがゆり起した。

「ねえ、ねえ、――子郎ちゃんが今、あなたの寝言を言ってたの。早く起きないから聴けないのよ」

「何と言ってた?」彼はたずねた。

「それが可愛いったらないの。父ちゃん、母ちゃんをいじめちゃ嫌だよ、嫌だよって頼んでいるの……」

「嘘、言え」

彼はふいと又横になった。

併し、彼の機嫌は肉体精神とも悪い方ではなかった。否、彼はその夜心が久し振りに素直になれていた。夕方、勤めから帰ると、埼玉県深谷に住む旧知の飯村章吾が一葉の印刷私製ハガキを寄越していたのが原因である。そのハガキには次のような文面がしるされていた。

「長女美枝（享年四歳）死亡の際はいろいろ御配慮に預り、また葬儀のときも遠路のところわざわざ御焼香下さいまして誠に

有難うございました。略儀ながら書状を以って厚く御礼申上げます」

これだけの文面の上に、文面の二倍の大きさを取って幼な子の死顔のスケッチが写真版で挿入され、（九月二十八日、午后三時三十五分深谷丸石病院ニテ美枝疫痢ニテ死スルノ図）という文字もはっきりと読まれた。

飯村は彼とは三年ばかり前同僚として僅か二ヵ月間、割に親しくした間柄で、彼は図画の教師だった。が、その後交際はなかった。だから彼はこういうお礼の葉書を貰いながら、実はその長女の死を初めて知ったのであったが、初めてと言えばかれが深谷に住んでいることも初耳であった。けれども彼は古い記憶をたどって、飯村がいつか自分は赤ん坊と家内が病気がちで困る、それでどこか田舎へ越したく今千葉方面を物色しているところだ。自分の通勤には不便だがやむを得ない。そう彼に話したことがあるのを思いおこした。かれはその後その言葉を実行して千葉ではないが埼玉の深谷へ移って行ったのだろう。そうして三年の月日がすぎて折角転居の甲斐もなく愛児を亡くしたのかと思うと、彼は涙ぐまれた。飯村の悲しみが目の前に浮び出て、かれも恐らく三年前の短期間の同僚であった彼を思い出し、愛児の三十五日にこういう葉書をつくり、彼にも頒ち寄越した心のありかが思いやられた。

うつせみのいのちを四つと生れ来ていにし子もありこほろぎのなく
魂きはるいのちを四つと生れ来て父よ母よと呼びし子あはれ
こほろぎも鳴かなくなりぬこの秋を友が夫婦はふたり寝ぬるか

彼はこの夜こういう歌を紙片にかきしるしていた。作歌の修業はなく、見様見真似で作ったに過ぎなかったが、通り一片の悔み状を出すより、章吾もきっと喜んでくれそうな気がし、そんなことが彼の気持を純粋にさしていたのである。

ハツは電燈を低く降ろして、子郎が七五三のお祝いに着せるため、彼の古洋服を解いて、それを子供の水兵服に仕立て直しているのだった。その鋏の音や布地の音をききながら、彼は自分の子供は今年二回にわたる骨の怪我もともかく無事に切り抜けて来たことが、飯村の哀しみにくらべれば、何千倍か仕合せにおもえているのだった。

飯村章吾は、彼の弔歌に俳句を作ってよこした。かれも亦俳句の素養はないにちがいないのだが、その嘘いつわりのない実感は紙背にあふれていた。

　切張に叱る子もなき秋の風

　無理をいふ子もなき膳の柚味噌かな

　　こぼれたる飯見て泣くや石蕗の花

皇居前の広場で「栄ある二千六百年」の式典が行われた。丁度その翌る日が七五三に相当した。子郎はハツが再製の水兵服を身につけ、玉串料(注2)を一円つつみ、母親に手をひかれ、町内にある氷川様に参詣した。

　彼はその晩、炬燵の中から月を眺めていた。彼は、彼が生れて百日目、七五三なんて洒落れたものではなく、母の背中におぶさって、村の鎮守様に参詣した日のことを想いおこした。母は手織木綿の青みがかった縞の着物を着て、その匂いが彼の鼻をついた。家を出て少し行くと土橋のところで、ミイ小母さんに出逢った。あらもう正助さんのモモカですかな。早いもんですなあ。とミイ小母さんは彼の目の前に顔をよせ、コレ、コレ、と手をふってあやした。彼はちょっと恥ずかしい気がして、母の背中に顔をうずめた。

　その時母は二十一であった筈である。そして本当は幾ら何んでも生れて百日目のことを彼が覚えている筈はないのだが、色々の連想作用が、彼の子供の時たびたび見かけたそういう情景が、何か毒々しい七五三などよりも、不思議な真実感をもってなつかしく描き出された。

「こら、子郎、田舎へ連れて行っちゃろか。田舎はいいんだぞ。そら、いつかお正月に太鼓がどんどん鳴ってた所さ」

　彼は部屋の隅で飴の紙袋の鶴亀の絵を切って襖にはって遊んでいる子によびかけた。が、彼はまだ本心からではなく、自分の気持の一端をごく手近なところで言ってみたに過ぎなかった。父母も家もない単に戸籍上の原籍地へ子供を連れて行くなんて、実際は空漠無稽に等しいことであった。ところが子は彼の言葉を耳にするが早いか、

「ほんと――?」

と、大きく一声叫ぶなり、まるで電気にでもかかった人形のように、鋏も紙袋もすてては ね上り、中腰になって両手を膝につ

き彼を見据えた。その角力でも挑むような恰好で、平べたい鼻をひくひくさせながら、睨むように笑っている我が子の姿に、彼は却ってたまげた。

子のいなかという言葉に対する概念は、僅か一年足らずのうちに、彼の知らぬ間に飛躍成長をとげていたのであった。近所の小学生が八月になると、家族のものに連れられて、田舎へ田舎へと行ったり来たりするのを、子郎は自分の目で見て来ていた。又そのいなかからは季節季節の品物が、梨や柿や林檎などの包みが、郵便屋や通運から運ばれて来る有様も自分の目で見ていた。そういう宝の山を自分ひとり指をくわえて見て来た事実がどんなに羨ましかったか。父親がそこへ連れて行こうかと言った言葉にどんなに胸を躍らせたか。それはその翌る日一日のうちに、子郎が近所隣の遊び友達に一人のこらず自分の田舎行を(イ)吹聴してあるいた事実で知られた。

子郎の田舎熱が俄然沸騰した。

——ねえ、父ちゃん、田舎へは何時行くの？

子郎はその日から同じことを毎日飽きもせずに繰返した。

——父ちゃんの嘘つき。ぼくお友達に嘘いったらセップクなんだよ。父ちゃんはもうせん(注3)、こんどの日曜には連れて行くって言ったじゃないか。父ちゃんの嘘つき。

狭い路地で子供の戦争ごっこがはやっていた。鉄兜のある子が戦勝軍になり、そうでない子が敗北兵になり、最後は捕虜になったり切腹したりするのだ。

——ね、母ちゃん、ぼくにも鉄兜買って。

敗北兵になるのが悲しく、母親にねだると、

——駄目です。子郎ちゃんは今年は病院へ通ってうんとお金がいったんだから。そんな無理なこと言うと、父ちゃんもう田舎へつれてって下さいませんよ。

ハツは田舎を逆用した。

そうしてざっと、こういう日が二十日余りも過ぎてから、動作のにぶい B 彼はやっと田舎行の臍（ほぞ）をかためた。最初は近郊まで遠足に連れ出して、子供をごまかそうかと思わぬでもなかったが、彼の良心は何故（なぜ）か (ウ)姑息（こそく）な手段を排斥した。子供に嘘つくことの非もさることながら、子の父である自分の生れ故郷を我が子に見せてやるのは決して無駄でないばかりか、親の義務のように思われて来たのだ。こんなせせこましい路地でなく、天然の山や川を舞台に、捕虜もなく鉄兜もなく、堂々と広い青空の下をはだかで遊渉した少年の日が、彼にはあった。親の彼にあったものが子の子郎には無い。無いからこそあの立派な故郷を一度子に見せてやるのだ。子郎が生れて僅か五歳で、もう二度も骨の怪我をしたのにひきかえ、親の自分は三十七年間、ただの一度も骨折などという大それた損傷なく来たのも、皆あの大自然のお蔭（かげ）のような気がし、今あそこへ連れて行ってやることは、この子の今後の損傷を未然に防ぐてだてのような気がするのだった。

（注）1 半丁――「丁」は、距離の単位で、「一丁」は、約一〇九メートル。
2 玉串料――神事の際に神前に供える金品のこと。
3 もうせん――以前。

問1 傍線部(ア)~(ウ)の語句の本文中における意味として最も適当なものを、次の各群の①~⑤のうちから、それぞれ一つずつ選べ。解答番号は 13 ~ 15 。

(ア) 鷹揚に 13
① ゆったりとした様子で
② 元気そうなそぶりで
③ 動揺を見せないようにして
④ さも関心がないかのように
⑤ 何事もなかったかのように

(イ) 吹聴して 14
① くりかえし嘘をついて
② いちいち聞いて回って
③ おおげさに自慢して
④ 周囲に言いふらして
⑤ 一人一人言い聞かせて

(ウ) 姑息な 15
① このうえなく卑怯(ひきょう)な
② ひどく大人げない
③ きわめてたちの悪い
④ その場しのぎでしかない
⑤ 著しく良識に反する

問2 傍線部**A**「やっと彼女は子郎が左の腕に事故を起しているのを見とめた」とあるが、「子郎」の「事故」についての説明として適当なものを、次の ① ～ ⑥ のうちから**二つ**選べ。ただし、解答の順序は問わない。解答番号は 16 ・ 17 。

① 子郎のただならぬ声に最初に反応したハツが、動揺のあまり子郎の身に何が起きたかをなかなか理解できなかったのとは対照的に、父親である「彼」は、動揺しながらも子郎の身に起きたことを初めからある程度は理解できていた。

② 「事故」のあった夜、子郎は夜通し泣き続けたが、その声が耳について離れない「彼」は、時間がたちさえすればよくなるということが頭ではわかっていながらも、治らないのではないかという恐怖に押しつぶされそうになっていた。

③ 接骨医院から帰ってきたハツは、落ち着いた様子で、それほど心配する必要のないことを「彼」に伝えたが、子郎の怪我が単なる脱臼ではないことを知った「彼」は、そうしたハツの楽観的な態度に違和感のようなものを覚えた。

④ 「事故」のあった晩、寝つけないなか、自分たち夫婦のうかつさを悔やむ「彼」は、壮健とは言いがたい子郎の身を案じ、ひどく心を痛めていたが、子郎の出生についてあれこれ気に病むのは、この晩に限ったことではなかった。

⑤ 接骨医院に向かった妻と子を不安な気持ちのまま待つしかなかった「彼」は、気持ちを紛らすために「事故」のあった現場に向かったが、そうしたことによって、かえって子郎の怪我の程度をより深刻に捉えるようになった。

⑥ 「彼」は、怪我を負った子郎に対して、たいしたことはないといって叱るように励ましたが、そういう「彼」自身が、自らの言葉とは裏腹に、子郎の曲がってしまった腕を直視することができないほど衝撃を受けていた。

問3 傍線部**B**「彼はやっと田舎行の臍をかためた」とあるが、ここに至る「彼」の心情について説明したものとして最も適当なものを、次の①～⑤のうちから一つ選べ。解答番号は 18 。

① 都会で催される七五三に喜ぶ子郎に対して、田舎の鎮守様の素晴らしさを伝えたいと思った「彼」は、実現する見込みのないまま、田舎に行くことを子郎に提案した。そうした提案に素直に喜ぶ子郎を見て責任を感じた「彼」は、子郎をがっかりさせないためにも田舎に連れて行きたいと思い、その手立てを考えるようになった。

② 七五三の連想から、母の記憶につながる田舎の行事を思い出した「彼」は、かねてから子郎にもそうした体験を一度味わわせてやりたいと思っていたこともあり、つい一緒に田舎に行こうと誘ってしまった。そうした誘いに感激する子郎を目の当たりにした「彼」は、できるだけ子郎の気持ちに添うようにしたいと考えるようになった。

③ 七五三がきっかけとなり、田舎での懐かしい出来事を思い出した「彼」は、深い意図もなく、田舎に連れて行くと子郎に言ってしまった。そうした言葉に予想外の反応を示した子郎に驚いた「彼」は、初めは適当にごまかしてしまおうかとも思ったが、子郎のこれからのためにも、田舎に行くことを熱望する子郎の願いを聞き入れる気持ちになった。

④ 七五三の行事を目にしたことで、そうした都会の華やかな行事とは対照的な田舎の暮らしを思い出した「彼」は、懐かしい気持ちのまま、子郎に田舎に行こうと誘ってしまった。そうした誘いに強い興味を示した子郎の期待に応えたいと思った「彼」は、子郎を田舎に連れていきたいという思いをますます募らせるようになった。

⑤ 都会で行われた七五三から、それとは趣の異なる田舎の行事を想起した「彼」は、たいして真剣に考えることのないまま、子郎に対して田舎に連れて行くことを約束した。そうした約束に有頂天になった子郎を見た「彼」は、いまさらながらに後悔するが、子郎の健康のためにも懐かしい故郷の家を二人で訪れるという決心はより強固なものになった。

問4 ハツについての説明として最も適当なものを、次の①～⑤のうちから一つ選べ。解答番号は 19 。

① 古着を仕立て直して子郎の七五三の晴れ着を作ってやるなど、子供に対してはまめまめしく世話を焼く一方で、夫に対しては、日頃の辛辣な物言いを改めることができずにいる。

② 子郎に対しては母親として細やかな愛情を注ぐ一方で、夫を改心させるために子供の寝言をでっちあげるというようなしたたかな面がある。

③ 泣いている子郎にキャラメルをあてがい機嫌をとるなど、子供に対してはひたすら甘い母親であるが、夫に対してはつい厳しいことを言ってしまう妻である。

④ 子郎に対して深い愛情を注いでいるが、どこか計算高いようなところもあり、やさしいだけの母親でもなく、ひたすら従順な妻というわけでもない。

⑤ 子供を思うあまり感情的になってしまうようなところがあり、夫に対しては愚痴を、子郎に対しては小言を、心ならずも言ってしまいがちである。

問5 本文の内容や表現について説明したものとして適当なものを、次の①～⑥のうちから**二つ**選べ。ただし、解答の順序は問わない。解答番号は 20 ・ 21 。

① 18行目では、接骨医院に行っていたハツが戻ってきたのが「一時間も長い時間が経って」からだと表現されているが、こうした表現は、単に物理的な時間の長さを表しているだけでなく、「彼」の体感のようなものを含意している。

② 34行目の「素直になれていた」という表現と、53行目の「純粋にさしていた」という表現は、いずれも「彼」のありようを表したものであるが、前者には飯村の長女の死を知る前の、後者には知った後の心情が反映されている。

③ 41行目から48行目までには、飯村に関する具体的なエピソードが描かれているが、そうしたエピソードを通じて、飯村が家族のためなら職を変えることも厭(いと)わないほどの深い愛情の持ち主だったということが明らかにされている。

④ 97行目の「ハツは田舎を逆用した。」という一文は、田舎を軽んじているハツに対していらだちを覚えている「彼」に寄り添うような表現になっていると同時に、「彼」とハツの関係のさらなる悪化を暗示するものになっている。

⑤ 101行目の「せせこましい」は、すぐ後に出てくる「堂々と広い」と対照的な意味を持つものだが、これらの表現からは、「彼」がいまの生活環境を子郎にとって好ましいものだとは思っていないということがうかがえる。

⑥ 子郎の「事故」、友人との交流、母との思い出などのエピソードを通じて、それまで素直に認めることができなかった友人や家族、それに郷里に対する自らの思いを次第に受けいれていく「彼」の姿が、細やかに描かれている。

問6　Nさんは、本文中に出てくる短歌や俳句について理解を深めようとして、それらについて次の【ノート】に整理した。このことについて、後の(i)・(ii)の問いに答えよ。

【ノート】

X　本文49～51行目の短歌について

(ア)　和歌の技法の一つに「枕詞」があるが、そうした技法が用いられている歌がある。

(イ)　幼い子が亡くなったということが直接表現されている歌がある一方で、そうでない歌もある。

(ウ)　亡き子の生前の様子を描くことで、その死のいたましさが強調されている歌がある。

(エ)　秋のさびしげな風景と子を亡くした親の悲しみとを重ねて表現したところに、三首の共通性がある。

Y　本文59～61行目の俳句について

(ア)　我が子を亡くした親の悲しみを、子供の死という事実を直接描くことなく表現した句がある。

(イ)　受けいれがたい現実をつきつけられているつらい心情がうかがえるところに、三句の共通性がある。

(ウ)　愛し子の死という出来事に我を失っている姿が、字余りによって図らずも示されている句がある。

(エ)　いずれの句も、季語を入れるという俳句における重要な約束事に則(のっと)って作られている。

Z　本文に短歌や俳句が用いられていることの効果

↓

Z

(i) **X**と**Y**には、一つずつ**誤ったもの**がある。その組み合わせとして最も適当なものを、次の①～④のうちから一つ選べ。解答番号は 22 。

① **X**―(ア)　**Y**―(ア)

② **X**―(イ)　**Y**―(エ)

③ **X**―(ウ)　**Y**―(イ)

④ **X**―(エ)　**Y**―(ウ)

(ii) **Z** に入るものとして最も適当なものを、次の①～④のうちから一つ選べ。解答番号は 23 。

① 弔いの気持ちを歌に託すという日本の伝統的な手法が取り入れられることで、この作品が近代的な小説ではなく、前近代的な物語の系譜に連なるものであるということが明示されている。

② 作中の登場人物が作ったとされている短歌や俳句が、短歌や俳句の約束事から大きく逸脱したものとなっていることによって、親にとって子を失うことがいかにつらいことであるかが暗示されている。

③ 子を亡くした親が、友からの弔歌に対して、短歌に比べてより細やかな感情を表すことのできる俳句で応えることを通して、どうすることもできないつらい現実が鮮やかに表されている。

④ 弔意を短歌によって伝えようとする者と、そうしたあり方に触発されて自らの思いを俳句という形で吐露する者との思いが響き合うなかで、登場人物のそれぞれの心情が強く印象づけられている。

第３問　次の文章は『小夜衣』の一節である。実母を亡くして山里で祖母の尼上と暮らす女君のもとには、兵部卿宮（宮）がひそかに通っていた。しかし、宮は、親の命令で関白の娘（大殿の姫君）と結婚させられて、山里への訪れが途絶えがちになった。その後、女君は、父である大納言の邸に引き取られ、父と継母との間に生まれた娘が女御として入内する時に、父の命令で女御の後見役として宮中に入った。女君は、そこで天皇（上）に見初められ、そのことは宮の知るところとなる。これを読んで、後の問い（問１～５）に答えよ。（配点　50）

上は、さしも人目つつみ給へども、御心のうちのしのぶもぢずり[注1]は、日に添へてのみ乱れまさり給へば、「いかがせん」とのみ思しめしあまり、折々は、「忍びても局などへ」と思しめす折もあれど、この人の同じ心ならばこそ、「思ふに神の斎垣も」といふならひもあらめ、人知れぬ心のうちは漏らせども、見知らぬさまにのみもてなして、いささかも思ひなびきぬべき気色もせず。せめて思しめしあまりて、御手習ひに紛らはして、

「見る人もあやむばかりに濡れにけりつつみかねたるしのびねの袖」

と書きすさみ給ひて、

「これだに、御返り事」

と仰せらるれば、見ぬやうなるさまも、なさけなげなり。

かやうなる御気色につけても、心憂く、「人はいかが思ふらん」など思ふにも、つつましく心苦しきに、いとど、「宮の[注2]、山里にて語り給ひける」など聞くにつけても、「されば、世は隠れなきものなれ、聞かせ給はんずらん」と、思ひし事のたがはぬにつけても、心憂く、とてもかくても、かかる住まひのみ、物憂くなりまされば、「尼上の風邪の気など言ひてや、古里へも帰らまし」など思ひ続くる折々もあるに、五節[注3]などにもなりぬれば、雲居の有様、人の気色どもも、今めかしくおもしろきに、若き[注4]者どもは、「またたち返り、山深き住まひに埋もれん」と思ふまじきを、とかくに思ひわづらひ給ふ。

その夜(注5)にしもなりぬれば、公卿(くぎやう)・殿上人(てんじやうびと)、残りなく参り集まりたるに、兵部卿宮の御有様、あたりの人もにほふばかりにて歩み出で給へるに、ふと見奉る心地、いはんかたなし。日ごろの憂さも忘られて、涙ぞほろほろとこぼれぬる。(ア)あさましく、「人や見つらん」と、とかくに紛らはし給へど、「顔の色もたがふらん」と、心もせんかたなし。

宮も、「見出(みい)だして見給ふらん」と思しやらるるに、心用意もせられながら、心のうちに、涙はせきやるかたなき心地し給ふにも、うちしめりつつ、ながめがちなる御気色を、人々めでゐたり。

「見奉るたびには、光りまさる心地し給へる人の御有様かな」

とて、

「世にすぐれ給へる人の御ならひにて、世をすさまじげに思しあくがれて、常に心細げなる御ながめのみし給ふらん。かかる御気色をこそ、院(注6)も大宮も思し嘆くなれ」

「いかなる女房、御心につき給はんずらん」

「大殿の姫君も(イ)なべてならずおはすなれど、立ち寄り給ふ事まれなるをこそ、本意なきことにのたまふなれ」

「草の枕の一夜ばかりも、露のなさけもかけられ奉らばやと、高きも下れるも、女の心を尽くすなれど、Aおぼろけにては御心かけ給ふらん人もなく、ただすくよかにてのみ過ぐし給ふにこそ、心もとなけれ」

など、口々に言ひあふを、聞き給ふにも、胸のみ騒ぎまさりて、「気色もやしるかるらん」とつつましくて、奥の方にひき入り給ひぬ。

（注）
1 しのぶもぢずり――「陸奥(みちのく)のしのぶもぢずり誰ゆゑに乱れむと思ふ我ならなくに」（『古今和歌集』恋歌四・河原左大臣）を踏まえる。
2 宮の、山里にて語り給ひける――宮は、女君がいなくなった後、事情を知って、山里へ行って尼上と話をした。
3 五節――旧暦十一月に宮中で行われる、四人の舞姫による舞楽を中心とする行事。
4 若き者ども――山里に住んでいた時から女君に仕えている若い侍女たちを指す。

5　その夜――五節の夜。

6　院も大宮も――「院」は兵部卿宮の父、「大宮」は母。

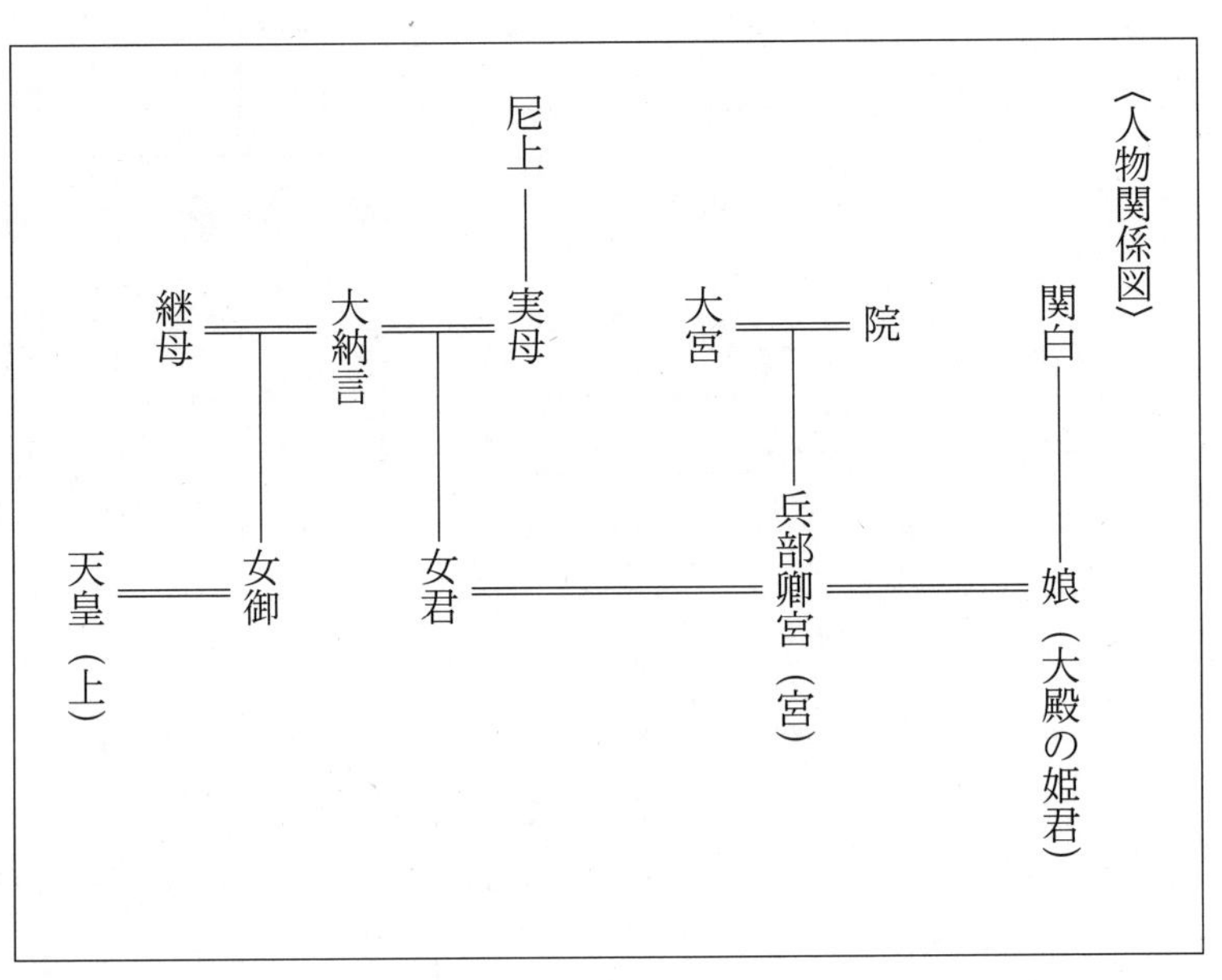

問1 傍線部(ア)・(イ)の解釈として最も適当なものを、次の各群の①～⑤のうちから、それぞれ一つずつ選べ。解答番号は 24 ・ 25 。

(ア) あさましく 24

① 困惑して
② しかたなくて
③ 恥ずかしくて
④ あきれて
⑤ 心を鎮めて

(イ) なべてならずおはすなれど 25

① ますます魅力的になりなさっているのだが
② 見たことがないほどの方でございますが
③ すばらしくていらっしゃるそうだが
④ 形容しがたいほどの美しさだそうだが
⑤ たいそう立派にふるまっているのですが

問2 この文章の女君の行動や心境についての説明として適当なものを、次の①～⑥のうちから**二つ**選べ。ただし、解答の順序は問わない。解答番号は 26 ・ 27 。

① 天皇から歌を贈られて返歌をしないのもたしなみのない態度だと思い、歌を見たということだけを伝える返事をした。

② 女御でなく後見役の自分に言い寄ることで、天皇が臣下たちの信頼を失うのではないかと、その立場を気づかった。

③ 自分への天皇の執心を知って、宮が絶望のあまりどんな行動をとるかが心配で、いてもたってもいられなくなった。

④ 宮中の暮らしがあまりにつらいので、風邪をひいたと尼上に訴えて、山里に呼び戻してもらおうと思うこともあった。

⑤ 晴れやかな儀式が近づいて若い侍女たちが宮中での暮らしを楽しんでいると思うと、山里に戻ることはためらわれた。

⑥ 五節の夜、宮中に来た宮の美しい姿を見て感極まったが、その気持ちを周囲の人に知られないようにふるまった。

問3 傍線部**A**「おぼろけにては御心かけ給ふらん人もなく、ただすくよかにてのみ過ぐし給ふにこそ、心もとなけれ」の語句や表現に関する説明として最も適当なものを、次の①～⑤のうちから一つ選べ。解答番号は 28 。

① 「おぼろけにては」は、女君の真意がわからずに、いつまでも思い悩んでいる宮の不安な気持ちを表している。

② 「かけ給ふらん」の「らん」は現在推量の意味で、宮が天皇と女君との関係を推測していることを表している。

③ 「すくよかにて」は、公卿・殿上人たちの中にあっても、宮の高貴な様子がきわだっていることを表している。

④ 「過ぐし給ふにこそ」の「に」は完了の意味で、宮が宮中の女房たちの簾(すだれ)の前を通り過ぎた様子を表している。

⑤ 「心もとなけれ」は、女性たちにそっけない態度をとる宮を、宮中の女房がもどかしがる気持ちを表している。

問4 本文の内容の説明として最も適当なものを、次の①～⑤のうちから一つ選べ。解答番号は 29 。

① 天皇は、あなたを思って声をひそめて泣いているのに、その恋心が外に漏れてしまいそうだ、という思いを詠んで女君にそれとなく見せた。

② 宮は、簾の中に女君がいて自分を見ていると思うと、涙があふれてくるが、皆にそれを知られないためにもいつも以上に陽気にふるまった。

③ 人々は、優れた人物が出家をしてしまうことはよくあるとはいえ、これほど美しい宮が出家を決意して両親を悲しませていることを残念がった。

④ 大殿の姫君は、宮がとても美しいので、めったに来てくれなくても恨みがましいことは言わず、その訪れをいつも心待ちにしていた。

⑤ 宮に思いを寄せる女房たちの中には、よくある一夜限りのはかないものではなく、将来までもずっと続く関係を結びたいと願う者もいた。

問5 次に示す【文章】を読み、その内容を踏まえて、**X**・**Y**の和歌と、本文の二重傍線部についての説明として適当なものを、後の①～⑥のうちから**二つ**選べ。ただし、解答の順序は問わない。解答番号は 30 ・ 31 。

【文章】

『小夜衣』の二重傍線部に含まれる「思ふに神の斎垣も」は、『伊勢(いせ)物語』第七十一段の和歌の一部を踏まえている。『伊勢物語』には、天皇の使いとして斎宮（伊勢神宮に奉仕する皇女）のもとを訪れた男と、その斎宮に仕える女房の和歌のやりとりが記されている。

むかし、男、伊勢の斎宮に、内の御使にて参れりければ、かの宮に好きごといひける女、わたくしごとにて、

X ちはやぶる神の斎垣も越えぬべし大宮人の見まくほしさに

男、

Y 恋しくは来ても見よかしちはやぶる神のいさむる道ならなくに

「見まくほしさ」は「見たさ」の意、「なくに」は「ないのだから」の意である。

本文の「思ふに神の斎垣も」の少し前にも、「しのぶもぢずり」という『古今和歌集』に所収されている和歌からの引用があり、『小夜衣』の作者は、女君に恋い焦がれる天皇の心情や様子を、あえて著名な和歌の言葉を用いることで、奥行きのある表現にしようとしていると考えられる。

① 和歌**X**は、天皇の使いとして斎宮のもとに下った男に、女房が斎宮の意向を代弁したもので、都からの使いは正式に出迎えるべきだが、斎宮は神に仕える皇女であるため男性に直接対面できないと詫(わ)びている。

② 和歌**X**は、天皇の使いの男に向けて、女房が自分の気持ちを詠んだもので、都人である男に逢(あ)いたい一心で、伊勢神宮に奉仕する者としての禁忌を犯してしまいそうだと、男に対する恋慕の情を訴えている。

③ 和歌**Y**は、和歌**X**を受けて男が斎宮に詠みかけたもので、自分は天皇の使いとしてわざわざ伊勢までやって来たのだから、直接会って天皇の手紙を渡すことを神も咎(とが)めはしないはずだと言っている。

④ 和歌**Y**は、和歌**X**を受けて男が女房に返したもので、自分はすぐに都に戻らなければならないが、伊勢を離れて都までついて来てくれるのなら夫婦の契りを結びたいと、女房の気持ちに応(こた)えている。

⑤ 二重傍線部は、斎宮に仕える女房を「この人」と表現しており、都人の男を慕うこの女房のように、自分も人からそしられても女君に逢いに行きたいと、天皇が女君を一途(いちず)に慕う様子を表している。

⑥ 二重傍線部は、女君を「この人」と表現しており、女君に恋心を抱くことが望ましくないだけでなく、女君から好意を寄せられていないために逢うことができないという、天皇にとって苦しい状況が述べられている。

第４問　次の【詩】は、明末清初の詩人商景蘭（しょうけいらん）が、清への仕官を拒み明に殉じて死を選んだ夫祁彪佳（きひょうか）（【詩】中では「公」）を悼んで詠んだもので、【文章】は、彼女が晩年に記したものである。これらを読んで、後の問い（**問１～６**）に答えよ。なお、設問の都合で返り点・送り仮名を省いたところがある。（配点　50）

【詩】

公自（おのづから）成シ二千（注1）古ヲ一　吾猶ホ恋フ二一生ヲ一

君臣ハ原（もとヨリ）大節ナレドモ　児女モ亦タ人情ナリ

折（注2）ルレ檻ヲ生前ノ事　遺（のこ）スレ碑ニ死後ノ［X］

存亡（ア）雖レ異ニストレ路ヲ　貞（注3）白本ヨリ相ヒ成ス

（商景蘭「悼亡（とうぼう）」による）

（注）１　千古――死後も永遠に残る栄誉。

２　折レ檻――強く諫（いさ）めること。明の高官であった祁彪佳が皇帝を繰り返し諫めたことを踏まえる。

３　貞白――心が正しく潔白であるさま。

【文章】

余(注1)七十二歳嫠(注2)婦也。瀕死者数(1)矣。乙酉(注3)歳、中丞(注4)公殉(a)節。A余不敢従死。以児女子皆幼也。辛丑(注5)歳、次児(注6)以才受禍、(b)破家亡身。余不即死者、恐以不孝名貽(c)児子也。未亡人不幸至此、且老。烏能文。又B烏能以文文人耶。但平生性喜柔(注7)翰。長婦(注8)張氏徳蕙、次婦(注9)朱氏徳蓉、女(注10)修嫣・湘君、又(2)倶解読書。毎於女紅(注11)之余、或拈(注12)題分韻、推敲(3)風雅、或尚(注13)遡古昔、衡論当世。遇(d)才婦淑(注14)媛(イ)、輒流(注15)連不能去(e)心。

（王秀琴『歴代名媛文苑簡編』による）

（注）
1 余――筆者の商景蘭を指す。
2 嫠婦――夫に先立たれた女性。
3 乙酉歳――清・順治二年（一六四五）。
4 中丞公――「中丞」は官名。ここでは祁彪佳を指す。

5 辛丑歳――清・順治十八年（一六六一）。

6 児以レ才受レ禍――息子は才能があったために災禍に見舞われた。ここでは、清への抵抗運動に身を投じた商景蘭の息子が処罰されたことを指す。

7 柔翰――毛筆。ここでは詩文を書くこと。

8 長婦張氏徳蕙――長男の妻、張徳蕙（ちょうとくけい）。

9 次婦朱氏徳蓉――次男の妻、朱徳蓉（しゅとくよう）。

10 女修嫣・湘君――商景蘭の娘祁徳瓊（きとくけい）と祁徳茝（きとくさい）のこと。

11 女紅――織物や裁縫などの家事。

12 拈レ題分レ韻――詩題を選び韻を決めて詩を作る。

13 尚二遡古昔一、衡二論当世一――古代の詩文を学び、同時代の詩文を論評する。

14 淑媛――人柄の優れた女性。

15 流連――思いを寄せる。

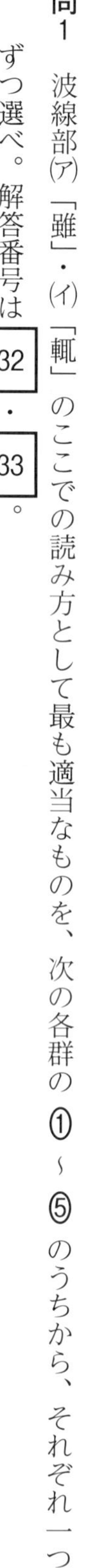

問1 波線部(ア)「雖」・(イ)「輒」のここでの読み方として最も適当なものを、次の各群の①〜⑤のうちから、それぞれ一つずつ選べ。解答番号は 32 ・ 33 。

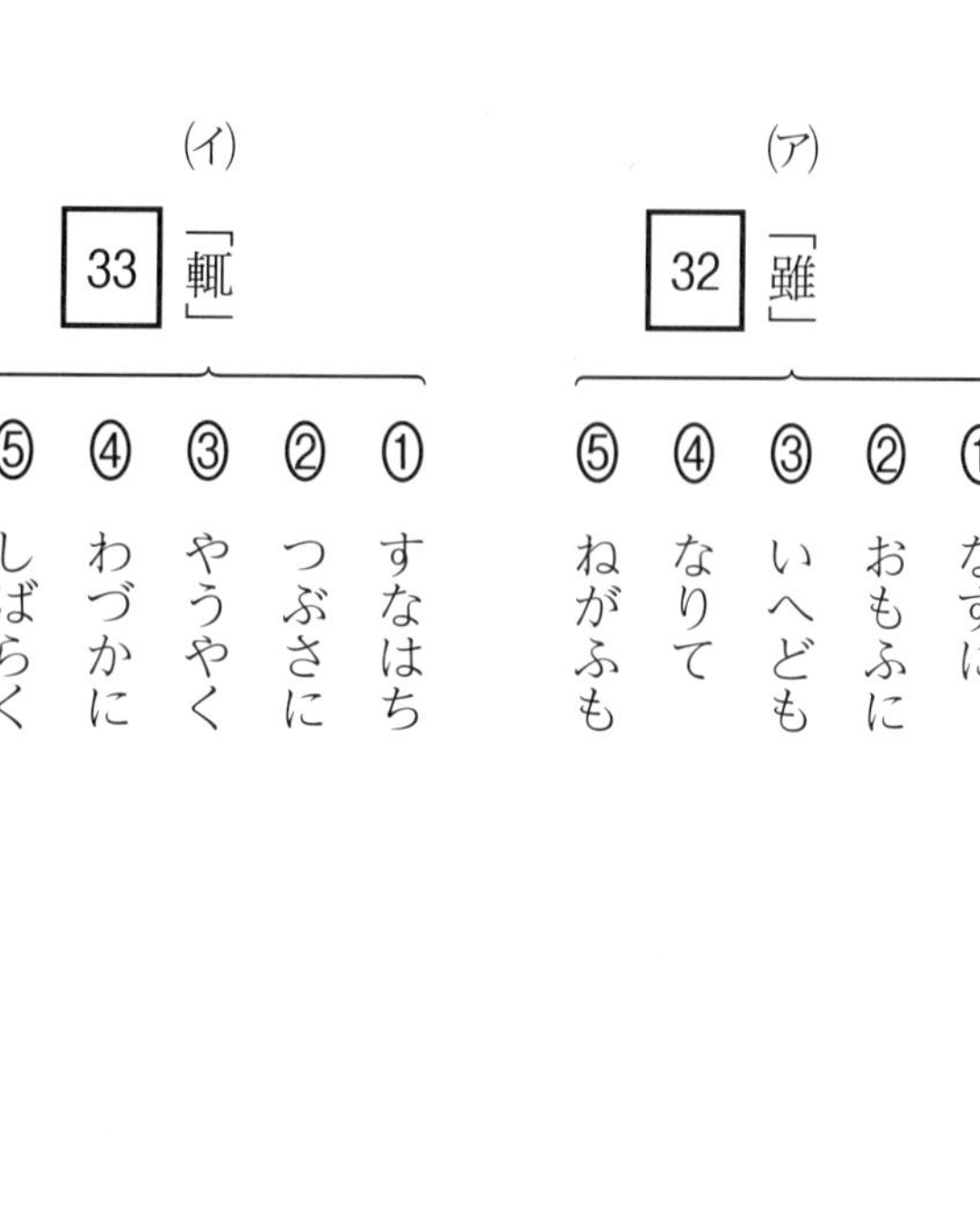

(ア) 「雖」 32
① なすに
② おもふに
③ いへども
④ なりて
⑤ ねがふも

(イ) 「輒」 33
① すなはち
② つぶさに
③ やうやく
④ わづかに
⑤ しばらく

問2 波線部(1)「数」・(2)「倶」・(3)「推敲風雅」のここでの意味として最も適当なものを、次の各群の①～⑤のうちから、それぞれ一つずつ選べ。解答番号は 34 ～ 36 。

(1) 「数」 34
① 当然だった
② 間近であった
③ まれであった
④ 予想外であった
⑤ たびたびあった

(2) 「倶」 35
① すぐに
② たまたま
③ そろって
④ とりわけ
⑤ だんだんと

(3) 「推敲風雅」 36
① 詩文の一節を暗唱する
② 詩文の字句を検討する
③ 詩文の表現を模倣する
④ 詩文の文章を書写する
⑤ 詩文の趣旨を理解する

問3 傍線部**A**「余 不 敢 従 死」について、返り点の付け方と書き下し文との組合せとして最も適当なものを、次の①～⑤のうちから一つ選べ。解答番号は 37 。

① 余 不二敢 従一レ死　　余敢へて死に従はざらんや

② 余 不二敢 従 死一　　余敢へて従ひて死せず

③ 余 不二敢 従一死　　余敢へて従はずして死す

④ 余 不レ敢レ従レ死　　余死に従ふを敢へてせざるか

⑤ 余 不レ敢 従 死　　余敢へてせざるも従ひて死す

問4 傍線部**B**「烏能以レ文文レ人耶」の解釈として最も適当なものを、次の①～⑤のうちから一つ選べ。解答番号は 38 。

① どうしても詩文を用いて人に自分を良く見せずにはいられない。
② どうすれば詩文を用いて人に自分を良く見せることができるのか。
③ どうして詩文を用いて人に自分を良く見せてはいけないのだろうか。
④ どこにも詩文を用いて人に自分を良く見せる人などいるはずはない。
⑤ どうして詩文を用いて人に自分を良く見せることができようか。

問5 **【詩】**の空欄 X には、**【文章】**の二重傍線部(a)～(e)のいずれかが入る。空欄 X に入る語として最も適当なものを、次の①～⑤のうちから一つ選べ。解答番号は 39 。

① (a) 殉
② (b) 禍
③ (c) 名
④ (d) 才
⑤ (e) 心

問6 【詩】と【文章】から読み取れる筆者の心情の説明として最も適当なものを、次の①～⑤のうちから一つ選べ。解答番号は 40 。

① 夫が死んでしまったうえに跡を継いだ息子が親不孝であることを嘆き、娘たちの文才を認めようとしない世の中にも不満を抱いている。

② 最後まで明への忠義を貫いて死んだ夫を立派だと思っているので、自分も清への抵抗の気持ちを詩の中で表現したいと望んでいる。

③ 清への仕官を拒絶して死を選んだ夫の考えは受け入れることができず、家族を見捨てた夫を恨む気持ちを抑えられないでいる。

④ 夫が君臣の道を貫いて死んだことを誇りに思いつつも、子どもたちのために自分が生きる道を選んだことにも価値があると考えている。

⑤ 息子が災難に遭ってしまった今となっては、残された娘たちに夫の高潔な生き様を世に伝える詩を書いて欲しいと期待している。

MEMO

第 4 回

問題を解くまえに

◆ 本問題は200点満点です。次の対比表を参考にして，**目標点**を立てて解答しなさい。

共通テスト換算得点	66以下	67～87	88～108	109～129	130～147	148～165	166以上
偏差値 ➡	37.5	42.5	47.5	52.5	57.5	62.5	
得　点	49以下	50～70	71～91	92～113	114～133	134～154	155以上

〔注〕 上の表の，

「共通テスト換算得点」は，'21年度全統共通テスト模試と'22年度大学入学共通テストとの相関をもとに得点を換算したものです。

「得点」帯は，'22第３回全統共通テスト模試の結果より推計したものです。

第４回

現・古・漢別の対比表は「解答解説編」117ページを参照してください。

◆ 問題解答時間は80分です。

◆ 問題を解いたら必ず自己採点により学力チェックを行い，解答・解説，学習対策を参考にしてください。

◆ 以下は，'22第３回全統共通テスト模試の結果を表したものです。

人　数	227,019
配　点	200
平均点	100.9
標準偏差	32.3
最高点	200
最低点	0

第1問　次の【文章Ⅰ】【文章Ⅱ】を読んで、後の問い（問1～6）に答えよ。（配点　50）

【文章Ⅰ】　次の文章は、シェイクスピアの戯曲『ロミオとジュリエット』（引用されている台詞(せりふ)は筆者による翻訳）について考察した文章である。なお、表記を一部改めている。

その晩の舞踏会ではじめてロミオ(注1)と出会ったジュリエット(注2)が、自室のバルコニーにたたずんで庭の暗闇のなかにロミオを想(おも)う場面、ここには名前と身体をめぐる現代的な省察の契機がある。

A ああロミオ、ロミオ、あなたはどうしてロミオなの？
お父さんなど忘れて、あなたの名前を捨てて。
もしそれが(ア)ダメなら、わたしに愛を誓ってほしい
そうすればわたしも、もうキャピュレットなんかじゃないわ。

あまりにも有名な台詞なのでかえって見過ごしてしまいがちだが、読んでみてまず気がつくのは、ジュリエットの言葉には論理的な錯乱があることだ。ここで彼女は、一目で恋におちた自分たちが敵同士の家の出身であることを嘆いているのだから、ロミオが「名前を捨て」なければならないとすれば、捨てるべきは「モンタギュー」という姓でなければならないはずだ。だから論理的に正確を期すとすれば、ジュリエットの最初の発言は、「ああ、ロミオ、ロミオ、あなたはどうしてモンタギューなの？」となるべきである。どうしてそうならないのか。なぜここで私的な名前であるファーストネームと、公的な名前であるファミリーネームとのあいだの混同が起きているのだろうか。「ロミオ」を三回重ねたほうが語呂がいいからとか、ジュリエットは興奮して言い間違えているにすぎないのだといった説明も可能かもしれないが、もう少し私たち自身の生き方や社会と結び付けた

考え方ができないものだろうか。

ここでジュリエットは恋におぼれると同時に、彼女の将来における成長や自立の(イ)フクセンとして、家父長制度の妥当性や制約を疑問に思い始めているのではないか、と仮定してみよう。そのような反抗的疑問と対比されることで、彼女のなかではロミオ自身の実在が一層の価値をもってくるのではないか、と。ジュリエットは続けて言う。

わたしの敵はあなたの名前だけ。
あなたはあなた自身、たとえモンタギュー以外の名前であったとしても。
モンタギューってなに？　手でもない足でもない
腕でも顔でも、男の人に属する他のどの部分でもない。
どうか他の名前になって。

ここでは一応、当初の論理的錯乱の影は姿を消し、名前よりも実体が重要だとの主張は一貫している。実物を記号よりも重視する姿勢、と言っていいだろう。しかし人間は言葉を話し、言葉で考える動物だから、記号なくして実物を想像することはできない。この二つは切り離せないのであって、言語や記号はときに現実の暴力となったり、富や財産を作り出したり、感情や芸術を創造したりもする。若者たちが「他の名前」になることによって、自分たちの恋愛の邪魔になる家父長制支配から脱したいという境界侵犯的欲望は、現状の社会体制への疑問を超えて、記号による身体支配の根本にまで届く射程をもった問いとなりうるのだ。

さらに次のように考えてみよう。最初にジュリエットがモンタギューと言うべきところをロミオと呼んでしまった「誤称」は、ロミオという記号にひそむ身体と名称との二律背反に起因するのではないか、と。つまり、ジュリエットは一方でロミオの声や手足、顔といった身体の事実性そのものを所有することを夢想している。しかしその想像を具体化する手段は「ロミオ」という具体的な名指しによってしか成しえない。とすればジュリエットが、その矛盾を「ロミオ」という名前が記号として身体を表象する機能に対する疑問として提出するのも、ある意味で必然的なことではないか。さらに彼女は、右の発言に続けて言う。

名前なんて何があるの？　バラと呼ぶものを
なにか他の名で呼んでも、その甘い香りは同じ。
だからロミオも、ロミオの名前で呼ばれなくても、
あの人がもっている愛しい完璧さに変わりはない
そんな称号などなくとも。ロミオ、あなたの名前を脱ぎ捨てて、
あなたのからだの一部でもなんでもない、そんな名前の代わりに、
わたしのすべてを取ってちょうだい。

名前という記号は、多くの場合自ら選択できるものではなく、他者から、親や支配者といった自分より力のある者から「名指し」というかたちで強制的に身体にかぶせられる。ちょうどここで、ジュリエットがロミオにその名を「脱ぎ捨てて」と言うように、まるで身体を拘束する衣服のようなものとして。ジュリエットが恋愛によって目覚めさせた、名前という恣意的に適用される社会を支配する記号への反感。それは支配的な社会体制への批判へとつながるかもしれない。

かくして二人の男女の恋愛は、名前の言語的・社会的機能への疑いに始まって、言葉が表象記号として力を発揮する支配的体制への問いかけとなる。名前はその社会的所属を明示しながら、敵と味方を峻別（しゅんべつ）するのだ――ヴェローナ（注3）という閉鎖的階層社会における家父長制度と、家庭を中核とする相互監視のシステムによって支えられることによって。

ジュリエットの「名前なんて」という疑問は、近代ヨーロッパ社会を支える公共性と固有性との矛盾を突き、自己の属する社会の外部を目指す、B<u>きわめて革命的な問いとなるのだ</u>。このような根底的な問いを『ロミオとジュリエット』という「永遠の

恋愛劇」に託して提出したところにこそ、シェイクスピアという作家の近代過渡期における境界的な感性と、ヨーロッパ近代の遺産と(ウ)フサイのなかに生き続けている私たち自身への問いかけがある。

（本橋哲也(もとはしてつや)『侵犯するシェイクスピア　境界の身体』による）

（注）１　ロミオ――モンタギュー家の子息。

２　ジュリエット――キャピュレット家の息女。

３　ヴェローナ――『ロミオとジュリエット』の舞台となっている、イタリア北部ヴェネツィア西方の都市。

【文章Ⅱ】　次の文章は、名前について哲学的に考察した文章である。

事物の「名前」は、事物の同一性を保証し、その事物に起こるさまざまな出来事を媒介する機能をもっていた。「人の名前」も「名前」であるかぎりそうした働きをする。男が女に結婚のプロポーズをするばあいを考えてみよう。男がプロポーズを決意し、女がそれに応じるなり拒むなりするまでには、どうしても一定の時間がかかる。時が経(た)ってしまえば、返事をする女もそれを受けとる男も、プロポーズのときとは多少とも変わってしまうことは避けられない。それにプロポーズは二人の全生涯にかかわることだから、プロポーズする者にもされる者にもそののち等しく変化が起こることも否定できない。だが、結婚を申しこむときにもそれに応えるときにも、ひとは一般にそうした変化の可能性など考えないものである。ひとは持続するものにすがりつく。持続するものとはなにか。まったく偏(エ)見にとらわれずに観察すれば、二人の「名前」でしかない。

だからといって、人の名前はその人の「本質」ではない。われわれはふつう「君はなにか」とは聞かず、「君はだれだ」と聞く。そのとき知りたいのは、君を君たらしめている「本質」などではなく、君の「名前」にすぎない。

その点ではC「事物の名前」も「人の名前」も変わりがないが、決定的な違いがある。事物を「名指す」とは、すでに与えられている名前を呼ぶことでしかない。「犬」や「山」といった一般名詞でも、「富士山」や「信濃川」といった固有名詞でもそれは同じである。それにたいして、「人の名前」はすべて固有名詞だが、事物の固有名詞とは違って、名前がいままさに生まれる場面に立ちあうことができる。たとえば、私は自分の子供にみずから名前を付けることができるし、キリスト教徒であれば洗礼式に出席することもできる。たしかに自分の名前については、まだ物心つかないうちに両親からもらったのだから、それが生まれる場面に立ち会ったわけではないが、それがいつどこで与えられたかを知ることはできる。人の名前については「命名」という行為がだれにでも可能なのである。それでは「命名」とはどういう行為だろうか。

「命名」とは名前を〈いま〉〈ここ〉で生みだす行為である。だがじっさいには、命名されるとき、人名はその対象に出会うことができない。人名の「意味」はいわばゼロである。なぜなら、命名はこの世に生まれたばかりの赤ん坊にたいしてなされるが、生まれたての赤ん坊はまだなにものでもない。人名は命名される対象の世界における現実的なありかたや内容にはまったく対応していない。

とはいえ、人名によってひとたび〈いま〉と〈ここ〉が定められると、いままで空白だったところに、現実世界の秩序を超えた新しい秩序が展開されはじめる。これを具体的に示しているのが「姓名」である。

一般に人の名前は「村岡・晋一」というふうに二重構造になっている。「姓（ファミリーネーム）」は家族の名前であり、「名（ファーストネーム）」はその人自身の名前である。人は「姓」によって過去につなぎとめられているのにたいして、「名」は彼が新しい人間になるべきことを示している。つまり、命名によって〈ここ〉と〈いま〉が設定されると、それを核として過去と未来へ向けてひとつの時間的地平がそのつど新たに開かれるのである。

どういうことか具体的な例で説明しよう。

「イマヌエル・カント」とはどういう人かと聞かれれば、だれもがそれなりに答えることができるだろう。たとえば、「啓蒙期のドイツで批判哲学を唱えた人」だとか、「『純粋理性批判』といううんざりするほど難解で分厚い本を書いた男」だとか、「たしかどこかの哲学者だ」とかいうぐあいである。そこでいま「イマヌエル・カントは一七二四年四月二二日にドイツのケーニヒスベルクで生まれた」という文章を考えてみよう。この文章はひとつの歴史的事実を語っているし、そのようなものとして理解できる。しかし、もし私が一七二四年四月二二日のケーニヒスベルクにいたとしたらどうだろうか。私はこの文章を理解できるだろうか。なぜなら、「カント」と名指されている赤ん坊は、まだ批判哲学を提唱してもいなければ、『純粋理性批判』を書いてもいなければ、哲学者でさえないからだ。それでは、この文章が歴史的な「真理」として理解できるようになるにはどうすればよいか。この男の子が「カント」になるまで「待つ」ほかはない。

それではいったいいつまで待てばよいのだろうか。カントが『純粋理性批判』を書くまでだろうか。しかし、カントと言えば、『判断力批判』の著者を思い浮かべる人もいれば、決まった時間に散歩する几帳面（きちょうめん）な老哲学者を思い浮かべる人もいる。そうなると、われわれはカントが生涯を閉じる一八〇四年二月一二日まで待たなければならないのか。いやいやそれでも話はすまない。現在のわれわれは、カントはドイツ観念論の(オ)興隆ののち新カント派によって再評価され、さらにハイデガー(注)によって再解釈されたことも知っているし、グローバル化の現在においてその「永久平和論」が注目されている人物であることも知っている。

こうして、カントという**D**「名前」は、それがひとたび特定の〈いま〉と〈ここ〉において設定されると、ただちに独自の成長を遂げはじめる。その意味内容は、カントが一七二四年から一八〇四年までの八〇年間にこの世でじっさいにおこなったことさえも超えて、過去と未来へどこまでも広がっていく。しかもこの広がりには限りがない。未来の人たちは、カントとそれ以前の哲学思想の新しいつながりを見いだすかもしれないし、われわれが夢にも思わなかったような意義をカントに見いだすかもしれないからである。

（村岡晋一（むらおかしんいち）『名前の哲学』による）

（注）　ハイデガー——ドイツの哲学者（一八八九—一九七六）。

問1　次の(i)・(ii)の問いに答えよ。

(i)　傍線部(ア)〜(ウ)に相当する漢字を含むものを、次の各群の①〜④のうちから、それぞれ一つずつ選べ。解答番号は 1 〜 3 。

(ア)　ダメ　1

①　ダラクした生活
②　行きがけのダチン
③　ダセイで習慣を続ける
④　最終的にダキョウした

(イ)　フクセン　2

①　キフクに富んだ人生
②　ゼンプクの信頼を寄せる
③　薬をフクヨウする
④　フクメンをした強盗

(ウ)　フサイ　3

①　フリエキを被る
②　大切にフイクする
③　宣戦フコク
④　ショウブは時の運

(ii) 傍線部(エ)・(オ)とは**異なる意味**を持つものを、次の各群の①～④のうちから、それぞれ一つずつ選べ。解答番号は 4 ・ 5 。

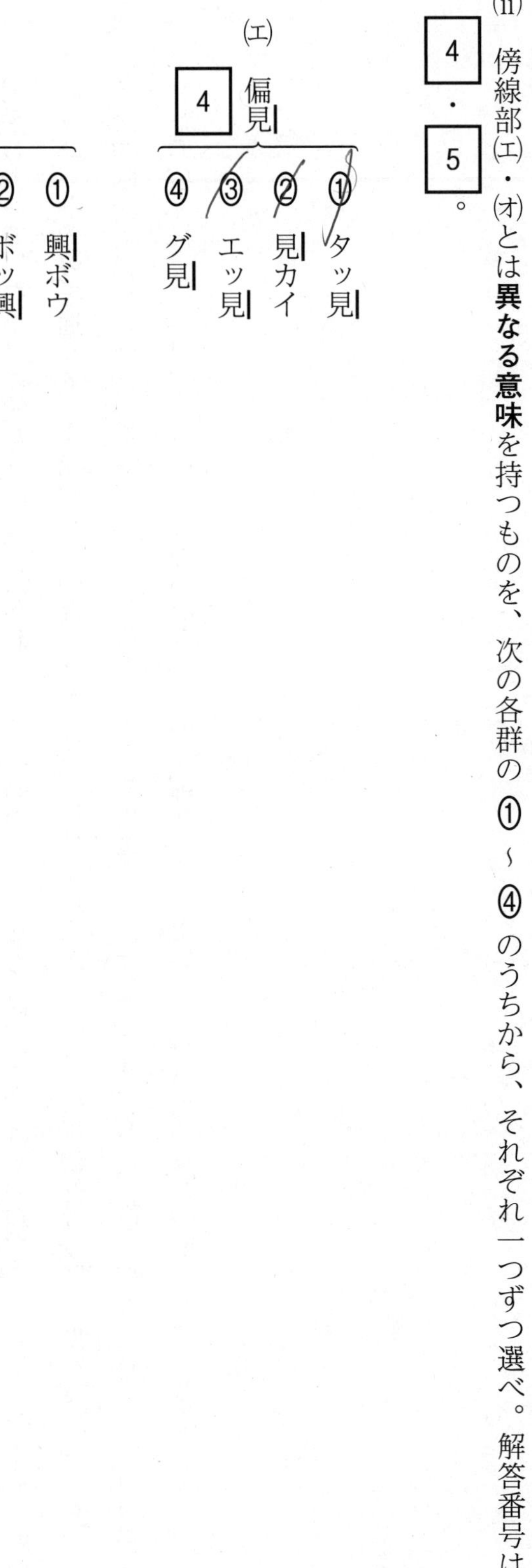

(エ) 4 偏見
① タッ見
② 見カイ
③ エッ見
④ グ見

(オ) 5 興隆
① 興ボウ
② ボッ興
③ カン興
④ フッ興

問2 傍線部**A**「ああロミオ、ロミオ、あなたはどうしてロミオなの？」とあるが、この台詞を取り上げることで、筆者はどういうことを言おうとしているか。その説明として最も適当なものを、次の①～⑤のうちから一つ選べ。解答番号は 6 。

① 物語の筋から考えれば「あなたはどうしてモンタギューなの？」とすべきところに、論理的に錯乱しているような言葉が用いられており、そのことによって、ロミオへの恋情におぼれているジュリエットの姿が表現されている。

② 恋する相手にどういう名前で呼びかければよいのかわからず錯乱しているジュリエットの苦しみを通して、家父長制度の制約や、それに抗(あらが)って個人として自由に生きることの難しさといった問題が示唆されている。

③ 愛する人の名前を呼ぶことでその人を所有できたと錯覚しているジュリエットのありようが描かれており、そのことによって、人間が言葉という記号なしには実物を想像できない存在だということが表現されている。

④ 相手の名前ではなく身体的存在に恋い焦がれながら、名前という記号を用いずにはその存在をイメージできずにいるジュリエットの姿を通して、言語が社会的な力として存在自体を拘束することへの根源的な疑問が提示されている。

⑤ 社会的制約に縛られて自分の名前や身分を捨てることができずにいるロミオに対し、歯がゆさを感じているジュリエットの姿を描くことで、彼女の内にある家父長制的支配から脱したいという欲望の存在が明らかにされている。

問３ 傍線部**Ｂ**「きわめて革命的な問いとなるのだ」とあるが、筆者がこのように言うのはなぜか。その説明として最も適当なものを、次の①～⑤のうちから一つ選べ。解答番号は 7 。

① 名前とは、閉鎖的な社会階層のなかに人々を組み入れるために、社会的に力のある者から力のない者へと強制的に付与されるものであり、力のない者が名前に異議を唱えることは、社会階層を反転させる契機となるから。

② 名前は帰属する集団を明示するものとして固有の身体に強制的に付与され、人を社会的関係のなかに束縛する記号であるため、名前というものに懐疑の念を向けることは、私たちを支配する社会のあり方を見直すことと同義だから。

③ 名前とは社会的所属を明示するものであり、それを付与されることで人々は社会の一員として生きることが可能になるが、こうした社会のあり方に不審を抱き名前を脱ぎ捨てることは、孤独な生き方を自ら選択することになるから。

④ 名前は、人々を敵と味方に分断し、社会的対立を生み出す原因となるが、そうした名前のあり方に疑問を呈することは、人々が同じ社会に帰属しているという意識を高め、新たな社会的関係を構築するための礎となるから。

⑤ 名前は、他者から強制的に与えられる恣意的なものだが、そうした命名の仕方に疑問を持つことは、自分自身を表す名前は自分で決めるという、主体性を重んじる自由な近代社会を構想する契機になりうるから。

問4 傍線部**C**「『事物の名前』も『人の名前』も変わりがないが、決定的な違いがある」とあるが、そうした「事物の名前」と「人の名前」についての説明として最も適当なものを、次の①～⑤のうちから一つ選べ。解答番号は 8 。

① どちらも事物や人を表す固有名詞である点では共通しているが、事物の名前はもともと言葉として決まっているのに対し、人の名前は誰もが新しく命名することのできるものである。

② どちらも事物や人を外側から表象する点では共通しているが、一度決まったら後から変えることができない事物の名前とは異なり、人の名前は誰もが好きなときに変更することができる。

③ どちらも事物や人の本質ではない点では共通しているが、事物の名前は過去に決められたものを呼ぶことしかできないのに対し、人の名前はその人の持つ特性に合わせた名付けが可能なものである。

④ どちらも人や事物の性質のうち、持続性のあるものを保証するという点で共通しているが、事物の名前は自分では付けられないのに対し、自分の名前は自ら付けることができる。

⑤ どちらも与えられた記号であり、事物や人の存在の持続性を保証する点では共通しているが、事物の名前の場合、人の名前に比べて、それがどのように与えられたかについての事情が詳(つまび)らかではない。

問5 傍線部**D**「『名前』は、それがひとたび特定の〈いま〉と〈ここ〉において設定されると、ただちに独自の成長を遂げはじめる」とあるが、それはどういうことか。その説明として最も適当なものを、次の①～⑤のうちから一つ選べ。解答番号は 9 。

① 人の名前のうち「姓」は過去に縛られているが、「名」は新しい時代に合ったものが付けられるので、赤ん坊に与えられた名前には、その家の歴史や伝統だけでなく、その赤ん坊が生まれた時代の風潮も反映しているということ。

② 人の名前は家族の「姓」とその人の「名」で構成され、まだなにものでもない赤ん坊に対して命名されるが、その瞬間から家族、本人の行為や実績、他者の評価などによって、名前の持つ意味が無限に更新され続けるということ。

③ 人の名前は、家族の「姓」と本人自身を表す「名」によって、過去と未来の双方に開かれているので、赤ん坊にその名が与えられてから生涯を全うするその日まで、名前の持つ意味内容は広がり続けていくということ。

④ 人の名前は「姓」によって過去に、「名」によって未来に開かれているため、その名前を持つ人物の将来のことを考えれば、命名にあたり、家柄や血筋といった背景だけでなく未来の人々による評価も考慮する必要があるということ。

⑤ 人の名前は家族とのつながりを示す「姓」と、その人自身の個性に応じた「名」によって成り立つが、その意味は、たとえ命名の瞬間は空白であっても、人生の深化とともに限りなく豊かな広がりを持つようになるということ。

問6 授業で**【文章Ⅰ】【文章Ⅱ】**を読んだSさんは、「名前」について自分の考えを整理するため、次のような**【メモ】**を作成した。これについて、後の(i)・(ii)の問いに答えよ。

【メモ】

〈1〉 共通する要素
［どちらも「名前」が人間を規定することについて論じている。］

⇩

〈2〉 人間の「名前」についての捉え方の違い
【文章Ⅰ】［ **X** ］
【文章Ⅱ】［「名前」が意味するものは、広がっていく。］

⇩

〈3〉 考えたこと
［ **Y** ］

(i) Sさんは〈1〉を踏まえて〈2〉を整理した。空欄 **X** に入る最も適当なものを、次の①～④のうちから一つ選べ。解答番号は 10 。

① 「名前」は、社会的権力として機能する。

② 「名前」は、人間の自由な生を阻害するものでしかない。

③ 「名前」は、事物の同一性を保証する。

④ 「名前」は、それが表す実体と切り離され自立する運命にある。

(ii) Sさんは〈1〉〈2〉を踏まえて「〈3〉考えたこと」を書いた。空欄 **Y** に入る最も適当なものを、次の①～④のうちから一つ選べ。解答番号は **11**。

① 人間があまりにも言葉に頼りすぎたために、人間の便利な道具であるはずの言葉や名前が、逆に人間を支配するという事態が生じている。言葉を捨てることは不可能だが、強制された名前を捨て、自分らしい新たな名前を付けることは、言葉に縛られた古い慣習から逃れるためのきわめて有効な手段だと考えられる。

② 「姓」はその人の帰属集団を表すものだが、その一方で、「名」は本人自身を表すものである。そして、命名する際には共同体の価値観に沿った意味を持つ言葉が選ばれ、名付けられた本人も自らの名前にふさわしい人間であろうと努めるため、結果として「名は体を表す」という慣用句は概ね事実だということができる。

③ 人間が言語で世界を認識している以上、名前から解放されることはないが、同じ物事に対する評価が場所や時代によって異なってくるように、名前が表す意味やイメージにも差異や変遷がある。そうした名前は、人と人とを対立へ導くものであると同時に、われわれを未来へと誘うものにもなりうる。

④ 名前はそれぞれが帰属する社会で強制的に付与される記号である一方で、その人自身を表す唯一の言語表現である。価値観の多様化に伴い、個性的な生き方が許容される現代、一つの名前にとらわれることなく、自分にふさわしい名前を自ら選び取ることが、いま私たちに求められているように思える。

第２問

次の文章は、一九四六年（昭和二十一年）に発表された尾崎一雄の小説「こおろぎ」である（途中、省略した箇所がある）。これを読んで、後の問い（問1～6）に答えよ。（配点　50）

一

まだ、こおろぎの鳴く音は聞かない。もう二三週間しなければ、彼らの季節は来ないだろう。彼らは今、まだ羽根もない小さな身体を、草かげや、ごみの間にうろうろさせている。気にとめて見なければ、それが彼らだとも判りはしない。

毎日の習慣で、夕方、茄子畠を見廻り、てんとう虫だましやその幼虫であるさるむしなどを捜していると、茄子の根方に敷いた枯草の間から、幼げなこおろぎが飛び出した。別につかまえる気でもなく延ばした私の掌に飛び込んだので、それを捕え、茄子の害虫とりはもう止めて家の中へ入ると、子供に虫籠を持って来させ、小さな奴をその中へ入れた。

「これ、こおろぎ――小さいのね」

「だけど、元気がいいや」

長女は女学校二年、長男は国民学校六年生で、この頃の学校の方針でか、虫とさえ見れば、直ぐ「観察する」などと云う。

「君たち、何でもかんでも無闇と押し込むからいけないよ。蟬も、ブンブンも、大方死んでいるじゃないか」

「うん」と、二人は弱ったふうだ。

「うまくいったのは、このクサカゲロウだけだよ。こんなに卵を生みつけたろう。しかし、これだって偶然の成功で、君たちの手柄ではないね。命の短いカゲロウだけが、ちゃんと卵を生んでいる、つとめを果している。面白いものだね」

私は少し語気をかえて、

「でも、偶然にしろ何にしろ、このカゲロウをつかまえたのは好かったね、誰がつかまえたの？」と、彼らを勇気づけるように云った。

「圭ちゃんよ」と、長女が、わざと目を大きくし、子供ながらも苦笑らしいものをうかべるのだった。

「ふうん、圭ちゃんだったのかい」私が少し大きい声を出すと、それに応えて、向うの子供部屋で、

「そうだよ、圭ちゃんだよ、それつかまえたの」と二女の声がした。

「圭ちゃん、これ、よくつかまえたね。——どこでとったの？」

「電気の笠から、落っこったんだよウ、これエ」

「そうかい。よかったねえ。——ほら、こんなに卵生んだんだよ」

「知ってるよウ」

自信たっぷりの甘え口調だ。

「お父さんが今つかまえて来た虫、ほら長いおひげの先が白くって、面白いだろう。小ちゃいけれど、元気がいいだろう。これ、こおろぎの子供だよ」

「ふうん、これ、こおろぎか」

そういうと二女は、ふと上目をつかい、もう虫籠には眼もくれず、何かの想いにとらわれるふうだった。その様子を見て私もまた、恐らくは二女を捕えたであろう想念の、水のように心をひたすのを覚えぬわけにはいかなかった。果して二女は云い出すのだった。

B

「もうせん[注1]、上野のおうちで、夜、こおろぎが鳴いたねエ、お父ちゃん」

「うん、鳴いた。よく憶えているね」

私は、二女の想いの邪魔をしたくない気持から、そしてまたそれの手助けをしたい気持から、そんなふうに受けた。

「そして、朝、お父ちゃん、ご病気になっちゃった」

目を空に向け、記憶の糸を辿っている子供の表情には、真剣なものがあった。

二

二年前の八月末、それまでどうやら動いていた身体が、いよいよ続かなくなったらしく、朝、煙草（たばこ）の行列買いから帰って、息深くいっぷく喫（す）うと同時に、気を失うようにのめってしまった。

日記というものは昔からあまり書いたことのない方なのが、この昭和十九年という年は、元旦から大体休まずつけ通していて可笑（おか）しい。それを繰ってみると、一月十八日の項に、「相撲協会の招待にて春場所八日目を見物にゆく。H・O君に逢（あ）う。胸痛募り、O君と話す気力も無し。三十分ほど居て辛くも帰宅す。外出は禁物なり」とあるのが始めで、以後、病苦について何か書かぬ日が一週間とつづいたことはない。

この頃、上の子供二人は、すでに郷里の方にやってあった。その世話を、老母一人に任せるわけにゆかず、妻は一日おき位に郷里と東京とを往復していた。私も重い身体を無理に、往（い）ったり来たりした。

日記。八月二十四日。一枝、鮎雄の移動申告完了。午後、松枝、圭子、下曾我（しもそが）へ。（注２）

日記。八月二十五日。米配給所へ通帳持ちゆく。極めて(ア)大儀なり。

日記。八月二十六日。松枝、圭子、帰京。下曾我方面、移動申告無事完了の由。

日記。八月二十七日。疎開荷物再整理、すでに大分運びしが、ガラクタ相当にあり。この十日ほど、身体工合宜（ぐあいよろ）しからず、どうも肋膜（ろくまく）悪化せるらし、ただの神経痛でなし。戦局また思わしからず、心安からず。

日記は、次の二十八日が空白で、二十九日の条に、――昨夜胸部激痛。今日は終日横臥（おうが）す。松枝を下曾我へやる日なれど、不安なれば、明早朝帰京すべしと命じて発（た）たしむ。圭子を自分引受（ひきう）けることにし、これを抱いて寝につく。――そう記し、次の日からは、妻の字で何か書いてある。

三

圭子が、もうせん上野のおうちで、というこおろぎの記憶は、だから一昨年八月二十九日の夜のことになる。

「お母ちゃん、おしっこ」という子供を抱きかかえ、蚊帳(かや)を出て雨戸を繰った。リリリリという静かなこおろぎの鳴く音がしている。

「お父ちゃんだったのか、お母ちゃんは？」

抱え方の違いからか、それとも体臭でも違うのか、半眠りだった子供が、ふと気づいたようにそう云った。

「ああ、お父ちゃんだよ。――お母ちゃんはねえ、下曾我だよ。ほら、今日のひるま、圭ちゃん、おとなしくしていらっしゃい、泣かないでお留守していたら、とうもろこし、沢山持って、あしたの朝早く帰りますよって、そう云ったでしょう、覚えてる？」

「うん、覚えてる」

「えらいね。じゃあ、おしっこして、またおとなしくねんねするね。」

「あれ、こおろぎ？」

「うん。ないてるね。だけど、こおろぎは、泣きむしだからね。圭ちゃんは泣かないね」

「泣かない」

そうと決まれば肚(はら)は据えた、とでもいうような四ツの子供の様子に、私は安堵(あんど)すると同時に(イ)いじらしさを感じた。私は子供に手枕をし、布団をかけてやりながら、静かなかなしみに落ち込んで行くのだった。

それは、われながら、平凡で単純な感情だった。あらゆる可能を信じ、野心で胸をふくらませた若い頃であったら、無理にも鼻であしらおうとしたに違いない感情であった。しかし私はもはや、自分の偉くないことを身を以(も)って知り抜いた、病弱な初老の男なのだ。身の程を知ったからには、身のほどだけの(ウ)矜持(きょうじ)はあっても、それからはみ出した見えや外聞は、自分自身に対してすらもつ気がなくなっている。

子供はいつか私のふところへ手を入れ、もうおだやかな寝顔だ。それを見ていると、もののいのちというものの不思議さが、今初めてのように、思いめぐらされるのだった。そしてこういう場合、すべての親たちがそうであろうように、私は謙虚であり、善良であった。そうして、ふと気づくと、自分には悪気はなかったんだから、ただ愚かだっただけなんだから、――そんなことを繰りかえし思っているのだった。つづいて、可なり発熱していることに気づいた。身体はだるいだけで、直ぐ起りがちな右胸部、右肩、右腕にかけての痛みはなかった。

翌朝倒れて、私が何かうめき声を上げていると、子供が眼をさまし、そばに寄って来て、「お父ちゃん、痛いの？」としきりにきいた。私は「もう直ぐ、お母ちゃんが来るよ」と、無理な努力で云ったが、それは子供への云いきかせであると共に、明に自分自身への力づけであった。妻は予定通り、八時頃やって来た。

十日間の絶対安静の後、少しずつ元気が出、九月二十二日には、近所の床屋へ歩いてゆくことが出来た。そして、九月いっぱいには、疎開をはたすことが出来た。二十数年ぶりで私は郷里の家に落着いたのだった。

四

去年の夏の終り頃、こおろぎのなく音をききつけ、二女が「あれ、こうもりだ」と云ったことがある。

「あの、鳴いているのがかい？」

「うん」

「ちがうよ。こおろぎだよ」そう長男に直されると、「うん、そうだ、こおろぎだ。圭ちゃん、間違えちゃった」と素直に受入れた。そして、「もうせん、上野のおうちで、こおろぎ鳴いてたよウ」と云い出したのである。私は、二女の記憶の確かさを思ったが、それよりも、幼ない頭にこのことが何故そんなにしみ込んだかを考えぬわけにいかなかった。私自身のあの時の感傷は、平凡でもあり単純でもあったが、それだけに感深いものがあった。しかし、それは私の勝手で、子供の知ったことではあるまい。——が、事実は、子供の頭の中に生きていて、今でも鮮かに空に描かれるようだ。何故だろう？　あの時の雰囲気の、ただならぬものであったことを、子供の心で感じとったためであろうか？　私にはよく判らない。

更に一年経った今、子供はまたそのことを云い出した。私は、実のところ嬉しかった。何かこの子供との間に、特別な、血肉以上のつながりとでもいうようなものがあるのかも知れぬ——そんな可笑しな考えさえふと心をかすめるのだった。

やがて虫籠は飽きられ、夕食も済むと、長女を除く二人はもう眠り出した。長女は何か学校の勉強にかかり、妻は縫物をひろげた。

「圭子が、二年前のこおろぎのことをよく覚えているのは不思議だよ。どうしたわけだろう」

「さア」と妻はいい加減な返事だ。私も別に、妻から返事を期待してはいないのだ。ただ、その時のことを云ってみたかっただけなのだ。

「だが、あの時は、一寸覚悟をしたねえ。若しかしたら、と思ったなア」

「あたしも、危ないと思いましたよ。だって、たった一晩見ないうちに、眼が窪んで、小鼻が落ちて、土気色なんですもの」

私は、自分がこの頃、虫だとか草だとか、そんなものに心を惹かれがちなことを思っていた。害虫駆除だ、などと云いながらも、関心を持つのは野菜畠にかかわりのある虫だけとは限らなかった。小さな虫ども、わけの判らぬ雑草たち、そんな、今まで気にもとめなかった小さな弱い者たちが、小さいなりに元気よく動き廻り、生きて居、謂わば生存を主張しているのを見ることが、何か嬉しいのだ。それを見ることによって、私はある安心を感じている——と、そう云えそうなのだ。

つまり、俺は、弱っているのだ、参っているのだ、と私は思う。一番判り易いところでは、身体の衰えに因るだろう。これは目に見えることで、ごまかしようも無い。次には、戦争に敗けたこと、そしてそのあとの世の様、これが気力を萎えさせる。新生と再建がしきりと云われ、私といえどもそれを思うことでは人なみと信じはするが、実際上手も足も動かぬ状態なのだ。激情と非情の間、凡庸にまみれてうろうろしている私の仲間は、小さな弱い生きもの共だ。——私は、もう安穏な顔で寝入っている子供たちをふとかえりみた。今小さく弱いこいつらは、いったいどうなっていくのだろう。それを俺は見届けたい。俺が居なくなったあとどうなるか、という心配ではない、こいつらがこいつらなりに有ついのちを、どう生かしていくか、それを見届けたいというのだ。そして、こいつらは、日本の子供なのだ、だから俺は、何ものにも何ごとにも、非情にはなれはしない。

抛げ出された虫籠を手にとってみると、クサカゲロウもいつか死んで、蟬やカナブンブンの死がいと仲好く並んでいた。生み残されたウドンゲノハナは、依然と植物のようだ。ひげの先の白いコオロギの子供は莫迦に元気で、むやみと跳びはねていた。

「こいつはいったい、肩させ(注3)の子供か、エンマコオロギの子供か――」

「さア」

どうせ妻には判りはしないのだ。私は、肩させと鳴く方の子供と決めた。もう二三週間したら、彼らは、寒さが来るぞ、と鳴くだろう。

（注）1　もうせん――だいぶ前。もう先。

2　下曾我――神奈川県小田原市東部にある地名。

3　肩させ――ツヅレサセコオロギのこと。古くから、その鳴き声は「肩させ、裾させ、綴れさせ」と冬に備えて着物の手入れを促す声に聞こえるとされた。

問1 傍線部(ア)～(ウ)の本文中における意味として最も適当なものを、次の各群の①～⑤のうちから、それぞれ一つずつ選べ。解答番号は 12 ～ 14 。

(ア) 大儀なり 12

① めったにない機会である
② 不安で心配である
③ 面倒くさく億劫(おっくう)である
④ 待ち望まれていることである
⑤ 儀礼的な行事である

(イ) いじらしさ 13

① けなげでいたいたしいさま
② すばらしく立派なさま
③ かわいらしく魅力的なさま
④ 静かで落ち着いたさま
⑤ 真面目で一生懸命なさま

(ウ) 矜持 14

① 抱負
② 勇気
③ 働き
④ 誇り
⑤ 配慮

問2 傍線部**A**「夕方、茄子畠を見廻り、てんとう虫だましやその幼虫であるさるむしなどを捜している」とあるが、こうした「私」についての説明として最も適当なものを、次の①～⑤のうちから一つ選べ。解答番号は 15 。

① 虫について興味を持ち、観察することに夢中になっている子供たちを感心に思い、そうした子供たちのために、自分も親としてできるだけのことをして喜ばせてやりたいと思っている。

② つかまえた虫を飼うことに夢中になっている子供たちを見ているうちに、童心に帰るような心持ちになり、子供以上に虫をつかまえることに熱中している。

③ 貧しい生活の中で丹精込めて作っている農作物を害虫から守りたいと思う余り、無害なかわいらしい虫までも駆除が必要な害虫だと思い込んでしまっている。

④ 子供たちが小さな虫をただもてあそんでいるのを見て、彼らのことを心配し、虫の生態を観察することを通じて小さな命の尊さを学ばせてやりたいと考えている。

⑤ 思うに任せぬことが重なり、気弱にならざるをえない状況にあって、小さく弱い存在である虫たちが、それでも自らの命を生きている姿に心惹かれるものを感じている。

問3　傍線部**B**「もうせん、上野のおうちで、夜、こおろぎが鳴いたねエ」とあるが、これにかかわることについての説明として**適当でないもの**を、次の ① ～ ⑤ のうちから一つ選べ。解答番号は 16 。

① 二女が話している「もうせん」とは、二年前の八月二十九日のことだが、前日の夜、胸部に激痛を感じた「私」は、その日も具合が悪く、一日中横になっていた。

② 上野の家でこおろぎが鳴いたということを、二女は二年経った今でも忘れてはいないが、「私」は、そうした二女に対して、うれしく思うだけでなく、自分との間に特別なつながりがあるように感じることがあった。

③ 二女が話しているのは、二年前の八月末の頃に起きたことだが、その頃すでに上の子供二人は郷里にあずけられており、その世話をするために「私」の妻は、東京と郷里を行き来するような生活を送っていた。

④ その夜「私」は、静かに鳴くその虫の声を目を覚ました二女とともに聞いたが、再び眠りについた二女の寝顔を見ているうちに、命の不思議さのようなものに思いを巡らすこととなった。

⑤ 二女が話していることのあった翌朝、「私」は倒れてしまい、二女をひどく心配させたが、そうした二女に対して「私」は、もうすぐ母が帰るというあてにならないことを言って慰めるしかなかった。

問４　本文の登場人物とその描写についての説明として**適当でないもの**を、次の①～⑤のうちから一つ選べ。解答番号は 17 。

①　三人の子供が登場し、その中でも二女をめぐるエピソードが中心になっているが、「私」が他の子供に関心を持っていないわけではなく、年長の二人の子供に教え諭そうとしている姿も描かれている。

②　「私」が不思議に思ったことを妻に尋ねる場面があるが、その言葉を受け流すような態度をとる妻に対して、「私」は特に機嫌を悪くするわけでもなく、その場の雰囲気が気まずくなるわけでもなかった。

③　「私」は、無心に眠る子供の顔を見ると謙虚で善良な気持ちになることができたが、病身の身のつらさからか、妻だけではなく三人の子供たちに対して、心ならずも辛辣な言い方をしてしまい後悔することがあった。

④　三人の子供の中でも二女はことに幼いが、そうした二女の幼さは、言葉足らずの口調や「こおろぎ」を「こうもり」と言い間違えるエピソードなどを通じて、かわいらしい姿として印象づけられている。

⑤　戦争末期の頃は、子供たちも疎開を強いられ妻もその世話のために夫の郷里に頻繁に通うなど、家族は落ち着かない日々を送っていたが、戦争が終わり、子供たちは虫の観察に興じるような日々を過ごしている。

問5 本文は、一から四までの部分によって成り立っている。そうした本文についての説明として適当なものを、次の ① ～ ⑥ のうちから**二つ**選べ。ただし、解答の順序は問わない。解答番号は 18 ・ 19 。

① 一・二では現在の出来事が、三・四では二年前の出来事が、それぞれ具体的なエピソードを交えて描かれているが、そうした構成を通じて、戦争中の暗さと戦後の明るさが鮮やかに対比されている。

② 一では現在の出来事が、二・三では二年前の出来事が、そして四では再び現在の出来事が描かれているが、そのいずれも特定の視点からではなく、あくまでも中立的な立場から淡々と語られている。

③ 一・三・四では、起こった出来事やそれに対する「私」の思いが率直に語られているが、二では、「私」の日記の一部が紹介され、それによって、当時の状況が感情を交えることなく表現されている。

④ 一では子供たちがつかまえた多くの虫が死んでしまっている中で、ことに命の短いカゲロウに焦点が当てられているが、そこでの描写は四における「私」の感慨とつながるものだと理解することができる。

⑤ 三では、二女の心に深く刻み込まれている二年前の出来事が詳しく描かれているが、そうした出来事を経て成長していく二女の姿は、三だけでなく本文全体にわたって細やかに描かれている。

⑥ 一から四までには現在の出来事だけでなく過去の出来事も描かれているが、一は現在の場面であり、そこでの「私」と二女との会話は、「私」が過去の出来事を想起するきっかけともなっている。

問6 次にあげる【**資料**】は、「こおろぎ」の作者である尾崎一雄やその作品について述べたものである。この【**資料**】も踏まえた本文の解釈として最も適当なものを、後の①～⑤のうちから一つ選べ。解答番号は 20 。

【**資料**】

このたび久振りに『虫のいろいろ』『美しい墓地からの眺め』他を再読して、私は尾崎一雄というひとは、いわば俗談平話の哲人の面を持ち合せているという感想を持った。日常語で、実感に裏づけられた哲理を語る、というほどの意味である。哲理では茫漠としているようなら、端的に死生観、ならびにそれにまつわる形而上的思索と云おう（日常語で哲理を語るのは、実は哲学本来の姿であって、特筆すべきことではないのだけれども、いまはその辺の説明を省く）。ともかく、尾崎一雄の形而上学的センスはなかなかのものだという一点を私は強調したい。心境小説が何よりも「心の据ゑやう」、覚悟を重んずるものであるのなら、覚悟のなかの覚悟はつまるところ生死の覚悟にきわまるのだから、心境小説家はいずれ彼の死生観を語らずにはすまない。志賀直哉『城の崎にて』というすぐれた先業があるし、『暗夜行路』だって、こういう観点から眺めれば、構成のしっかりした長大な心境小説と云えなくはない。加えて、尾崎は梶井基次郎や堀辰雄同様青年期から病弱で、「死との二人三脚」の人生を歩んで来ている。経験上は直哉の比ではないのだ。『虫のいろいろ』他は、敗戦直後、胃潰瘍その他の病いを養っているさなかに書かれたが、条件は整い、機は熟して、尾崎の死との久しい対話の結晶体と評すべき作品になっている。余計な解説的言辞は遠慮して、直接本文で俗談平話のメタフィジックを味読されたい。

（講談社文芸文庫『美しい墓地からの眺め』収録の宮内豊「解説」による）

①　「こおろぎ」は、平易な文体で綴られた読みやすい小品であると見なされやすい小説であるが、それは表面的な見方にすぎない。実際、そうした見せかけとは裏腹に、生と死を見つめる主人公の孤独は深い。作家は、そうした主人公を造形することによって、個として生きるほかない近代人の悲哀を見事に描き出している。

②　それぞれの文化には固有の死生観があり、それは日本においても例外ではない。日本に固有の死生観とは死を必然的な帰結として受けいれるということである。「こおろぎ」は、そうした日本的死生観を正しく受け継ぎ、小説というかたちで結実させたという点において稀(まれ)な作品であり、心境小説中の白眉であると言わざるをえない。

③　随筆風の読み物ともとれる「こおろぎ」は、敗戦の前後という激動の時代を背景としている。しかし、作家はそこで起こる出来事をことさらにドラマチックに仕立て上げるようなことはしない。そこで描かれているのは、死を意識せざるをえない病身の男が、だからこそ、命を受け継いで生きていく幼い存在へと向ける透徹した深い思いなのである。

④　小さな虫の描写から始まるこの作品では、その題名が示すように、小さな虫に心を寄せる一人の男の姿が描かれている。男の目に映る虫は、はかない存在でありながら、その短い命を懸命に生きようとしていた。そうした虫に触発され、生への意欲を回復させ、心身の健やかさを取り戻していく再生の物語、それが「こおろぎ」なのである。

⑤　日本の近代文学において、主人公が自らの心境を語るという形式の小説は少なくない。「こおろぎ」もそうした作品の一つではあるが、同時にそれに留まらぬ作品である。それは、主人公が自らの気持ちを告白するだけでなく、日本人の死生観を代弁する人物として設定されているからであり、そこにこそこの作品の得がたい魅力が存在する。

第3問 次の【文章Ⅰ】は、平安時代後期に成立した説話『今昔物語集』の一節、【文章Ⅱ】は、平安時代中期に成立した歌物語『大和物語』の一節である。【文章Ⅰ】は、左大臣藤原時平が、伯父に当たる大納言藤原国経の北の方が若くて美しいという噂を聞いて興味を抱き、年始の祝賀の挨拶と称して、上達部や殿上人を伴って大納言の邸を訪問する場面を描いている。【文章Ⅱ】は、その北の方と、色好みで有名な平定文との逸話である。これを読んで、後の問い（問1〜4）に答えよ。なお設問の都合で【文章Ⅰ】の本文の上に行数を付してある。（配点　50）

【文章Ⅰ】

申の時(注1)うち下る程に渡り給へれば、御坏など(注2)(ア)度々参る程に、日も暮れぬ。歌詠ひ遊び給ふに、おもしろくめでたし。そのうちにも左の大臣の御かたちよりはじめ、歌詠ひ給へるありさま、世に似ずめでたければ、よろづの人、目をつけてほめ奉るに、この大納言の北の方は、大臣の居給へるそばの簾より近くて見るに、大臣の御かたち、声、けはひ、薫物の香よりはじめて、世に似ずめでたきを見るに、わが身の宿世心憂くおぼゆ。A いかなる人、かかる人に添ひてあるらむ。われは年老いて古くさき人に添ひたるが事にふれてむつかしくおぼゆるに、いよいよこの大臣を見奉るに、心置き所なくわびしくおぼゆ。大臣、詠ひ遊び給ひても、常にこの簾の方を尻目に見やり給ふまみなどの、はづかしげなる事いはむ方なし。簾の内さへわりなし。大臣のほほ笑みて見おこせ給ふも、いかに思ひ給ふにかあらむとはづかし。

しかる間、夜もやうやく更けて皆人いたく酔ひにたり。されば、皆紐解き肩脱ぎて舞ひ戯るる事かぎりなし。かくてすでに帰り給ひなむとするに、大納言、大臣に申し給はく、「いたく酔はせ給ひにためり。御車をここに差し寄せて奉れ」と。大臣のたまはく、「いと便なき事なり。(イ)いかでかさる事は候はむ。いたく酔ひなむ、この殿に候ひて酔ひ醒めてこそはまかり出でめ」などあるに、ほかの上達部たちも、「極めてよき事なり」とて、御車を階隠(注3)のもとにただ寄せに寄する程に、引出物(注4)にいみじき馬二匹を引きたり。御贈物に筝(注5)など取り出でたり。

B

大臣、大納言にのたまふやう、「かかる酔ひのついでに申す、便なき事なれども、家礼(注6)のためにかく参りたるに、まことにうれしと思し召さば、心ことならむ引出物を給へ」と。大納言極めて酔ひたる内にも、われは伯父なれども大納言の身なるに、一の大臣の来給へる事をいみじくうれしくおぼゆるに、かくのたまへば、わが身置き所なくて、大臣の尻目に掛けて簾の内を常に見やり給ふをわづらはしと思ひて、かかる者持たりけりと見せ奉らむと思ひて、酔ひ狂ひたる心に、「われはこの添ひたる人をこそはいみじとは思へ。いみじき大臣におはしますとも、かばかりの者をば、えや持ち給はざらむ。翁のもとにはかかる者こそ候へ。これを引出物に奉る」と言ひて、屏風を押し畳みて、簾より手を差し入れて、北の方の袖を取りて引き寄せて、「ここに候ふ」と言ひければ、大臣、「まことに参りたる甲斐ありて、今こそうれしく候へ」とのたまひて、大臣、寄りてひかへて居給ひぬれば、大納言は立ちのきぬ。「他の上達部・殿上人は今は出で給ひね。大臣はよも久しく出で給はじ」と手掻(注7)けば、おのおの(ウ)目をくはせて、あるいは出でぬ、あるいは立ち隠れて、いかなる事かあるとて、見むとてある人もあり。

大臣は、「いたく酔ひにたり。今はさは車寄せよ。術なし」とのたまひて、車は庭に引き入れたれば、人多く寄りて差し寄せつ。大納言寄りて車の簾持ち上げつ。大臣、この北の方をかき抱きて車にうち入れて、続きて乗り給ひぬ。その時に大納言、術なくて、「やや嫗(注8)ども、われをな忘れそ」とぞ言ひける。大臣は車遣り出ださせて帰り給ひぬ。

【文章Ⅱ】

本院(注9)の北の方の、まだ帥(注10)の大納言の妻にていますかりける折に、平中(注11)が詠みて聞こえける。

春の野にみどりに這へるさねかづら(注12)わが君ざね(注13)と頼むいかにぞ

と言へりけり。かく言ひ言ひて、あひ契る事ありけり。その後、左の大臣の北の方にて、ののしり給ひける時、詠みておこせたりける。

行く末の宿世も知らずわが昔契りしことは思ほゆや君

となむ言ひける。その返し、それより前々（まへまへ）も歌はいと多かりけれど、え聞かず。

（注）

1　申の時――午後四時ごろ。

2　坏――酒杯。

3　階隠――寝殿の正面中央の階段を覆う屋根。

4　引出物――来客に主人が贈る物。ここでは、後の「贈物」も同じ。

5　箏――十三弦の琴。

6　家礼――目上の人への敬意を表すこと。

7　手掻けば――手で指示するので。

8　嫗ども――ここでは大納言が、若い北の方のことを自分の年齢に合わせて呼んだもの。

9　本院――藤原時平。

10　帥の大納言――藤原国経。

11　平中――平定文。

12　さねかづら――蔓性（つるせい）の常緑樹。ここでは「春の野にみどりに這へるさねかづら」が「ざね」を導く序詞（じょことば）である。

13　君ざね――本妻。「ざね」は「さ寝（ね）」との掛詞（かけことば）になっている。

問1 傍線部(ア)～(ウ)の解釈として最も適当なものを、次の各群の①～⑤のうちから、それぞれ一つずつ選べ。解答番号は 21 ～ 23 。

(ア) 度々参る 21

① たびたび参上する
② 次々と挨拶なさる
③ 繰り返し乾杯する
④ 一斉に差し上げる
⑤ 何度も召し上がる

(イ) いかでかさる事は候はむ 22

① 今さらそんなことはどうでもよいでしょう
② どうしてそのようなことができるだろうか
③ なんとかしてそのようにいたしましょう
④ とてもそんなことはできそうにありません
⑤ なぜそのようなことをおっしゃるのですか

(ウ) 目をくはせて 23

① 目で合図して
② 見ないふりをして
③ 目を見開いて
④ 目配りして
⑤ 見よう見まねで

問２ 傍線部**A**「いかなる人、かかる人に添ひてあるらむ。われは年老いて古くさき人に添ひたるが事にふれてむつかしくおぼゆるに、いよいよこの大臣を見奉るに、心置き所なくわびしくおぼゆ」の語句や表現に関する説明として最も適当なものを、次の①～⑤のうちから一つ選べ。解答番号は 24 。

① 「かかる人に添ひてあるらむ」は、「かかる人」が年老いた大納言を指し、そのような人が若く美しい北の方の夫であることへの驚きを表している。
② 「年老いて古くさき人」は、大納言が自分自身を、年を取ってもう時代遅れの人間だと感じていることを表している。
③ 「むつかしく」は、自分より格下の大納言に世間で評判の妻がいるのを、大臣が不快に感じていることを表している。
④ 「奉る」は大臣に対する敬意を示し、北の方が大臣を間近に見て、敬愛する気持ちになったことを表している。
⑤ 「わびしく」は、魅力的な大臣を見るにつけ、老齢の夫を持つ自分の運命をつらく感じる北の方の気持ちを表している。

問3 傍線部**B**「大臣、大納言にのたまふやう、『かかる酔ひのついでに申す、便なき事なれども、家礼のためにかく参りたるに、まことにうれしと思し召さば、心ことならむ引出物を給へ』と」とあるが、このときの大臣の言動についての説明として最も適当なものを、次の ① ～ ⑤ のうちから一つ選べ。解答番号は 25 。

① 泥酔したふりをしてまで大納言邸に居座って、北の方の顔を盗み見ようとするところに、大臣の一途(いちず)さが表れている。

② 大納言から北の方を奪うために、高貴な自分の訪問を恩に着せようとするところに、大臣の計算高さが表れている。

③ 馬や箏をもらったのが本当に嬉(うれ)しかったので、心を尽くした返礼をしたいという言葉に、大臣の誠実さが表れている。

④ 伯父に対して無理な要望を通すために、酔いの力を借りなければならないところに、大臣の気弱さが表れている。

⑤ 大納言への気遣いを見せながらも、北の方はいずれ私の妻になるのだと断定する言葉に、大臣の大胆さが表れている。

問4 次に示すのは、授業で今回の本文を読んだ後の、話し合いの様子である。これを読み、後の(i)〜(iii)の問いに答えよ。

教　師　いま二つの文章を読みましたが、**【文章Ⅰ】**も**【文章Ⅱ】**も大納言の北の方であった人にまつわる話でした。ただ、**【文章Ⅰ】**は大臣、**【文章Ⅱ】**は平中が登場して、内容も表現もかなり違う点があって、それぞれに特徴がありますよね。どのような違いがあるか、みんなで考えてみましょう。

生徒A　**【文章Ⅱ】**の方が**【文章Ⅰ】**よりも書き方がずいぶん簡潔だね。

生徒B　それから**【文章Ⅱ】**の方では登場人物が和歌を詠んでいるね。どちらも平中の和歌で、**X**。

生徒A　たしかに、**【文章Ⅰ】**には和歌はないね。でも、**【文章Ⅰ】**には登場人物の行動が詳しく書かれているよ。それによって、その人たちの人物像まで浮かび上がってくる気がする。たとえば、**Y**。

生徒C　そう考えると、**【文章Ⅱ】**は、**【文章Ⅰ】**と比べて物語の描き方が粗くて物足りない。

教　師　確かにそう見えるかもしれませんが、**【文章Ⅱ】**がどのような作品かも考える必要がありますね。この文章が収められている『大和物語』は、**【文章Ⅰ】**が収められている『今昔物語集』と同じように短い話を集めたものですが、すべての話が和歌を中心に記されているという特徴があって、文学史では「歌物語」に分類されています。一方の『今昔物語集』は、貴族や武士、庶民など、幅広い階級の人々のありようを伝える様々な話を集めた「説話」に分類されます。その違いに注意しましょう。

生徒A　そうか、同じように話を伝えるにしても、そのときの書き手の意識の違いによってそれぞれの文章に違いが生じているわけだ。

生徒C　そうすると、**【文章Ⅱ】**は**Z**と、まとめられるかな。

生徒B　なるほど、そういうこともあって、二つの作品はジャンルが違うんだ。

教　師　こうして丁寧に読み比べると、面白い発見につながりますね。

(i) 空欄 **X** に入る最も適当なものを、次の ①〜④ のうちから一つ選べ。解答番号は 26 。

① 「春の野に」の歌では、あなたへの恋心をどうしても捨てられないと言い、「行く末の」の歌では、世間知らずの昔はよかったと詠みかけている

② 「春の野に」の歌では、あなたが私を拒むのはなぜかと言い、「行く末の」の歌では、昔は私に将来を誓ったのに忘れたのかと詠みかけている

③ 「春の野に」の歌では、あなたと結ばれたいと言い、「行く末の」の歌では、かつて愛を誓ったことを覚えているかと詠みかけている

④ 「春の野に」の歌では、あなたと末永く添い遂げようと言い、「行く末の」の歌では、自分の過去の過ちを忘れてほしいと詠みかけている

(ii) 空欄 **Y** に入る最も適当なものを、次の ①～④ のうちから一つ選べ。解答番号は 27 。

① 本文6行目「常にこの簾の方を尻目に見やり給ふ」という行為からは、大臣の、まわりの人が恥ずかしくなるほどの露骨な北の方への関心が読み取れて、他人の目を気に掛けない大臣の好色な人柄がわかる

② 本文8行目「皆紐解き肩脱ぎて舞ひ戯るる事かぎりなし」という態度からは、大臣の随行者たちの、年老いて醜い大納言を侮る気分が読み取れ、大臣の威光をかさに着る者たちの無分別な人柄がわかる

③ 本文9行目「いたく酔はせ給ひにためり。御車をここに差し寄せて奉れ」と言う態度からは、大臣の泥酔を迷惑がる大納言の気持ちが読み取れ、権力者にも遠慮せず発言する大納言の剛胆な人柄がわかる

④ 本文23・24行目「術なくて、『やや嫗ども、われをな忘れそ』とぞ言ひける」という行為からは、北の方に対する大納言の未練が読み取れて、その北の方との別れを自ら招いてしまった大納言の軽率な人柄がわかる

(iii) 空欄 Z に入る最も適当なものを、次の ①〜④ のうちから一つ選べ。解答番号は 28 。

① 登場人物たちの間に起きた事柄について具体的に述べるのではなく、和歌を主軸に据えて、平中の、大臣の北の方になってしまった人への思いを際立たせようとしている

② 平中の、大臣に奪われた恋人に詠みかけた和歌を記載する一方で、大臣の強引で居丈高(いたけだか)な言動には触れないことで、摂関家である藤原氏に対して悪い印象を抱かせないように配慮している

③ 大臣、大納言、北の方の三人の関係性には言及せず、和歌を中心に置いて、北の方に対する平中の心情の変化を描くことで、平中のふるまいに翻弄される北の方のありようを印象づけようとしている

④ 平中に対する北の方の返歌がたくさんあったと言いながらそれを示さないことで、最終的には平中は北の方を妻にできず、空しく日々を過ごしたことがわかるように工夫されている

第4問 次の【文章Ⅰ】と【文章Ⅱ】は、いずれも臣下が君主の過ちを諫める「諫諍」について書かれたものである。これらを読んで、後の問い（問1～7）に答えよ。なお、設問の都合で返り点・送り仮名を省いたところがある。（配点 50）

【文章Ⅰ】

北宋の学者・政治家曾鞏は、君主が臣下の「諫諍」にどのように対応すべきかについて、次のように論じている。

夫君之使臣与臣之事君者何。大公至正之道而已矣。大公至正之道、非滅人言以揜(注1)己過、取小亮(注2)以私(注3)其君。此其不可者也。A又有甚不可者。夫以諫諍為当揜、B是以諫諍為非美也。C則後世誰復当諫諍乎。況前代之君有納(1)諫之美、而後世不見、則非惟(ア)失一時之公(注4)、D又将使後世之君謂前代無諫諍之事。是啓其怠且忌矣。

（曾鞏『曾鞏集』による）

（注） 1 揜己過――君主が自分の過ちを覆い隠す。

2 小亮――わずかばかりの誠実さ。

3　私――個人的に慣れ親しむ。
4　一時之公――その時代の公正さ。

【文章Ⅱ】

魏徴は、唐の第二代皇帝太宗に仕えて有用な人材を推薦し、また、しばしば「諫諍」を行った。次の文章は、魏徴と太宗の関係について記したものである。

嘗テ(イ)密カニ薦メ中書侍郎(注1)杜正倫及ビ吏部尚書(注2)侯君集ヲ、有リトス宰相之材一。徴卒スル(a)後、正倫以テ罪ヲ黜ケラレ(b)、君集犯シテ逆ヲ伏ス誅ニ(c)。太宗始メテ疑フ(d)徴阿党セルカト(注3)。徴又自ラ録シ(注4)前後諫諍言辞ノ往復ヲ、以テ示ス史官起居郎(注5)褚遂良ニ。太宗知リ之ヲ、愈(2)不悦バ(e)。

（劉昫『旧唐書』による）

（注）1　中書侍郎杜正倫――「中書侍郎」は官職名。「杜正倫」は人名。
2　吏部尚書侯君集――「吏部尚書」は官職名。「侯君集」は人名。
3　阿党――人におもねり結託する。
4　自録二前後諫諍言辞往復一――これまでに太宗の過ちを諫めたやり取りをすべて自分で記録する。
5　史官起居郎褚遂良――「史官起居郎」は官職名。唐王朝の歴史書を編纂する官職。「褚遂良」は人名。

問1 波線部(ア)「惟」・(イ)「密」のここでの意味と、最も近い意味を持つ漢字はどれか。次の各群の①～⑤のうちから、それぞれ一つずつ選べ。解答番号は 29 ・ 30 。

(ア) 29 「惟」
① 尽
② 殊
③ 倶
④ 徒
⑤ 方

(イ) 30 「密」
① 遂
② 陰
③ 固
④ 敢
⑤ 尚

問2 波線部(1)「納」・(2)「愈」のここでの意味として最も適当なものを、次の各群の①～⑤のうちから、それぞれ一つずつ選べ。解答番号は 31 ・ 32 。

(1) 31 「納」
① 得意とする
② 奨励する
③ 受け入れる
④ 拒絶する
⑤ 申し上げる

(2) 32 「愈」
① ますます
② たびたび
③ しばらく
④ とうとう
⑤ たちまち

問３　傍線部**A**「又 有 甚 不 可 者」の書き下し文として最も適当なものを、次の①～⑤のうちから一つ選べ。解答番号は［33］。

①　又た有るも甚だしくは可ならざる者なり
②　又た有りて可ならざる者より甚だし
③　又た可ならざる者に甚だしき有り
④　又た甚だしくは可ならざる者有り
⑤　又た甚だ可ならざる者有り

問4 **【文章Ⅰ】**の傍線部**B**「以㆓諫諍㆒為㆑非㆑美」は、**【文章Ⅱ】**の二重傍線部(a)〜(e)のいずれかに対応する。傍線部**B**に対応するものとして最も適当なものを、次の①〜⑤のうちから一つ選べ。解答番号は 34 。

① (a) 卒
② (b) 以㆑罪黜
③ (c) 伏㆑誅
④ (d) 疑㆓徴阿党㆒
⑤ (e) 不㆑悦

問５ 傍線部**C**「後 世 誰 復 当 諫 諍 乎」の解釈として最も適当なものを、次の①～⑤のうちから一つ選べ。解答番号は［35］。

① 後の時代にもきっと臣下の諫言(かんげん)に耳を傾ける君主が現れるにちがいない。

② 後の時代には君主の過ちを諫めようとする臣下など一人もいなくなるはずだ。

③ 後の時代には君主の過ちを諫めようとしない臣下など一人もいなくなるはずだ。

④ 後の時代にもきっと君主の過ちを諫めようとする臣下が現れるにちがいない。

⑤ 後の時代には臣下の諫言に耳を傾けようとする君主など一人もいなくなるはずだ。

問6　傍線部**D**「又将使後世之君謂前代無諫諍之事」について、返り点の付け方と書き下し文との組合せとして最も適当なものを、次の①～⑤のうちから一つ選べ。解答番号は 36 。

① 又将レ使下後世之レ君謂二前代一無中諫諍之事上
又た将に後世をして君に之きて前代を謂ひて諫諍の事無からしむべし

② 又将下使三後世之君謂二前代一無二諫諍一之事上
又た将に後世の君に前代を謂はしめて諫諍無きの事ならんとす

③ 又将レ使下後世之君謂中前代無二諫諍一之事上
又た将に後世の君をして前代に諫諍無きの事を謂はしむべし

④ 又将レ使四後世之君謂三前代無二諫諍之事一
又た将に後世の君をして前代に諫諍の事無しと謂はしめんとす

⑤ 又将レ使下後世之君謂二前代一無中諫諍之事上
又た将に後世に之きて君の前代を謂ひて諫諍の事無からしめんとす

問7 **【文章Ⅰ】**と**【文章Ⅱ】**から読み取れる「諫諍」についての説明として最も適当なものを、次の①～⑤のうちから一つ選べ。解答番号は 37 。

① 君主は、臣下の「諫諍」を奨励することも必要であるが、「諫諍」の内容が適切なものかどうかを判断する見識を持たなければならない。太宗のように臣下の「諫諍」を鵜呑み（うのみ）にするばかりでは、君主は臣下に侮られてしまうであろう。

② 君主は、臣下の「諫諍」がどのようなものであろうとも耳を貸したりせず、毅然（きぜん）とした態度を貫かなければならない。太宗のように臣下の「諫諍」をきっぱりと拒絶していれば、君主の威厳は保たれて国政は安定するであろう。

③ 君主は、臣下の「諫諍」に謙虚に耳を傾けることこそ君主の模範的な態度であると、後世に伝えるべきである。太宗のように「諫諍」が記録に残ることを嫌悪しているようでは、後世の君主が臣下の忠告を受け入れなくなるであろう。

④ 臣下は、日頃から学問を修め、君主に対して的確な「諫諍」を行うのに十分な見識を養うべきである。魏徴のように適切な「諫諍」を行うことができれば、歴史書に記録され後世に「諫諍」の模範を示すことができるであろう。

⑤ 臣下は、君主の言動を冷静に観察し、公正な立場から「諫諍」を行わなければならない。魏徴のように「諫諍」を利用して自己の権勢を誇示するばかりでは、よこしまな心を持つ人物として歴史書に汚名を遺（のこ）すことになるであろう。

MEMO

第 5 回

問題を解くまえに

◆ 本問題は200点満点です。次の対比表を参考にして，**目標点**を立てて解答しなさい。

共通テスト換算得点	63以下	64～86	87～109	110～129	130～147	148～164	165以上
偏差値 ➡	37.5	42.5	47.5	52.5	57.5	62.5	
得　点	44以下	45～64	65～86	87～107	108～128	129～149	150以上

〔注〕 上の表の，
「共通テスト換算得点」は，'21年度全統共通テスト模試と'22年度大学入学共通テストとの相関をもとに得点を換算したものです。
「得点」帯は，'22全統プレ共通テストの結果より推計したものです。
第５回
現・古・漢別の対比表は「解答解説編」161ページを参照してください。

◆ 問題解答時間は80分です。

◆ 問題を解いたら必ず自己採点により学力チェックを行い，解答・解説，学習対策を参考にしてください。

◆ 以下は，'22全統プレ共通テストの結果を表したものです。

人　数	240,541
配　点	200
平均点	95.9
標準偏差	31.9
最高点	200
最低点	0

第5回

第1問 次の【文章Ⅰ】【文章Ⅱ】はともに、武井彩佳『歴史修正主義』の一節である。これらを読んで、後の問い(問1～6)に答えよ。(配点 50)

【文章Ⅰ】

歴史家が実際に行う作業と、書かれた歴史の性格について確認しておこう。

まず、歴史的な「事実」(fact)と、歴史的な「真実」(truth)を区別しなければならない。普段、私たちは「事実」という言葉と、「真実」という言葉を、使い分けることもあれば、ほぼ同じ意味で使っていることもある。

しかし、フェイクニュースが問題となると、メディアは「ファクトチェック」の必要性を語るが、「トゥルースチェック」とは言わない。なぜなら「事実」とは私たちの認識の基礎となり、私たちの判断の根拠となるものだが、「真実」のあり方は人によって異なる可能性があるからだ。このため歴史家は、「歴史的事実」という言い方はしても、「歴史的真実」という表現は避ける。

A それでも「歴史の真実は一つ」と人は言う。一般的には、歴史的な「事実」と「真実」は混同されているようだ。歴史学におけるその違いは何だろうか。

ここで、ある過去の出来事に関する一万ページの文書を、一〇人の歴史家に共通の史料として与え、その出来事の歴史を書いてもらうようにイ(ア)ライしたと仮定しよう。そうすると、いつ、どこで、誰が何をして、その結果どのような状況が生まれた、といった事実関係については、一〇人の認識が大きく食い違うことはないだろう。これが、歴史的な事実(ファクト)である。しかし、これらの基礎的な事実は、歴史家が用いる「材料」に過ぎず、歴史ではない。

ところが「事実は自ら語る」という言い方がある。事実が持つ力によって、真実はおのずと明らかになるという意味でこの言葉を使う。しかし、E・H・カー(注1)を引くと、事実が勝手に話し始めることなどない。歴史家が事実を「事実」として選び出したときに、初めて語り始めるのである。

逆に、事実として選び出されないさまざまな出来事は、カーの言葉を借りれば、「過去に関する非歴史的事実という牢獄(ろうごく)」に入れられ、私たちの認識の地平にも昇ってこない。つまりは「忘れ去られる」どころか、それ以前にそういったことがあったとも認識されず、過去に埋没する。その意味では歴史家が事実を選び出すことにより、歴史が作られる。だが、その際に歴史家は、星の数ほどもある事実に(イ)キントウに目を配ったりはしない。

つまりここで、歴史が書かれる際の選択、「事実」の選択が行われている。歴史家は自分の作業仮説に基づいて事実を求め、自分の論を証明しそうにない史料は、脇に置いておく傾向がある。誰もが必ずこの選択を行うが、歴史家が関与する以前に物理的な意味での選択が行われている可能性もある。

たとえば戦争で史料が失われ、ほとんど残っていないことがある。逆に、ある史料の保管が決定されるとき、アーキビスト(文書館員)が他の大量の文書を「価値なし」として破棄してしまうかもしれない。文書をすべて保管していたら、文書館がいくつあっても足りない。こう考えると、歴史文書が歴史家の(ウ)ツクエに載せられるまでには、いくつもの偶然や意図的な選抜があり、事実とはさまざまな種類のふるいにかけられたあとに、何らかの理由で残ったものとなる。

先の一〇人の歴史家の話に戻る。一〇人が書いた歴史は事実関係の把握の点では大きな違いがなかったとしても、やはりB十人十色の歴史として記される。それは彼らが歴史事実の選択をそれぞれ行い、解釈する枠組みがそれぞれに異なるからである。この違いは、その人の世界観、政治的立場、イデオロギー、学問的な訓練などに由来する。

たとえば、きわめて敬虔(けいけん)なキリスト教徒の歴史家は、すべてはより大きな意思により導かれるという、神による予定調和の現れとして、歴史事象を捉えるかもしれない。実際、近代以前の歴史には、常に神の姿が見え隠れしていた。

ところが神が不在となったマルクス主義者の歴史家は、同じ出来事は特定の発展段階にある社会が示す特徴として理解し、経済的観点から説明するだろう。

フェミニズムに大きく影響されている人ならば、この出来事は女性の自立への意志と、父権とのせめぎ合いが現れる場と考えるかもしれない。

カーが言うように、歴史とはまさに解釈であり、諸事実を並べ替え、配置し、出来事をより大きな文脈のなかに位置付け、そこから意味を読み取るのが歴史家の仕事なのである。

こうした解釈の枠組みは、時代とともに変化する。世界のありようを説明するパラダイム（概念的枠組み）が変われば、歴史記述も変わる。

また学術潮流の変化も、歴史記述を大きく変える。現に、かつての歴史学は政治史や外交史が主流で、もっぱらエリート層が歴史の主体とされていたが、第二次世界大戦後に社会史が主流となり、普通の人々が歴史の主体として意識され、庶民の歴史が書かれるようになった。

つまり歴史は単数ではなく、常に複数であり、また固定的な歴史像というものは存在しない。X歴史は常に「修正」され続ける運命にある。また、歴史的「事実」はある程度確定できるが、歴史的「真実」がどこにあるかを知ることはできない。

これに対して私たちが知り得るのは、歴史がどのような素材から、いかなる選択を経て書かれ、これがどのような解釈の型により説明され、人々に受容されることで意味を与えられているのかという、歴史の社会的な「現実＝リアリティ」のことなのである。

（注）　1　Ｅ・Ｈ・カー――イギリスの外交官・国際政治学者（一八九二―一九八二）。

【文章Ⅱ】

歴史家論争では具体的にどのような点が歴史の政治利用と言われたのだろうか。

たとえばエアランゲン大学の現代史家、ミヒャエル・シュテュルマー[注2]だ。彼はコール政権[注3]の歴史政策に関わり、「歴史はアイデンティティへの道標を約束する」と言って憚（はばか）らなかった。

これに対してハーバーマス[注4]は、現在に奉仕させるための歴史を書くことをY歴史修正主義と批判した。ところが、シュテュルマーやその後ろに控える政権保守派は、国家のよりよい未来のために肯定的な歴史を書くことのいったい何が悪いのか、と開き直るかのようであった。

「歴史の政治利用がなぜ悪いのか」という問いに対して、歴史学はどのように答えるのだろうか。

まず、歴史を書く際の基本的な姿勢に立ち戻る必要がある。ランケ(注5)は、歴史家は「実際にいかにあったか」を記すべきであり、歴史学の役割は過去の過ちから教訓を垂れたり、未来への指針としたりすることではないと言った。可能なかぎり客観的に、価値中立的に歴史を記すことが、ランケ以降は歴史学の合意事項となっている。

また、歴史とは全体のことであり、任意の点だけを線で結んでつなぐことではない。現状を正当化するのに都合のよい事実だけを選び出して歴史を書けば、実際に起こったことからかけ離れた姿になるだろう。

ところが、国家の利益になるような歴史を示すことに、特に問題はないと考える政治家は多い。それは、これまで歴史とは、基本的に国のための物語であったからだろう。歴史と言えば「国民史」（ナショナルヒストリー）であり、国や民族の歴史は多くの場合に対立する国や民族との関係性のなかで記されてきた。このため小国の歴史は、周辺の大国への抵抗の語りに終始してきた。また広範な抑圧を伴った植民地帝国の歴史は、「未開」の地に「文明」の(エ)オンケイをもたらす物語として正当化されてきた。

こうした伝統的な歴史記述に対して、歴史を書く主体としての地位を奪われていた人々からの異議申し立てが行われるようになって久しい。マイノリティの歴史、女性の歴史、植民地の歴史など、主流派以外の歴史が書かれるようになった。さらには近年「グローバルヒストリー」と呼ばれる、国家や地域を越えた交流など、相互作用から歴史を記す流れもある。

たしかに国民のアイデンティティを鼓舞する歴史記述は、国民の帰属意識を強化する肯定的な側面がある。だが、それゆえに対外的な対立が長期化する要因ともなる。自国を自画自賛する歴史、もしくは逆に犠牲の側面ばかりを強調する歴史は、他者が他者であり続けることを前提としている。それは交渉の可能性を排除し、将来に取り得る選択肢を限定する。つまり、対立を再生産するのである。

たとえばパレスチナ問題の歴史について、パレスチナ人とユダヤ人の記述はまったく異なる。ユダヤ人は長いル(オ)ロウの時代から筆を起こして、悲劇の後についに実現したユダヤ人国家を守る歴史として描く。対してパレスチナ人には、よそ者に突然故郷を追われた苦しみと、抑圧からの解放への闘いの歴史である。

アルメニア人虐殺をめぐるアルメニア人とトルコ人の記述の隔たり、慰安婦についての韓国と日本の記述の相違など、数多く存在する。これらは本来、並列で対置すべきものではない。両者を一つの歴史の二つの解釈と位置付けるところに、歴史修正主義が紛れ込むからだ。

しかし、C対立に基づく歴史観に慣らされた人々は、国益だと国が説くものを守ることが愛国心であるという単純な等式を受け入れやすい。問題はこれが、他者と見なした集団の排除を誘発し、さらなる他者が生み出されることである。

自国中心の歴史記述により、国内の団結は維持できるかもしれない。しかし長期的に見ると、自国民のみが満足する歴史は、将来の選択肢をせばめている。対立が持続することによって、失われる機会も多いからだ。つまり国家アイデンティティを強化することを目的とする歴史記述は、実は利益にさえならない可能性が高いのだ。

（注）2　ミヒャエル・シュテュルマー――ドイツの歴史家（一九三八―　）。

3　コール――ヘルムート・コール。ドイツの政治家（一九三〇―二〇一七）。一九八二年、旧西ドイツの首相に就任し、一九九〇年から一九九八年まで統一ドイツ首相を務めた。

4　ハーバーマス――ユルゲン・ハーバーマス。ドイツの哲学者・社会学者（一九二九―　）。

5　ランケ――ドイツの歴史学者（一七九五―一八八六）。ドイツ近代歴史学の祖とされる。

問1 傍線部(ア)～(オ)に相当する漢字を含むものを、次の各群の①～④のうちから、それぞれ一つずつ選べ。解答番号は 1 ～ 5 。

(ア) イライ 1
① 先人の偉業をライサンする
② コライ伝わる迷信
③ ブライの輩（やから）
④ 付和ライドウ

(イ) キントウ 2
① 微妙なキンコウを保つ
② ゾウキンで床を拭く
③ 心のキンセンに触れる
④ キョウキンを開く

(ウ) ツクエ 3
① キジョウの空論
② 仕事がキドウに乗る
③ 関係にキレツが入る
④ ハンキを翻す

(エ) オンケイ 4
① オンダンな気候
② オンビンに済ます
③ シャオン会を開く
④ オンシンが途絶える

(オ) ルロウ 5
① ロウレンの職人
② ロウヒ家と倹約家
③ メイロウ快活
④ 甘い言葉でロウラクする

問2 傍線部**A**「それでも『歴史の真実は一つ』と人は言う。」とあるが、ここで筆者はどういうことを言おうとしているのか。その説明として最も適当なものを、次の ① ～ ⑤ のうちから一つ選べ。解答番号は **6** 。

① 歴史家は、「歴史的事実」という言葉は使用するものの、「歴史的真実」という言葉の使用は避けようとするが、一般の人々は「歴史の真実」という言葉を好んで使いたがるということ。

② 歴史的な「事実」と歴史的な「真実」とを区別すべきだと思いこんでいる人ほど、「事実」はさまざまだが「真実」は一つしかないといった観念に惑わされてしまいがちだということ。

③ 歴史において「真実」なるものが存在するとしても、それは社会的に形成されたものでしかないが、にもかかわらず多くの人々は絶対的な「真実」が存在していると思いこんでいるということ。

④ 私たちは普段、「事実」と「真実」という言葉を使い分けたりほぼ同じ意味で使ったりするはずなのに、歴史について論じるときには「真実」という言葉ばかりが用いられがちだということ。

⑤ 「真実」のあり方は人によって異なっている可能性があるが、だからこそ歴史について考えるうえでは、さまざまな「真実」のなかのどれが正しいかということが模索されなければならないということ。

問３　傍線部**Ｂ**「十人十色の歴史」とあるが、これについて筆者はどう考えているか。その説明として最も適当なものを、次の①～⑤のうちから一つ選べ。解答番号は［７］。

①　それぞれの歴史家が異なる歴史を書く理由は、歴史家ごとに考え方が異なっているからだと思われがちだが、実際には、歴史家が関与する以前に、物理的な原因などで歴史的事実の選択が行われてしまっているからである。

②　さまざまな歴史記述が作られるのは、それぞれの歴史家ごとに歴史の解釈の仕方が異なっているからであり、私たちには、そうした多様な歴史のなかのどれが真実を物語っているのかを見極めていくことが求められている。

③　歴史家ごとに世界観や政治的立場やイデオロギーなどが異なっているため、歴史は十人十色のものになってしまいがちだが、歴史家には中立的な立場からそうした事態を防ぐことが必要とされる。

④　個々の歴史家が記述する歴史は異なるものであり、常に複数の歴史が存在している以上、社会のなかで流通しているそれぞれの歴史がどのようにして形成されてきたのかを知ることは、私たちにとって意味がある。

⑤　従来は政治的立場やイデオロギーに基づいて歴史が作られてきたが、近年では普通の人々が主体となった庶民の歴史が書かれていることからもわかるように、結局はどんな歴史も個々人の問題に還元されてしまうことになる。

問4 傍線部C「対立に基づく歴史観」とあるが、こうした歴史観が力をもつことが多いのはなぜか。その説明として最も適当なものを、次の①～⑤のうちから一つ選べ。解答番号は 8 。

① 自国や自民族の歴史をそれと対立する国や民族との関係のなかで捉えるというあり方には、国家をまとめあげ国民の国家への帰属意識を強化するのに好都合だという面があるから。

② 人間と人間とを対立するものとして捉えるという考え方は、他者と見なされる人間の排除を誘発するだけでなく、さらなる他者を生み出すことにつながることでもあるから。

③ 歴史における真実は一つしかないにもかかわらず、国家や民族が自分たちの団結を目的として歴史を解釈し直していくため、それぞれの国家や民族の歴史は対立するものとなってしまいがちだから。

④ 自国を自画自賛する歴史が存在する一方で、自国が犠牲にあった面ばかりを強調する歴史が存在するように、自国中心の歴史観とそうでない歴史観とが並存し、それらが対立を引き起こしているから。

⑤ かつては国家の利益のために書かれる歴史が主流だったが、近年ではマイノリティや主流派以外の立場から書かれる歴史も増えてきており、こうした二種の歴史が対立の様相を呈しているから。

問5 波線部**X**に「歴史は常に『修正』され続ける運命にある。」(前者)とあり、波線部**Y**に「歴史修正主義」(後者)とあるが、両者について説明したものとして最も適当なものを、次の①～⑤のうちから一つ選べ。解答番号は 9 。

① 前者は、固定的な歴史像などというものが存在しない以上、歴史は国家や政治と切り離されるべきだという考え方に基づく表現だが、後者は、歴史の政治利用を否定せず、国家のよりよい未来のために歴史を書くことを認める思想であり、その意味で両者はきわめて対照的なものだということができる。

② 前者は、マイノリティや非主流派への配慮という観点から歴史の修正を容認するという考え方に基づく表現だが、後者は、歴史を国民史と捉え、国民のアイデンティティを鼓舞するために自国を自画自賛しようとする思想のことであり、したがって、両者は相容れないものだと考えられる。

③ 前者は、客観的に見て正しい歴史を模索するために歴史を書き直していくことを続けていくべきだという考え方に基づく表現だが、後者は、歴史を政治的な道具とみなし、国家の現在のありようを擁護しようとする思想のことであり、後者では、歴史叙述の客観性は失われてしまっている。

④ 前者は、歴史とは真実ではなく事実を語るものであり、新たな歴史的事実が発見されたときには歴史の修正も許されるという考え方に基づいた表現だが、後者は、歴史とは物語であり、そうである以上は歴史を修正してもかまわないとする思想のことであり、前者と違って後者では、歴史が政治の道具へと堕していることが多い。

⑤ 前者は、歴史とは歴史家が歴史的事実をふるいにかけ、それらに解釈を施すことで成立するものだという考え方に基づいた表現だが、後者は、国家の利益になるように歴史記述を修正することを是とする思想のことであり、後者では、歴史は多様に解釈できるという考え方に基づいて、歴史の修正が正当化されている。

問6　Mさんは授業で**【文章Ⅰ】**と**【文章Ⅱ】**を読んで、「歴史」についての自分の考えを整理するため、次のような**【メモ】**を作成した。これについて、後の(i)・(ii)の問いに答えよ。

【メモ】

〈1〉 **【文章Ⅰ】**と**【文章Ⅱ】**の共通点　［ともに歴史の修正という問題について言及している。］

⇩

〈2〉 **【文章Ⅰ】**と**【文章Ⅱ】**の関係　［　　X　　］

⇩

〈3〉 まとめ　［　　Y　　］

(i) Mさんは、〈1〉を踏まえて〈2〉を整理した。空欄 **X** に入る最も適当なものを、次の①～④のうちから一つ選べ。解答番号は 10 。

① **【文章Ⅰ】**では、歴史記述とその修正について考察するうえでの前提になることが述べられており、**【文章Ⅱ】**では、そうした前提を踏まえたうえで、歴史修正主義と呼ばれるものの問題点などが述べられている。

② **【文章Ⅰ】**では、歴史とは修正され続ける運命にあるものだということが述べられているが、**【文章Ⅱ】**では、歴史を修正するという行為が批判の対象となっており、二つの文章における歴史という概念は大きく異なっている。

③ **【文章Ⅰ】**では、主に学術的な観点から、**【文章Ⅱ】**では、主に政治的な観点から歴史が論じられており、両者の対比を通じて、歴史とは観点によって異なるものである以上、その修正もやむをえないという考えが表明されている。

④ **【文章Ⅰ】**では、歴史とは何かということがその基本的な概念に基づいて説明され、**【文章Ⅱ】**では、そうした概念に基づいてさまざまな具体的事例が紹介されており、**【文章Ⅰ】**で述べられていた主張が検証されている。

(ii) Mさんは、〈1〉〈2〉を踏まえて「〈3〉まとめ」を書いた。空欄 **Y** に入る最も適当なものを、次の①〜④のうちから一つ選べ。解答番号は **11** 。

① 個々の歴史家ごとに歴史的事実の把握の仕方は大きく異なっているため、歴史は多様なものとなる。しかし、その一方で従来は、歴史が政治利用のために書かれることも多く、大国の歴史は存在しても、小国には歴史というものが存在していなかった。だからこそ私たちには、マイノリティや庶民などの歴史に注目することが必要とされている。

② 歴史が書き直され続けるものだからといって、それを作る側の利益のために歴史が捏造(ねつぞう)されてはならない。近年では、国家による歴史とは異なる歴史も書かれるようになってきたが、自国中心の歴史記述はなくなっておらず、それらはしばしば不毛な対立を生む。そうしたなかで私たちには、歴史記述の成立過程に目を向けることが求められている。

③ 基本的に歴史の修正という行為は否定されるべきではないが、政治利用のための歴史修正には問題がある。その理由は、国家による歴史修正主義が、短期的には国家に利益をもたらすが、長期的には国家に損失をもたらすからだ。だから私たちにとって大切なのは、歴史というものを国家とは無関係なものとして捉え直していく見方なのである。

④ 本来の歴史は国家や地域を越えた多様な観点から書かれるものであり、そこにはマイノリティの歴史といったものも一応は存在していた。しかし歴史修正主義の台頭によって、そうした歴史は抑圧され、いまや歴史は国家のために書かれることが一般的になっている。私たちに必要なのは、国家中心の歴史観にとらわれた自らの意識を変えることである。

第2問

次の文章は、林京子の小説「ほおずき提灯」(二〇〇三年発表)の一節である。太平洋戦争中に上海から帰国し、その後長崎で被爆した「私」は、N女や木津たちの平和を訴える街頭活動に参加することになった。その初日、活動までの時間を持て余した「私」は、路地を歩いている途中で、喫茶店の出窓に飾られたほおずきの鉢に目を留めた。以下はそれに続く場面である。これを読んで、後の問い(**問1～6**)に答えよ。なお、設問の都合で本文の上に行数を付してある。(配点 50)

喫茶店のドアが開いて、いらっしゃい、と女が招いた。

店の内は、路地に洩れている白熱灯のあかるさはなく、まるい小さい提灯が天井からさがっている。夏祭りの屋台や商店街の軒にさげられる飾り提灯だが、まっかな提灯に火を入れるとジャバラの骨が血の色に淀む。不吉な思いに誘われる、色なのである。

ほおずきお好きですか、と私は女に聞いた。夜鳴らすと蛇が出てくるといいますね、と女がいった。母もいっていました、と私はいい、母に似ていらっしゃる、といった。

白い花でしょう、ほおずき、それが実になると真紅に変身するのね、小気味よくって好きですよ、指で揉んでいると柔らかくなるでしょう、あの弾力いらいらしない？　潰したくなるの、と女がいった。しょっちゅう潰しました、鳴らしたいのでそっと、芯を抜くんです、でも駄目、固いまるい口が破れて、泣いて母に訴える――。

また潰れちゃった、女は母と同じ言葉で私に聞いた。私は五十数年も前の路地の子供に還って、かあさんが上手に作って、といった。

鉢から一粒、女は実をちぎると、鬼灯、ほおずき、無邪気な子供のおもちゃじゃないのね、怖い漢字じゃない、といった。

でも、あそこにもここにも、カウンターにも熟れた実が、なぜ飾るのです、私は聞いた。

お店のお客さんは気楽な方ばかりじゃないの、魔除けかしら、と女はいった。

ほおずき提灯の明りに揺れている若者たちをみているうちに、私は、錯覚の世界に入りこんでいった。うまく女が話をあわせてくれるなら、子供のころに戻れそうだった。

若い方たち、路地の家に遊びにきていた上海航空隊の予科練(注1)さんでしょう、と私はいった。

上海航空隊、いいえ、専門学校の学生さん、合宿の帰りで、自動車の整備を勉強しているの、ね、と女が学生たちにいった。テーブルの端に坐(すわ)っていた五分刈りの学生が頷(うなず)いて、航空隊って、いつの話ですか、といった。敗戦以前のお話、私はいった。太平洋戦争の体験者は、隅のテーブルに坐って一人でコーヒーを飲んでいる、ロマンスグレーの紳士と私ぐらいである。女主人も、戦後の生まれだろう。上海にいらっしゃったの、と女が聞いた。ここの雰囲気、育った路地の匂いがするのです、そして目許(めもと)が母にそっくり、母と錯覚しました、と私はいった。女はにっこり笑って、五十歳近くなると女の顔って似てくるのね、年の功ってわけね、といった。

お掛けになりませんか、と学生の一人が私にいった。一つ空いている椅子に、私は腰かけた。

航空隊の予科練生は僕らと同じ年ごろでしたか、と離れた席の学生が声を張って聞いた。

戦闘帽のような灰色の帽子に、同じ色のズボンと上着を着て、三人か四人で遊びにきていました、月に一回の外出日に、年長の予科練さんが二十歳ぐらいでした、と私はいった。

特攻隊ですね、席に誘ってくれた学生がいった。最終的には特攻隊、特別攻撃隊に編成されたようです、私たちが日本に引き揚げてくる四、五ヵ月前に彼らも去っていきましたけれど、昭和十九年の秋ごろ、今日が最後です、と別れの挨拶にきて。

A 学生たちは静かになった。出撃ですか、と学生がいった。特攻隊ってご存知なんですか、と私は改めて聞いた。「零戦(ゼロ)」好きなんです、その学生がいった。

正確なことは判(わか)りませんが多分、軍の秘密ですし彼らの口は固い、それに上海は国際都市、〝壁に耳あり〟古い標語を私はいった。

個人の家庭に、自由に遊びにきていたのですか、学生が聞いた。

父の勤めの関係から、私の家には憲兵や彼らのような若い兵隊が、遊びにきていた。小遣い銭も不足していたのだろう。母の手料理を楽しみに、よく食べた。娘ばかりでお国の役に立てない、と父も母も肩身を狭くしていたのだ。男の子が欲しかった父は殊に、彼らを歓迎した。しかし彼らの目的は、女学生だった二人の姉にも、あったようだ。姉たちも彼らがくる日は、いつもより早く帰ってきて、台所で母の手伝いをする。テーブルいっぱいの料理をつつく彼らを、小学生の私も胸ときめかせて眺めていたが、最後の夜は、いつも闊達な彼らも無口だった。

上海からどちらに、と母がいった。彼らは答えないで笑っている。甥が二人南の方に征っています、陸軍ですけれど、と母がいった。南はどこですか、と一番美男子だと姉たちが騒いでいる予科練生が、聞いた。彼らは南方に転戦する様子だった。激戦地の戦場を母は想像したのだろう、黙って料理をすすめた。

昭和十九年の暮には、予科練生たちは、誰も遊びにこなくなった。征ったのね、無事に還って欲しいけれど、と母はいった。学生たちに話しながら挙手の礼をして去っていった彼らの顔を、私は克明に思い出そうとした。しかし目の前のつややかな童顔に消されて、一人として思い出せない。

おばさんたちのこと、忘れません、と彼らは母にいった。急なことで千人針も用意できない、そう、女学校の略章を差し上げたら、お守りに、と母が二人の姉にいった。

私たち親子が暮していた日常のなかから、歴史のなかに消えていった彼らとの出逢いは、私にとって、なおざりには出来ないことだった。また私たち母娘が上海から日本へ、大陸の陸路を引き揚げてくる途中でも、関東軍の兵士たちと一つ列車に乗り合わせた。南下していく陸軍部隊で、雪の満州から南十字星です、と行き先をおおらかに告げた。車内には軍人と、日本人の私たち母娘しかいない。祖国に帰る同胞に、自分たちの行動を覚えていて欲しかったのだろう。関東軍の兵士たちも、どの顔も若かった。**B**張り巡らされた網にたぐられるように上海から、満州の国境の地から、南の一点に集められていったのである。そして私は、八月九日に向かって歩いていた。

アメリカに滞在していたとき私は、スミソニアン(注2)博物館に展示してあった、零戦の実物をみた。広い博物館の空間に浮遊している零戦の操縦席が、立っている私の場所からみえた。修復されたのか、機体にも座席にも弾痕はみられなかった。黒みがかったオリーブ色の機体に、白で縁取りされた日の丸が、描いてあった。単葉の零戦(注3)は、勇壮な体当りを敢行した話題の主にしては、貧相だった。絹張りかと見紛う薄い機体に、細かいしわが寄っている。操縦していた特攻隊員の生死はどうなのか。無疵で展示されている零戦の存在も、謎めいていた。いずれにしても、半世紀前には一人の若者が、そこに坐っていたのである。

〝特攻の精神に生きんとするにおいて考慮の余地なし〟部下の特攻隊員に殉じて敗戦の日に敵地に飛び立っていった宇垣纏(注4)中将の、辞世の言葉であるが、彼らは従容として死に就いたのだろうか。

私はレモネードを飲んでいる学生を、操縦席に坐らせてみた。死の案内人である零戦に、若者は健康でありすぎた。敵艦へ急降下していく特攻隊員の肉体も、死を拒む健康体であったはずだった。飛び立つ前に彼らは遺書を残している。両親に宛てた遺書が多いなかに、名前のほかに一言もない、余白が重い沈黙の色紙もある。

被爆後、十四、五歳だった私たちも沈黙した。教室から、原爆症で去っていく友人を見送りながら、長い年月、私たちは沈黙を続けた。

彼らの沈黙は特攻の命令を受けて、敵艦に体当りする瞬間までの数日、あるいは数時間かもしれない。が、十七、八歳で絶たれる命への執着と、五十年六十年も生きながらえるはずの、残りの命への憧憬と愛着を凝縮した、沈黙なのである。

木津は、通り過ぎる街の人と向きあって、立っている。二人連れの男女が、木津に寄っていって、寄付させてください、と募金箱を探していった。ありがとうございます、せっかくですが寄付は頂戴しないことになっております、そう木津がいった。そういえば誰も、募金箱をもっていない。置いてもない。

折り畳んだ札を手にした紳士は、そうですか、ご苦労さまです、と丁寧に頭をさげる。

あんな方もいらっしゃるのね、と去っていく男女をみて、N女がいった。人混みと、自分との間に違和感を感じていた私に、中年の紳士は細い橋を渡してくれた。木津の表情も柔らいで、二人を見送っている。木津は復員後、大学に戻ったという。それ以外の経歴は知らないが、反戦の意思表示をしている行動が、敗戦後の彼の生き方を語っている。C学友や、年下の予科練生を送った木津は、彼らの沈黙をいま代弁しているのだ。肌身にしみた戦争への嫌悪。慰霊と、生き残された者の責任感なのだろう。

木津の視線の先にある学生の前を、セーラー服の少女たちが歩いていく。笑いさざめく少女と学生の姿が重なって、ローソク(注5)の炎に赤らんで揺れている。炎に染まる目前の光景が、過ぎた日の戦いの過去なのか、きな臭い今日の先に待っている未来への予告なのか、私は雑踏に目をこらした。

黄色い髪の若者たちが、戻ってきた。

ザワワ、ザワワ、ザ、ワァー、ワー、肩を組んで歌いながら、近付いてくる。最近はやっている、平和を歌い込んだ地方色豊かな曲である。

わたしたちが集会の終わりに合唱する歌なの、とN女がいった。彼らは土地の若者なのだろう。グループの行動を知っていて、囃(はや)しているのだ。

D 引き返してくる若者の歌声にあわせて調子をとりながら、わたしたちも歌いましょう、とN女がいった。

（注）
1　予科練――海軍飛行予科練習生の略称。飛行搭乗員養成制度に志願した学生。
2　スミソニアン博物館――科学、産業、技術、芸術、自然史などに関する研究や展示などを行っている博物館群。
3　単葉――単葉機。主翼が一枚の飛行機のこと。複葉機に対してこう呼ばれる。
4　宇垣纏――日本海軍の軍人。一九四五年八月一五日、玉音放送を聞いた後で特攻のために出撃した。
5　ローソクの炎――N女たちの活動では、火のついた蝋燭(ろうそく)を捧(ささ)げ持って街頭に立ち、平和を訴えている。

問1　傍線部**A**「学生たちは静かになった。」とあるが、ここでの「学生たち」の説明として最も適当なものを、次の①～⑤のうちから一つ選べ。解答番号は 12 。

① 自分たちの会話に見知らぬ客が割りこんできたため戸惑っていたが、その客の話の内容が思いがけず重たいものになってきたので、おとなしくするしかなくなっている。

② 戦争体験者の話が聞けそうなので質問を投げかけてみたのだが、相手の話が個人的な回想に終始しているので興ざめしてしまい、やや白けた気分で口をつぐんでいる。

③ 自分たちが体験していない戦時中の話に関心があったのだが、とりわけ知りたかった特攻隊のことに話題が及んだので、固唾(かたず)を呑(の)んで話に耳を傾けようとしている。

④ その場の成り行きで招き入れた見知らぬ客と会話をするうちに、話が自分たちと同年代の若者の死を想起させるようなものになってしまい、神妙な様子になっている。

⑤ 年長の客を敬う気持ちで自分たちの席に誘ったのだが、自分たちが今まで知らなかった特攻隊の悲劇を図らずも知ることになり、沈痛な面持ちにならざるをえなくなっている。

問2 傍線部**B**「張り巡らされた網にたぐられるように」とあるが、この表現についての説明として最も適当なものを、次の①～⑤のうちから一つ選べ。解答番号は 13 。

① あらゆる人間を戦地へと連れ出そうとする戦争というものの恐ろしさを、どんなものをも逃さず掬(すく)い取ろうとする網に喩(たと)えることで、それとなく言い表している。

② 上海や満州にいた日本兵にとって、はるか彼方の南方に送られることはいかに過酷かということを、直喩を用いた巧みな表現によって示している。

③ 比喩を用いて、まだ若い兵士たちが軍の幹部の意のままに操られあちこちで戦いを強いられていたということを示し、戦争の悲惨さをさりげなく告発している。

④ 各地に散らばっていた若い人たちが自らの意思とは無関係に激戦地へと動員されていったということを、具体的なイメージを通じて表現している。

⑤ 戦争を司る強大な力を擬人化した表現によって、戦地にいた兵士だけでなく日本国内にいた者たちまでもがその力に翻弄されていたということを、巧みに描き出している。

問3 傍線部**C**「学友や、年下の予科練生を送った木津は、彼らの沈黙をいま代弁しているのだ。」とあるが、これはどういうことか。その説明として最も適当なものを、次の①～⑤のうちから一つ選べ。解答番号は 14 。

① 戦争のせいで身近な人たちを何人も失った木津は、戦争への憎悪をもちながらも何も言えずに死んでいった彼らから託された願いを実現するためにも、生き残った自分が平和を訴え続けなければならないと思っているということ。

② 自らも従軍し、同年代の学友や年下の予科練生の死にも接してきた木津は、戦死した者たちのさまざまな思いを自ら引き受けつつ、戦後の社会で反戦を訴え続けることが、生き残った者としての使命だと感じているということ。

③ 自らの意思とは裏腹に命を絶たれた若者たちの気持ちを知りながらも戦争に加担していた自分に対し、負い目を感じていた木津が、そうした自分の思いを戦争を知らない人々に伝えようと決意しているということ。

④ 命への執着をもちながら沈黙のままに死んでいくしかなかった友人たちの存在は、彼らのよき同伴者であった木津にとっては忘れがたいものであり、彼らの魂が安らかであるように祈りを捧げているということ。

⑤ 若くして戦死した身近な友人たちを幾人も見送ってきた木津は、本当はもっと生きていたかったという彼らの思いを胸に、自分も彼らと同じように沈黙を守りながら反戦と平和を願い続けていこうとしているということ。

問４ 傍線部**D**「引き返してくる若者の歌声にあわせて調子をとりながら、わたしたちも歌いましょう、とN女がいった。」とあるが、こうした様子を見ている「私」についての説明として最も適当なものを、次の①～⑤のうちから一つ選べ。解答番号は 15 。

① 「私」は、自らの戦争に反対する信念は本物だと自負しており、たとえ戦争とは無縁な現代の若者から嘲笑を受けようとも、そのことをことさら気にするN女のようにふるまうのではなく、自分らしさを保っていたいと考えている。

② 「私」は、自分たちの反戦活動に対し、応援してくれる人もいれば無関心な人もいることに憤りを覚えながらも、とりあえずはN女にならって、応援してくれる人たちの存在を自身の拠り（よ）どころにするしかないと思っている。

③ 「私」は、いまの世の中に対し、戦時中からすれば隔世の感を覚えているが、同時に戦時中につながる不穏なものも感じており、そのせいもあって、平和を訴えるN女のてらいのない姿に共感を寄せている。

④ 「私」は、こちらを批判する人たちに敵対するような態度をとっても逆効果になるだけなので、その場合は相手に歩み寄るべきだということを、N女の姿を見て思い知り、これまでの我が身のことを省みている。

⑤ 「私」は、戦後半世紀以上が過ぎてしまい、戦争に無関心な若者たちを見るにつけ空しさを感じることもあるが、彼らの認識を正すためにも、N女のように毅然（きぜん）とした態度をとらねばならないと感じている。

問5　本文では、現実の描写の中に記憶や追憶がたびたび挿入されている。それについて、後の(i)・(ii)の問いに答えよ。

(i)　喫茶店での「私」の発言の中には、「私」の記憶や追憶と現実との区別がつかなくなっているように書かれている箇所がある。そうした発言として最も適当なものを、次の ① ～ ⑤ のうちから一つ選べ。解答番号は **16** 。

① 若い方たち、路地の家に遊びにきていた上海航空隊の予科練さんでしょう(17行目)

② ここの雰囲気、育った路地の匂いがするのです、そして目許が母にそっくり、母と錯覚しました(21・22行目)

③ 年長の予科練さんが二十歳ぐらいでした(26・27行目)

④ 特攻隊ってご存知なんですか(30行目)

⑤ 軍の秘密ですし彼らの口は固い、それに上海は国際都市、〝壁に耳あり〟(32行目)

(ii) 本文中に描かれた過去や現在の人や物に対する表現からどういうことが読み取れるか。その説明として最も適当なものを、次の ①～⑤ のうちから一つ選べ。解答番号は 17 。

① 「私」の家に来ていた予科練生のことは、38行目では「テーブルいっぱいの料理をつつく彼ら」、48行目では「歴史のなかに消えていった彼ら」と描かれているが、これらの表現からは、平凡な日常もいずれは過去のものとなり忘れ去られてしまうという真理を「私」が得たということが読み取れる。

② 44・45行目には、「挙手の礼をして去っていった彼らの顔」を思い出そうとした「私」が「目の前のつややかな童顔」のせいでそれを思い出せなかったという描写があるが、ここからは、「私」が亡くなった予科練生よりも目の前の若者たちに親しみを感じていることが読み取れる。

③ スミソニアン博物館に展示されている零戦のことが、56行目では「勇壮な体当りを敢行した話題の主」、61行目では「死の案内人」と形容されているが、こうした表現からは、戦争というものやそれを取り巻く時代の風潮に批判の目を向けている「私」のありようが読み取れる。

④ 61行目では「レモネードを飲んでいる学生」が描かれ、62行目では特攻隊員の「死を拒む健康体」が描かれているが、そうした対照的な表現からは、同じ年代の若者でも時代とともにその本質が変わってしまうのだということを知り、感慨にふけっている「私」の様子が読み取れる。

⑤ 77行目で、「私」は「笑いさざめく少女」の姿と死んでいった「学生」たちの姿とを重ね合わせているが、こうした描写からは、「私」やN女の行っている真摯な反戦活動を笑いからかう人々に対して、「私」が嫌悪の情を催していることが読み取れる。

問6　Aさんのクラスでは、本文の「ほおずき提灯」という作品名について理解を深めようとして、「ほおずき」について調べてみた。そして、調べてわかった内容を次のようにまとめ、それをもとにして話し合いを行った。本文を踏まえた発言として**明らかな誤りを含むもの**を、後の ① ～ ⑤ のうちから一つ選べ。解答番号は 18 。

〇「ほおずき」について

ⓐ　ナス科ホオズキ属の植物で、原産地は東南アジア。五月～七月ごろに花が咲き、八月～九月にふっくらとした実が赤く色づく。

ⓑ　名前の由来は諸説あるが、その中に、〈種を取り除き皮だけにしたものを、口で膨らませて遊ぶ子供の様子から「頬突き」と呼ばれた〉というものがある。

ⓒ　ほおずきの実が赤く怪しげに見えることから、「鬼灯」という漢字を当てることもある。

ⓓ　ほおずきを魔除け代わりに玄関に飾るところもある。鬼が守っている証（あかし）に見立てることで、悪い霊や邪気を追い払うことができるという謂（いわ）れがある。

ⓔ　英語では「Chinese lantern plant」と言う。「lantern」とは、ランタン（手提げランプ）のこと。

ⓕ　先祖の霊は迎え火や提灯の火をたよりに帰ってくるといわれることから、日本ではお盆にほおずきを提灯に見立てて飾る風習がある。

① 生徒Ａ――ほおずきの実は八月くらいから赤く熟してくるんだね。そうだとしたら、小説「ほおずき提灯」の季節は夏ごろかな。「私」が被爆した八月九日や終戦の八月十五日も夏だったことを考えれば、興味深い作品名だね。

② 生徒Ｂ――ほおずきの実を鳴らして遊べるんだね。そのことが名前の由来にもなったみたいだし、昔はポピュラーな遊びだったのかな。そうしたことが、小説において「私」を追憶へと誘う装置の一つになっていたんだと思う。

③ 生徒Ｃ――喫茶店の女性が、「鬼灯」という当て字を「怖い漢字」と言っているのに、そのほおずきを店中に飾るのは矛盾していると思ったけれど、謂れがわかったら納得できた。知らなかった文化を知るのは楽しいな。

④ 生徒Ｄ――ほおずきの英名を見ると、それを提灯の類に見立てるのは日本だけではないようだね。「私」は「アメリカに滞在していた」とあるから、そうしたことを知っていて、喫茶店のほおずきにも目を向けたんだろうね。

⑤ 生徒Ｅ――そういえばお盆前には花屋でほおずきをよく見かける。あれは死者の霊を迎えるための供花だったのか。戦争の犠牲者に対する「私」の思いを考えれば、作品名の「ほおずき提灯」が戦死者への供花のようにも思えてしまうよ。

第3問

次の【文章Ⅰ】は、平安時代末期の歴史を描いた江戸時代の作品『月のゆくへ』の一節、【文章Ⅱ】は、源平の戦いを記した鎌倉時代の作品『平家物語』の一節である。どちらの文章も、源氏に攻められた平家一門が都から西国へ逃げ落ちる際、平維盛が一門の人々と行動をともにするために妻子と別れる場面であり、【文章Ⅰ】は『平家物語』を資料として用いている。【文章Ⅰ】と【文章Ⅱ】を読んで、後の問い（問1～5）に答えよ。（配点　50）

【文章Ⅰ】

維盛の中将は、とりわけて(ア)心苦しう思いたり。この北の方(注1)は、昔の成親(注2)の大納言の御娘にて、幼きほどより見そめ給ひ、年ごろ分くかたなう、かたみにあさからず思ひかはして、君達もうつくしげなる持ち奉り給へば、いよいよあはれなる契りおろかならず。女君は、父の大納言あさましうて失せ給ひしこなたは、心細きやうなれど、男君のかひがひしうもの(注3)し給ふる、うしろやすくて、ひたすらにうちたのみ給へる心ばへも(イ)らうたければ、男君、Aわが身こそあれ、この人々をさへ行く方なき波路の末にただよはしなんことの、いとあたらしう、便なくてとどめ奉りつつ、心にもあらでふり捨て給へるを、女君は恨めしう、Bいかならん巌のなかにもと、慕ひ聞こえ給へり。中将、ことわりに見聞こえ給ひ、去らぬ鏡(注4)のと、こしらへ給へど、我も心のみかきくらされて、出でもやり給はず。

【文章Ⅱ】

小松三位中将維盛は、日ごろより思し召しまうけられたりけれども、(ウ)さしあたつては悲しかりけり。北の方と申すは、故中御門新大納言成親卿の御娘なり。桃顔露(注5)にほころび、紅粉眼に媚をなし、柳髪風に乱るるよそほひ、また人あるべしとも見え給はず。六代御前とて、生年十になり給ふ若君、その妹八歳の姫君おはしけり。この人々皆おくれじと慕ひ給へば、三位中将のたまひけるは、

「日ごろ申ししやうに、我は一門に具して西国の方へ落ち行くなり。いづくまでも具し奉るべけれども、道にも敵待つなれば、心やすう通らん事もありがたし。たとひ我討たれたりと聞き給ふとも、様なんどかへ給ふ事は、ゆめゆめあるべからず。そのゆゑは、いかならん人にも見えて、身をもたすけ、幼き者どもをもはぐくみ給ふべし。情けをかくる人もなどかなかるべき」

と、やうやうに慰め給へども、北の方とかうの返事もし給はず、ひきかづきてぞ臥し給ふ。すでにうつ立たんとし給へば、袖にすがつて、

「都には父もなし、母もなし。捨てられ参らせて後、また誰にかは見ゆべきに、いかならん人にも見えよなんど承るこそ恨めしけれ。前世の契りありければ、人こそ憐れみ給ふとも、また人ごとにしもや情けをかくべき。いづくまでもともなひ奉り、同じ野原の露とも消え、一つ底の水屑ともならんとこそ契りしに、されば小夜の寝覚めのむつごとは、皆いつはりになりにけり。せめては身一つならばいかがせん、捨てられ奉る身の憂さを思ひ知つてもとどまりなん。幼き者どもを誰にも見ゆづり、いかにせよとか思し召す。恨めしうもとどめ給ふものかな」

と、かつう(注7)は恨み、かつうは慕ひ給へば、三位中将のたまひけるは、

「まことに人は十三、我は十五より見そめ奉り、火の中、水の底へもともに入り、ともに沈み、かぎりある別れ路までもおくれ先立たじとこそ申ししかども、かく心憂き有様にていくさの陣へおもむけば、具足し奉り、行く方も知らぬ旅の空にて、憂き目を見せ奉らんもうたてかるべし。その上、今度は用意も候はず。いづくの浦にも心やすう落ちついたらば、それよりしてこそ迎へに人をも奉らめ」

とて、思ひきつてぞ立たれける。中門の廊に出でて、鎧取つて着、馬引き寄せさせ、すでに乗らんとし給へば、若君、姫君、走り出でて、父の鎧の袖、草摺(注8)に取りつき、

「これはさればいづちへとてわたらせ給ふぞ。我も参らん。我も行かん」

と、面々に慕ひ泣き給ふにぞ、憂き世の絆（きづな）とおぼえて、三位中将**C**<u>いとどせん方なげには見えられける</u>。

（注）1 北の方――平維盛の妻。後出の「女君」も同じ。

2 成親の大納言――藤原成親。平安時代後期の公卿（くぎよう）。平家討伐を企てたが、事前に平家に知られて殺された。

3 ものし給ふる――ここでは、「ものし給へる」の意。

4 去らぬ鏡の――『源氏物語』「須磨（すま）」巻で、光源氏が都を離れるときに、別れを嘆く妻、紫の上を慰めようとして詠んだ歌の一部。

5 桃顔露にほころび、紅粉眼に媚をなし、柳髪風に乱るる――女性の美しい容貌の形容。

6 うつ立たん――「うち立たん」の促音便形。

7 かつうは――一方では。

8 草摺――鎧の胴に垂らして腰から下を覆うもの。

問１ 傍線部(ア)～(ウ)の解釈として最も適当なものを、次の各群の①～⑤のうちから、それぞれ一つずつ選べ。解答番号は [19] ～ [21] 。

(ア) 心苦しう思いたり [19]
① 気が咎(とが)めていたのです
② つらく思いなさっていた
③ 情けなくお思いになった
④ 気の毒に思っていました
⑤ 苦しくてたまらなかった

(イ) らうたければ [20]
① かわいそうなので
② 美しいが
③ 素直なので
④ いとおしいが
⑤ いじらしいので

(ウ) さしあたつては [21]
① 突然起きたことなので
② 差し支えることがあって
③ 実際に直面した際には
④ とりあえずすぐには
⑤ 思っていた通りで

問2 傍線部**A**「わが身こそあれ、この人々をさへ行く方なき波路の末にただよはしなんことの、いとあたらしう、便なくてとどめ奉りつつ」の語句や表現に関する説明として最も適当なものを、次の①～⑤のうちから一つ選べ。解答番号は 22 。

① 「わが身こそあれ」では、自分自身が都を捨てるのはしかたがないが、それは自分だけでよいという維盛の気持ちが、係り結びを用いて強調されている。

② 「この人々をさへ」の「さへ」は限定の意味で、自分が助かることは無理でも、せめて北の方や子どもたちだけでもなんとか助けてやりたいという維盛の切実な気持ちが表されている。

③ 「ただよはしなん」には、維盛がこれから平家一門とともに西海に浮かぶ船の上で暮らすことになるだろうという、語り手の予測が表現されている。

④ 「あたらしう」は、都で華やかに暮らしてきた維盛にとって、西国に向かうことが、今まで経験したことのない不慣れな行為であることを意味している。

⑤ 「とどめ奉りつつ」は、なんとかして維盛をこのまま都に引き留めたいという北の方の気持ちを表している。

問3 傍線部**B**「いかならん巌のなかにも」について、次の**【文章】**を読み、傍線部の説明として最も適当なものを、後の①～⑤のうちから一つ選べ。解答番号は 23 。

【文章】

傍線部の「いかならん巌のなかに」は『古今和歌集』の次の和歌の一部を引用した表現である。

いかならん巌のなかに住まばかは世の憂きことの聞こえこざらん

また、『源氏物語』「須磨」巻で、主人公の光源氏は、政争に敗れ、朝廷からのとがめを受けたことにより、都を出て西国の須磨へ下る際、都に残す妻、紫の上に向かって、

「なほ、世に許されがたうて年月を経ば、巌のなかにも迎へ奉らむ」

と述べるが、この「巌のなか」という言葉も、『古今和歌集』の歌の一部を引用したものと考えられる。

傍線部は、『古今和歌集』だけでなく、この『源氏物語』の場面をも踏まえている。

①『古今和歌集』の和歌で、苦悩から解放された来世を比喩的に表現している「巌のなか」が、『源氏物語』の場面も踏まえた傍線部では、「現世で最も苦しい場所」という意味で用いられ、どんな目に遭っても維盛が向かう戦陣について行きたいという北の方の気持ちが強調されている。

②『古今和歌集』の和歌で、どこかにあるはずの安住できる場所として詠まれている「巌のなか」が、『源氏物語』の場面も踏まえた傍線部では、「争いのない平穏な世界」という意味で用いられ、維盛と一緒に平和な場所で暮らしたいという北の方の気持ちが強調されている。

③『古今和歌集』の和歌で、俗世のわずらわしさを避ける場所として詠まれていた「巌のなか」が、『源氏物語』の場面も踏まえた傍線部では、「都から遠く離れた場所」という意味で用いられ、西国のどんなにつらい所でも維盛のそばにいたいという北の方の気持ちが強調されている。

④『古今和歌集』の和歌で、「巌のなか」に住むならば、世の中の苦しみから逃れられるかもしれないと詠まれているのを引用しつつ、『源氏物語』の場面も踏まえた傍線部では、苦しいことから逃れられるなら、どこへでも行きたいという北の方の気持ちが強調されている。

⑤『古今和歌集』の和歌で、どんな「巌のなか」に行ってもこの世のつらさからは逃れられないと詠まれているのを引用しつつ、『源氏物語』の場面も踏まえた傍線部では、どこに行っても同じようにつらいのなら、維盛と一緒に都に留まりたいという北の方の気持ちが強調されている。

問４　傍線部**C**「いとどせん方なげには見えられける」とあるが、この部分は維盛のどのような様子を描いているか。その説明として最も適当なものを、次の①～⑤のうちから一つ選べ。解答番号は 24 。

① 子どもたちの涙を見るとつらいが、もはやどうしようもなく、見捨てて行くしかないと自分に言い聞かせている様子。

② 平家一門のために戦場に向かう自分に、幼い子どもたちがわけもわからず取りすがることを、いらだたしく思う様子。

③ 妻子への未練を断ち切って西国へ向かうことにしたのに、自分を慕う子どもたちを見て、その決意が鈍っている様子。

④ 北の方の嘆きに気を取られて、子どもたちの気持ちにまで配慮が行き届かなかった自分を、情けなく思っている様子。

⑤ 妻子を都に残して西国へ行くつもりだったが、子どもたちに泣きつかれ、やはり一緒に連れて行こうと翻意する様子。

問5 Kさんは授業で**【文章Ⅰ】**と**【文章Ⅱ】**を読んで、二つの文章について自分の考えを整理するため、次のような**【メモ】**を作成した。これについて、後の(i)・(ii)の問いに答えよ。

【メモ】

〈1〉 調べたこと

【文章Ⅰ】の『月のゆくへ』は、江戸時代の荒木田麗女（あらきだれいじょ）という人が書いた歴史物語。平安時代末期の歴史を記したもの。

【文章Ⅱ】の『平家物語』は、鎌倉時代にできた軍記物語で、作者はわからない。源平の戦いを記している。

〈2〉 共通する点　どちらも、源氏に攻められた平家一門が都落ちするときに、平維盛が妻子と別れる場面である。

〈3〉 相違する点a　過去の作品を踏まえた表現について、**【文章Ⅰ】**では、『古今和歌集』『源氏物語』などの平安時代の古典文学を踏まえた表現があるが、**【文章Ⅱ】**には、はっきりそれとわかる表現は見当たらない。

相違する点b　登場人物の発言について、**【文章Ⅰ】**ではほとんどないが、**【文章Ⅱ】**では多用され、人物の置かれている状況や心情が、より具体的に読み取れる。たとえば、［X］。

相違する点c　子どもたちについて、**【文章Ⅰ】**では具体的な言動は書かれていないが、**【文章Ⅱ】**では維盛にすがりつく様子が描かれている。

〈4〉 まとめ　**【文章Ⅰ】**には、［Y］という特徴があり、**【文章Ⅱ】**には、その場に登場する人物の発言や様子を具体的に描写することで、書き手がその場にいたかのような臨場感をもたらしているという特徴がある。

(i) 空欄 X に入る最も適当なものを、次の①～④のうちから一つ選べ。解答番号は 25 。

① 「日ごろ申しやうに」で始まる発言では、維盛が、「たとえ私が西国で敵に討たれても、あなた自身と子どもたちのために、愛情を注いでくれる人と再婚してほしいから、出家はしないでくれ」と、北の方に言い残している

② 「都には父もなし」で始まる発言では、北の方が、「あなたと結ばれたのは前世からの縁だったのだから、これから先、他の人が私に愛情をかけてくれたとしても、私がその人を愛せるはずがない」と、維盛の願いを退けている

③ 「まことに人は」で始まる発言では、維盛が、「死ぬときは一緒だと約束したけれど、私がこれから向かう戦陣で敵の手に落ちる情けない姿を、あなたに見せるわけにはいかない」と、北の方に同行を諦(あきら)めさせようとしている

④ 「これはさればこそ」で始まる発言では、まだ幼い若君と姫君が、「父上が都を離れて西国へ落ちて行くなら、母上はともかく自分たちはけっして足手まといにならないから、一緒に連れて行ってほしい」と、維盛に懇願している

(ii) Kさんは〈1〉～〈3〉を踏まえて〈4〉を書いた。空欄 **Y** に入る最も適当なものを、次の①～④のうちから一つ選べ。解答番号は **26** 。

① 維盛が西国へ向かうときのことを、子どもとの別れには触れず、北の方との別れのみを詳しく描くことによって、平家滅亡の歴史を、戦乱の世に生きた女性に焦点を当てて描こうとしている

② 北の方との別れを惜しんでなかなか戦陣に赴けない維盛の姿を詳述し、武将としての弱さを際立たせることで、平家の人々の、恋人との別れを嘆く王朝物語の登場人物を思わせる貴族的側面を強調している

③ 維盛と北の方との仲について、登場人物の発言によって示すのではなく、「幼きほどより見そめ給ひ」などと物語の地の文で説明するところに、登場人物への共感を避け、批判的な立場で記そうとしている

④ 維盛と北の方を「男君」「女君」と平安時代の恋物語の登場人物のように表現したり、古典文学作品をもとにした表現を用いたりして、雅(みやび)な文体で歴史物語を書こうとしている

第4問

次の【詩】とその【序文】は、唐の文人・政治家皮日休が友人の厳惲（【序文】の「生」）の死を悼んで書いたものである。これを読んで、後の問い（問1～7）に答えよ。なお、設問の都合で返り点・送り仮名・本文を省いたところがある。（配点　50）

【序文】

其所為工(ア)於七(注1)字、往往有清(注2)便柔媚、時可軼(注3)駭於常軌。其佳者曰、「春光冉(注4)冉帰何処、更向花前把一杯、尽日問花花不語、為誰零(注5)落為誰開。」余美之、諷而未嘗怠。生挙(注6)進士、亦十余計(注7)偕。余方冤之、謂乎竟有得於時也。未幾(イ)、帰呉(注8)興、後両月、雪(注9)人至、云、「生以疾亡於所居矣。」噫、生徒以詞(注10)聞(ウ)於士大夫、竟不名而逝、豈止此而湮(注11)没耶。江(注12)湖間多美材。士君子苟楽退而有文者死、無不為時惜、可勝言耶。於是哭而為レ詩。

【詩】

(a)十哭二都門一(注13)榜上ノ塵　(b)蓋レ棺終ニ是レ五湖ノ X

(c)生前ニ有レ敵唯ダ(注14)丹桂ノミ　没後ニ無レ家祇ダ(注15)白蘋ノミ

(注16)箬下斬(d)新ニシテ醒(注17)二処月一　江南依レ旧ニ(e)詠二来春一

知ル君ガ(注18)精爽D応レ無レ尽　必ズ在ルヲ二(注19)酆都ト頌ノ帝晨一

(『松陵集』による)

(注)
1　七字――七言詩。
2　清便柔媚――すがすがしく柔らかなさま。
3　軼二駭於常軌一――常識にとらわれない。
4　冉冉――少しずつ移動するさま。
5　零落――花が枯れ落ちる。

6 挙二進士一――官吏登用試験の受験資格を得る。

7 計偕――都で実施される官吏登用試験を受験する。

8 呉興――地名。現在の浙江(せっこう)省湖州(こしゅう)市とその一帯の地域。厳惲の故郷。

9 霅――呉興の南部を流れる川の名。霅渓(とうけい)。ここでは、その流域を指す。

10 詞――詩と同じ。

11 湮没――埋もれて世に知られなくなる。

12 江湖――長江の下流域。呉興の属する地方。後の「五湖」「江南」も同じ。

13 榜――官吏登用試験の合格者を発表する掲示。

14 丹桂――赤い花をつけるモクセイ。才能のある人を象徴する。

15 白蘋――白い花をつける浮き草。ここでは白蘋の美しい厳惲の故郷を指す。

16 箬下斬新――箬下酒が真新しいさま。箬下は呉興に産する酒の名。

17 醒二処月一――空に懸かる月が冴(さ)え冴(ざ)えとしている。

18 精爽――霊魂。たましい。

19 酆都頌帝晨――酆都大帝をたたえる賛歌に歌われている宮殿。「酆都」は冥界の王。「頌」は賛歌。「帝晨」は宮殿。

問1 波線部(ア)「工」・(イ)「未ㇾ幾」・(ウ)「聞」のここでの意味として最も適当なものを、次の各群の①～⑤のうちから、それぞれ一つずつ選べ。解答番号は 27 ～ 29 。

(ア) 「工」 27

① 劣っている
② 優れている
③ 特徴がある
④ 多作である
⑤ 自信がある

(イ) 「未ㇾ幾」 28

① 久しぶりに
② あわてて
③ まもなく
④ 仕方なく
⑤ 迷わず

(ウ) 「聞」 29

① 尋ねている
② 教えている
③ 期待されている
④ 非難されている
⑤ 知られている

問2 **【序文】**の傍線部**A**「冤レ之」の「之」の内容は、**【詩】**の二重傍線部(a)～(e)のいずれかに対応する。傍線部**A**の「之」に対応するものとして最も適当なものを、次の①～⑤のうちから一つ選べ。解答番号は 30 。

① (a) 十 哭二都 門一

② (b) 蓋レ棺

③ (c) 生 前 有レ敵

④ (d) 醒二処 月一

⑤ (e) 詠二来 春一

問3 傍線部**B**「竟不名而逝、豈止此而湮没耶」について、返り点の付け方と書き下し文との組合せとして最も適当なものを、次の①～⑤のうちから一つ選べ。解答番号は 31 。

① 竟不㆓名而逝㆒、豈止㆓此而湮没㆒耶
竟(つひ)に名(な)あるも逝(ゆ)かざれば、豈に此(これ)にして湮没(いんぼつ)するに止(とど)めんや

② 竟㆑不㆑名而逝、豈止㆑此而湮没耶
名あらざるに竟(を)はりて逝くも、豈に此(ここ)に止(とど)まりて湮没するか

③ 竟不㆑名而逝、豈止此而湮没耶
竟に名あらずして逝かば、豈に止まり此(これ)をして湮没せしめんや

④ 竟㆑不㆓名而逝㆒、豈止㆑此而湮没耶
名ありて逝かざるに竟るは、豈に此(これ)を止めて湮没せしむるか

⑤ 竟不㆑名而逝、豈止㆑此而湮没耶
竟に名あらずして逝くも、豈に此に止まりて湮没せんや

問4 傍線部**C**「無レ不レ為ニ時惜一、可ニ勝言一耶」の解釈として最も適当なものを、次の①～⑤のうちから一つ選べ。解答番号は 32 。

① 賢明な人物が失われても、世の人々は誰も悲しまず、弔いの言葉を口にすることさえないであろう。

② 賢明な人物が失われたことを、世の人々はきっと悲しんで、その気持ちを様々な文章に表現するだろう。

③ 賢明な人物が失われても、世の人々は悲しむことはなく、かえって非難する者さえいるであろう。

④ 賢明な人物が失われたことを、世の人々はきまって悲しみ、その気持ちを言葉では表しきれないであろう。

⑤ 賢明な人物が失われたことを、世の人々は悲しみはしても、その気持ちを口にする人は多くないだろう。

問5 空欄 **X** に入る漢字と【**詩**】に関する説明として最も適当なものを、次の①～⑤のうちから一つ選べ。解答番号は 33 。

① 「風」が入り、第一句の「塵」字と対になった七言絶句。

② 「水」が入り、頷聯（がんれん）と頸聯（けいれん）がそれぞれ対句になった七言律詩。

③ 「民」が入り、起承転結で構成された七言絶句。

④ 「人」が入り、第一句末と偶数句末に押韻する七言律詩。

⑤ 「鬼」が入り、換韻しない一韻到底の七言古詩。

問6 傍線部**D**「応㆑無㆑尽」の読み方として最も適当なものを、次の①～⑤のうちから一つ選べ。解答番号は 34 。

① まさにつくるなかるべく
② まさにつくすなからんとし
③ まさにつくるなきにこたへ
④ まさにことごとくなかるべく
⑤ まさにことごとくなきにこたへ

問7 **【詩】**と**【序文】**から読み取れる筆者の心情の説明として最も適当なものを、次の①～⑤のうちから一つ選べ。解答番号は 35 。

① さわやかで柔和な詩風と同じように、役人の世界でも不祥事や争い事など起こさず、周囲の人々に慕われつつ静かな一生を終えた厳惲を、穏やかな気持ちで見送りたいと考えている。

② 厳惲のことをその作品を口ずさむほど慕っていたが、彼が役人としては志を遂げられずにひっそりと生涯を閉じたと聞いて、せめて死後の世界では救われてほしいと願っている。

③ 親友だった厳惲の死を悼んでいたところ、多くの人々が彼の墓前に春の花を手向けにやって来たのを目にして、厳惲が生前人々に慕われていたことがわかりうれしく思っている。

④ 優れた詩人でありながら正当に評価されなかった厳惲のように、才能があっても世の中に認められない者が多い現実を見て、あるがままを受け入れていくしかないと悟っている。

⑤ 詩人として憧れの対象であった厳惲が、役人としては活躍できないままさびしく死んでいったと知り、自分はこのまま詩作ばかりを続けていてよいのかと悩んでいる。

大学入学共通テスト

’23　本試験

（2023年１月実施）

80分　200点

第1問

次の【文章Ⅰ】は、正岡子規の書斎にあったガラス障子と建築家ル・コルビュジエの建築物における窓について考察したものである。また、【文章Ⅱ】は、ル・コルビュジエの窓について【文章Ⅰ】とは別の観点から考察したものである。どちらの文章にもル・コルビュジエ著『小さな家』からの引用が含まれている(引用文中の(中略)は原文のままである)。これらを読んで、後の問い(問1～6)に答えよ。なお、設問の都合で表記を一部改めている。(配点　50)

【文章Ⅰ】

寝返りさえ自らままならなかった子規にとっては、室内にさまざまなものを置き、それをながめることが楽しみだった。そして、ガラス障子のむこうに見える庭の植物や空を見ることが慰めだった。味覚のほかは視覚こそが子規の自身の存在を確認する感覚だった。子規は、視覚の人だったともいえる。障子の紙をガラスに入れ替えることで、A子規は季節や日々の移り変わりを楽しむことができた。

『墨汁一滴』(注1)の三月一二日には「不平十ケ条」として、「板ガラスの日本で出来ぬ不平」と書いている。この不平を述べている一九〇一(明治三四)年、たしかに日本では板ガラスは製造していなかったようだ。石井研堂(注2)の『増訂明治事物起原』には、「(明治)三十六年、原料も総て本邦のものにて、完全なる板硝子を製出せり。大正三年、欧州大戦の影響、本邦の輸入硝子は其船便を失ふ、是に於て、旭硝子製造会社等の製品が、漸く用ひらるることとなり、わが板硝子界は、大発展を遂ぐるに至れり」とある。

これによると板ガラスの製造が日本で始まったのは、一九〇三年ということになる。子規が不平を述べた二年後である。してみれば、虚子(注3)のすすめで子規の書斎(病室)に入れられた「ガラス障子」は、輸入品だったのだろう。高価なものであったと思われる。高価であってもガラス障子にすることで、子規は、庭の植物に季節の移ろいを見ることができ、青空や雨をながめることができるようになった。ほとんど寝たきりで身体を動かすことができなくなり、絶望的な気分の中で自殺することも頭によぎっていた子規。彼の書斎(病室)は、ガラス障子によって「見ることのできる装置(室内)」あるいは「見るための装置(室内)」へと変容したのである。

映画研究者のアン・フリードバーグ(注4)は、『ヴァーチャル・ウインドウ』の(ア)ボウトウで、「窓」は「フレーム」であり「スクリーン」でもあるといっている。

窓はフレームであるとともに、プロセニアム〔舞台と客席を区切る額縁状の部分〕でもある。窓の縁〔エッジ〕が、風景を切り取る。窓は外界を二次元の平面へと変える。つまり、窓はスクリーンとなる。窓と同様に、スクリーンは平面であると同時にフレーム――映像〔イメージ〕が投影される反射面であり、視界を制限するフレーム――でもある。スクリーンは建築のひとつの構成要素であり、新しいやり方で、壁の通風を演出する。

子規の書斎は、ガラス障子によるプロセニアムがつくられたのであり、それは外界を二次元に変えるスクリーンでありフレームとなったのである。B ガラス障子は「視覚装置」だといえる。

子規の書斎(病室)の障子をガラス障子にすることで、その室内は「視覚装置」となったわけだが、実のところ、外界をながめることのできる「窓」は、視覚装置として、建築・住宅にもっとも重要な要素としてある。

建築家のル・コルビュジエは、いわば視覚装置としての「窓」をきわめて重視していた。そして、彼は窓の構成こそ、建築を決定しているとまで考えていた。したがって、子規の書斎(病室)とは比べものにならないほど、ル・コルビュジエは、視覚装置としての窓の多様性を、デザインつまり表象として実現していった。とはいえ、窓が視覚装置であるという点においては、子規の書斎(病室)のガラス障子といささかもかわることはない。しかし、ル・コルビュジエは、住まいを徹底した視覚装置、まるでカメラのように考えていたという点では、子規のガラス障子のようにおだやかなものではなかった。子規のガラス障子は、フレームではあっても、操作されたフレームではない。他方、C ル・コルビュジエの窓は、確信を持ってつくられたフレームであった。

ル・コルビュジエは、ブエノス・アイレスで(イ)行った講演のなかで、「建築の歴史を窓の各時代の推移で示してみよう」といい、また窓によって「建築の性格が決定されてきたのです」と述べている。そして、古代ポンペイの出窓、ロマネスクの窓、ゴシックの窓、さらに一九世紀パリの窓から現代の窓のあり方までを歴史的に検討してみせる。そして「窓は採光のためにあり、換気のためではない」とも述べている。こうしたル・コルビュジエの窓についての言説について、アン・フリードバーグは、ル・コルビュジエのいう住宅は「住むための機械」であると同時に、それはまた「見るための機械でもあった」のだと述べている。さらに、ル・コルビュジエは、窓に換気ではなく「視界と採光」を優先したのであり、それは「窓のフレームと窓の形、すなわち「アスペクト比」の変更を引き起こした」と指摘している。ル・コルビュジエは窓を、外界を切り取るフレームだと捉えており、その結果、窓の形、そして「アスペクト比」(ディスプレイの長辺と短辺の比)が変化したというのである。

実際彼は、両親のための家をレマン湖のほとりに建てている。まず、この家は、塀(壁)で囲まれているのだが、これについてル・コルビュジエは、次のように記述している。

囲い壁の存在理由は、北から東にかけて、さらに部分的に南から西にかけて視界を閉ざすためである。四方八方に蔓延(まんえん)する景色というものは圧倒的で、焦点をかき、長い間にはかえって退屈なものになってしまう。このような状況では、もはや〝私たち〟は風景を〝眺める〟ことができないのではなかろうか。景色を(ウ)望むには、むしろそれを限定しなければならない。思い切った判断によって選別しなければならないのだ。すなわち、まず壁を建てることによって視界を遮(さえ)ぎり、つぎに連(つ)らなる壁面を要所要所取り払い、そこに水平線の広がりを求めるのである。(『小さな家』)(注5)

風景を見る「視覚装置」としての窓(開口部)と壁をいかに構成するかが、ル・コルビュジエにとって課題であったことがわかる。

(柏木博(かしわぎひろし)『視覚の生命力――イメージの復権』による)

【文章Ⅱ】

一九二〇年代の最後期を飾る初期の古典的作品サヴォア邸(注6)は、見事なプロポーション(注7)をもつ「横長の窓」を示す。が一方、「横長の窓」を内側から見ると、それは壁をくりぬいた窓であり、その意味は反転する。それは四周を遮る壁体となる。「横長の窓」は、「横長の壁」となって現われる。「横長の窓」は一九二〇年代から一九三〇年代に入ると、「全面ガラスの壁面」へと移行する。スイス館(注8)がこれをよく示している。しかしながらスイス館の屋上庭園の四周は、強固な壁で囲われている。大気は壁で仕切られているのである。

かれは初期につぎのようにいう。「住宅は沈思黙考の場である」。あるいは「人間には自らを消耗する〈仕事の時間〉があり、自らをひき上げて、心の(エ)キンセンに耳を傾ける〈瞑想の時間〉とがある」。

これらの言葉には、いわゆる近代建築の理論においては説明しがたい一つの空間論が現わされている。一方は、いわば光の(オ)ウトんじられる世界であり、他方は光の溢れる世界である。つまり、前者は内面的な世界に、後者は外的な世界に関わっている。

かれは『小さな家』において「風景」を語る：「ここに見られる囲い壁の存在理由は、北から東にかけて、さらに部分的に南から西にかけて視界を閉ざすためである。四方八方に蔓延する景色というものは圧倒的で、焦点をかき、長い間にはかえって退屈なものになってしまう。このような状況では、もはや〝私たち〟は風景を〝眺める〟ことができないのではなかろうか。景色を望むには、むしろそれを限定しなければならない。(中略) 北側の壁と、そして東側と南側の壁とが〝囲われた庭〟を形成すること、これがここでの方針である」。

ここに語られる「風景」は動かぬ視点をもっている。かれが多くを語った「動く視点」にた

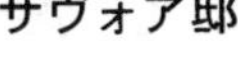

サヴォア邸

いするこの「動かぬ視点」は風景を切り取る。視点と風景は、一つの壁によって隔てられ、そしてつながれる。風景は一点から見られ、眺められる。**D** 壁がもつ意味は、風景の観照の空間的構造化である。この動かぬ視点(テオリア)theōria(注9)の存在は、かれにおいて即興的なものではない。

かれは、住宅は、沈思黙考、美に関わると述べている。初期に明言されるこの思想は、明らかに動かぬ視点をもっている。その後の展開のなかで、沈思黙考の場をうたう住宅論は、動く視点が強調されるあまり、ル・コルビュジエにおいて影をひそめた感がある。しかしながら、このテーマはル・コルビュジエが後期に手がけた「礼拝堂」や「修道院」(注10)において再度主題化され、深く追求されている。「礼拝堂」や「修道院」は、なによりも沈思黙考、瞑想の場である。つまり、後期のこうした宗教建築を問うことにおいて、動く視点にたいするル・コルビュジエの動かぬ視点の意義が明瞭になる。

(呉谷充利(くれたにみつとし)『ル・コルビュジエと近代絵画——二〇世紀モダニズムの道程』による)

(注)
1 『墨汁一滴』——正岡子規(一八六七—一九〇二)が一九〇一年に著した随筆集。
2 石井研堂——ジャーナリスト、明治文化研究家(一八六五—一九四三)。
3 虚子——高浜虚子(一八七四—一九五九)。俳人、小説家。正岡子規に師事した。
4 アン・フリードバーグ——アメリカの映像メディア研究者(一九五二—二〇〇九)。
5 『小さな家』——ル・コルビュジエ(一八八七—一九六五)が一九五四年に著した書物。自身が両親のためにレマン湖のほとりに建てた家について書かれている。
6 サヴォア邸——ル・コルビュジエの設計で、パリ郊外に建てられた住宅。
7 プロポーション——つりあい。均整。
8 スイス館——ル・コルビュジエの設計で、パリに建てられた建築物。
9 動かぬ視点(テオリア)theōria——ギリシア語で、「見ること」「眺めること」の意。
10 「礼拝堂」や「修道院」——ロンシャンの礼拝堂とラ・トゥーレット修道院を指す。

問1　次の(i)・(ii)の問いに答えよ。

(i)　傍線部(ア)・(エ)・(オ)に相当する漢字を含むものを、次の各群の①～④のうちから、それぞれ一つずつ選べ。解答番号は［1］～［3］。

(ア)　ボウトウ ［1］
①　流行性のカンボウにかかる
②　今朝はネボウしてしまった
③　過去をボウキャクする
④　経費がボウチョウする

(エ)　キンセン ［2］
①　ヒキンな例を挙げる
②　食卓をフキンで拭く
③　モッキンを演奏する
④　財政をキンシュクする

(オ)　ウトんじられる ［3］
①　裁判所にテイソする
②　地域がカソ化する
③　ソシナを進呈する
④　漢学のソヨウがある

(ii) 傍線部(イ)・(ウ)と同じ意味を持つものを、次の各群の①～④のうちから、それぞれ一つずつ選べ。解答番号は［4］・［5］。

(イ) ［4］ 行った

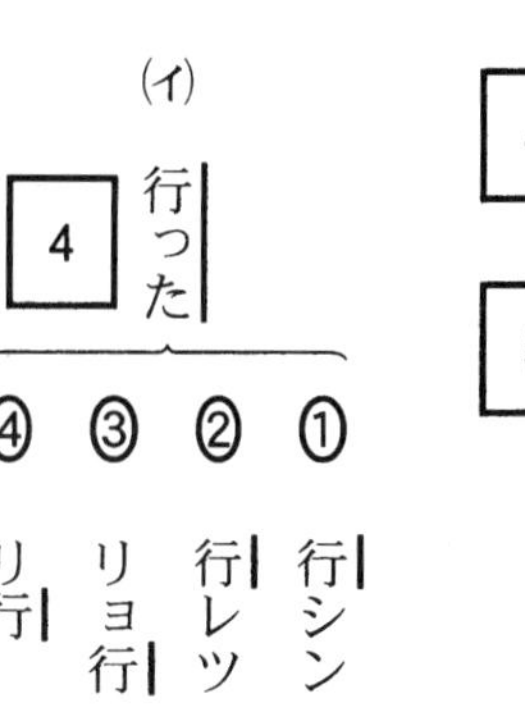

① 行シン
② 行レツ
③ リョ行
④ リ行

(ウ) ［5］ 望む

① ホン望
② ショク望
③ テン望
④ ジン望

問2　傍線部**A**「子規は季節や日々の移り変わりを楽しむことができた」とあるが、それはどういうことか。その説明として最も適当なものを、次の①～⑤のうちから一つ選べ。解答番号は **6** 。

① 病気で絶望的な気分で過ごしていた子規にとって、ガラス障子越しに外の風物を眺める時間が現状を忘れるための有意義な時間になっていたということ。

② 病気で塞ぎ込み生きる希望を失いかけていた子規にとって、ガラス障子から確認できる外界の出来事が自己の救済につながっていったということ。

③ 病気で寝返りも満足に打てなかった子規にとって、ガラス障子を通して多様な景色を見ることが生を実感する契機となっていたということ。

④ 病気で身体を動かすことができなかった子規にとって、ガラス障子という装置が外の世界への想像をかき立ててくれたということ。

⑤ 病気で寝たきりのまま思索していた子規にとって、ガラス障子を取り入れて内と外が視覚的につながったことが作風に転機をもたらしたということ。

問3　傍線部**B**「ガラス障子は『視覚装置』だといえる。」とあるが、筆者がそのように述べる理由として最も適当なものを、次の①～⑤のうちから一つ選べ。解答番号は［7］。

① ガラス障子は、季節の移ろいをガラスに映すことで、隔てられた外界を室内に投影して見る楽しみを喚起する仕掛けだと考えられるから。

② ガラス障子は、室外に広がる風景の範囲を定めることで、外の世界を平面化されたイメージとして映し出す仕掛けだと考えられるから。

③ ガラス障子は、外の世界と室内とを切り離したり接続したりすることで、視界に入る風景を制御する仕掛けだと考えられるから。

④ ガラス障子は、視界に制約を設けて風景をフレームに収めることで、新たな風景の解釈を可能にする仕掛けだと考えられるから。

⑤ ガラス障子は、風景を額縁状に区切って絵画に見立てることで、その風景を鑑賞するための空間へと室内を変化させる仕掛けだと考えられるから。

問4　傍線部**C**「ル・コルビュジエの窓は、確信を持ってつくられたフレームであった」とあるが、「ル・コルビュジエの窓」の特徴と効果の説明として最も適当なものを、次の①～⑤のうちから一つ選べ。解答番号は **8** 。

① ル・コルビュジエの窓は、外界に焦点を合わせるカメラの役割を果たすものであり、壁を枠として視界を制御することで風景がより美しく見えるようになる。

② ル・コルビュジエの窓は、居住性を向上させる機能を持つものであり、採光を重視することで囲い壁に遮られた空間の生活環境が快適なものになる。

③ ル・コルビュジエの窓は、アスペクト比の変更を目的としたものであり、外界を意図的に切り取ることで室外の景色が水平に広がって見えるようになる。

④ ル・コルビュジエの窓は、居住者に対する視覚的な効果に配慮したものであり、囲い壁を効率よく配置することで風景への没入が可能になる。

⑤ ル・コルビュジエの窓は、換気よりも視覚を優先したものであり、視点が定まりにくい風景に限定を施すことでかえって広がりが認識されるようになる。

問5　傍線部**D**「壁がもつ意味は、風景の観照の空間的構造化である。」とあるが、これによって住宅はどのような空間になるのか。その説明として最も適当なものを、次の①～⑤のうちから一つ選べ。解答番号は **9** 。

① 三方を壁で囲われた空間を構成することによって、外光は制限されて一方向からのみ部屋の内部に取り入れられる。このように外部の光を調整する構造により、住宅は仕事を終えた人間の心を癒やす空間になる。

② 外界を壁と窓で切り取ることによって、視点は固定されてさまざまな方向から景色を眺める自由が失われる。このように壁と窓が視点を制御する構造により、住宅はおのずと人間が風景と向き合う空間になる。

③ 四周の大部分を壁で囲いながら開口部を設けることによって、固定された視点から風景を眺めることが可能になる。このように視界を制限する構造により、住宅は内部の人間が静かに思索をめぐらす空間になる。

④ 四方に広がる空間を壁で限定することによって、選別された視角から風景と向き合うことが可能になる。このように一箇所において外界と人間がつながる構造により、住宅は風景を鑑賞するための空間になる。

⑤ 周囲を囲った壁の一部を窓としてくりぬくことによって、外界に対する視野に制約が課せられる。このように壁と窓を設けて内部の人間を瞑想へと誘導する構造により、住宅は自己省察するための空間になる。

問6　次に示すのは、授業で**【文章Ⅰ】【文章Ⅱ】**を読んだ後の、話し合いの様子である。これを読んで、後の(i)～(iii)の問いに答えよ。

生徒A――**【文章Ⅰ】**と**【文章Ⅱ】**は、両方ともル・コルビュジエの建築における窓について論じられていたね。

生徒B――**【文章Ⅰ】**にも**【文章Ⅱ】**にも同じル・コルビュジエからの引用文があったけれど、少し違っていたよ。

生徒C――よく読み比べると、［　X　］。

生徒B――そうか、同じ文献でもどのように引用するかによって随分印象が変わるんだね。

生徒C――**【文章Ⅰ】**は正岡子規の部屋にあったガラス障子をふまえて、ル・コルビュジエの話題に移っていた。

生徒B――なぜわざわざ子規のことを取り上げたのかな。

生徒A――それは、［　Y　］のだと思う。

生徒B――なるほど。でも、子規の話題は**【文章Ⅱ】**の内容ともつながるような気がしたんだけど。

生徒C――そうだね。**【文章Ⅱ】**と関連づけて**【文章Ⅰ】**を読むと、［　Z　］と解釈できるね。

生徒A――こうして二つの文章を読み比べながら話し合ってみると、いろいろ気づくことがあるね。

(i) 空欄 X に入る発言として最も適当なものを、次の①～④のうちから一つ選べ。解答番号は 10 。

① **【文章Ⅰ】**の引用文は、壁による閉塞とそこから開放される視界についての内容だけど、**【文章Ⅱ】**の引用文では、壁の圧迫感について記された部分が省略されて、三方を囲んで形成される壁の話に接続されている

② **【文章Ⅰ】**の引用文は、視界を遮る壁とその壁に設けられた窓の機能についての内容だけど、**【文章Ⅱ】**の引用文では、壁の機能が中心に述べられていて、その壁によってどの方角を遮るかが重要視されている

③ **【文章Ⅰ】**の引用文は、壁の外に広がる圧倒的な景色とそれを限定する窓の役割についての内容だけど、**【文章Ⅱ】**の引用文では、主に外部を遮る壁の機能について説明されていて、窓の機能には触れられていない

④ **【文章Ⅰ】**の引用文は、周囲を囲う壁とそこに開けられた窓の効果についての内容だけど、**【文章Ⅱ】**の引用文では、壁に窓を設けることの意図が省略されて、視界を遮って壁で囲う効果が強調されている

(ii) 空欄 **Y** に入る発言として最も適当なものを、次の①～④のうちから一つ選べ。解答番号は 11 。

① ル・コルビュジエの建築論が現代の窓の設計に大きな影響を与えたことを理解しやすくするために、子規の書斎にガラス障子がもたらした変化をまず示した

② ル・コルビュジエの設計が居住者と風景の関係を考慮したものであったことを理解しやすくするために、子規の日常においてガラス障子が果たした役割をまず示した

③ ル・コルビュジエの窓の配置が採光によって美しい空間を演出したことを理解しやすくするために、子規の芸術に対してガラス障子が及ぼした効果をまず示した

④ ル・コルビュジエの換気と採光についての考察が住み心地の追求であったことを理解しやすくするために、子規の心身にガラス障子が与えた影響をまず示した

(iii) 空欄 **Z** に入る発言として最も適当なものを、次の①～④のうちから一つ選べ。解答番号は **12** 。

① 病で絶望的な気分の中にいた子規は、書斎にガラス障子を取り入れることで内面的な世界を獲得したと言える。そう考えると、子規の書斎もル・コルビュジエの主題化した宗教建築として機能していた

② 病で外界の眺めを失っていた子規は、書斎にガラス障子を取り入れることで光の溢れる世界を獲得したと言える。そう考えると、子規の書斎もル・コルビュジエの指摘する仕事の空間として機能していた

③ 病で自由に動くことができずにいた子規は、書斎にガラス障子を取り入れることで動かぬ視点を獲得したと言える。そう考えると、子規の書斎もル・コルビュジエの言う沈思黙考の場として機能していた

④ 病で行動が制限されていた子規は、書斎にガラス障子を取り入れることで見るための機械を獲得したと言える。そう考えると、子規の書斎もル・コルビュジエの住宅と同様の視覚装置として機能していた

第2問

次の文章は、梅崎春生「飢えの季節」（一九四八年発表）の一節である。第二次世界大戦の終結直後、食糧難の東京が舞台である。いつも空腹の状態にあった主人公の「私」は広告会社に応募して採用され、「大東京の将来」をテーマにした看板広告の構想を練るよう命じられた。本文は、「私」がまとめ上げた構想を会議に提出した場面から始まる。これを読んで、後の問い（問1～7）に答えよ。（配点　50）

私が無理矢理に拵え上げた構想のなかでは、都民のひとりひとりが楽しく胸をはって生きてゆけるような、そんな風の都市をつくりあげていた。私がもっとも念願する理想の食物都市とはいささか形はちがっていたが、その精神も少からずこの構想には加味されていた。たとえば緑地帯には柿の並木がつらなり、夕昏散歩する都民たちがそれをもいで食べてもいいような仕組になっていた。私の考えでは、そんな雰囲気のなかでこそ、都民のひとりひとりが胸を張って生きてゆける筈であった。絵柄や文章を指定したこの二十枚の下書きの中に、私のさまざまな夢がこめられていると言ってよかった。このような私の夢が飢えたる都市の人々の共感を得ない筈はなかった。町角に私の作品が並べられれば、道行く人々は皆立ちどまって、微笑みながら眺めて呉れるにちがいない。そう私は信じた。だから之を提出するにあたっても、私はすこしは晴れがましい気持でもあったのである。

会長も臨席した編輯（注1）会議の席上で、しかし私の下書きは散々の悪評であった。悪評であるというより、てんで問題にされなかったのである。

「これは一体どういうつもりなのかね」

私の下書きを一枚一枚見ながら、会長はがらがらした声で私に言った。

「こんなものを街頭展に出して、一体何のためになると思うんだね」

「そ、それはです」と**A**私はあわてて説明した。「只今は食糧事情がわるくて、皆意気が衰え、夢を失っていると思うんです。だからせめてたのしい夢を見せてやりたい、とこう考えたものですから——」

会長は不機嫌な顔をして、私の苦心の下書きを重ねて卓の上にほうりだした。

「――大東京の将来というテーマをつかんだら」しばらくして会長ははき出すように口をきった。「現在何が不足しているか。理想の東京をつくるためにはどんなものが必要か。そんなことを考えるんだ。たとえば家を建てるための材木だ」

会長は赤らんだ掌をくにゃくにゃ動かして材木の形をしてみせた。

「材木はどこにあるか。どの位のストックがあるか。そしてそれは何々材木会社に頼めば直ぐ手に入る、とこういう具合にやるんだ」

会長は再び私の下書きを手にとった。

「明るい都市？　明るくするには、電燈だ。電燈の生産はどうなっているか。マツダランプの工場では、どんな数量を生産し、将来どんな具合に生産が増加するか、それを書くんだ。電燈ならマツダランプという具合だ。そしてマツダランプから金を貰うんだ」

ははあ、とやっと胸におちるものが私にあった。会長は顔をしかめた。

「緑地帯に柿の木を植えるって？　そんな馬鹿な。土地会社だ。東京都市計画で緑地帯の候補地がこれこれになっているから、そこの住民たちは今のうちに他に土地を買って、移転する準備したらよい、という具合だ。そのとき土地を買うなら何々土地会社へ、だ。そしてまた金を貰う」

佐藤や長山アキ子や他の編輯員たちの、冷笑するような視線を額にかんじながら、私はあかくなってうつむいていた。飛んでもない誤解をしていたことが、段々判ってきたのである。思えば戦争中情報局(注2)と手を組んでこんな仕事をやっていたというのも、憂国の至情にあふれてからの所業ではなくて、たんなる儲け仕事にすぎなかったことは、少し考えれば判る筈であった。そして戦争が終って情報局と手が切れて、掌をかえしたように文化国家の建設の啓蒙をやろうというのも、私費を投じた慈善事業である筈がなかった。会長の声を受けとめながら、椅子に身体を硬くして、頭をたれたまま、B 私はだんだん腹が立ってきたのである。私の夢が侮蔑されたのが口惜しいのではない。この会社のそのような営利精神を憎むのでもない。佐藤や長山の冷笑的な視線が辛かったのでもない。ただただ私は自分の間抜けさ加減に腹を立てていたのであった。

その夕方、私は憂欝な顔をして焼けビル(注3)を出、うすぐらい街を昌平橋(注4)の方にあるいて行った。あれから私は構想のたてなおしを命ぜられて、それを引受けたのであった。しかしそれならそれでよかった。給料さえ貰えれば始めから私は何でもやるつもりでいたのだから。憂欝な顔をしているというのも、ただ腹がへっているからであった。膝をがくがくさせながら昌平橋のたもとまで来たとき、私は変な老人から呼びとめられた。共同便所の横のうすくらがりにいるせいか、その老人は人間というより一枚の影に似ていた。

「旦那」声をぜいぜいふるわせながら老人は手を出した。「昨日から、何も食っていないんです。ほんとに何も食っていないんです。たった一食でもよろしいから、めぐんでやって下さいな。旦那、おねがいです」

老人は外套(注5)も着ていなかった。顔はくろくよごれていて、上衣の袖から出た手は、ぎょっとするほど細かった。身体が小刻みに動いていて、立っていることも精いっぱいであるらしかった。老人の骨ばった指が私の外套の袖にからんだ。私はある苦痛をしのびながらそれを振りはらった。

「ないんだよ。僕も一食ずつしか食べていないんだ。ぎりぎり計算して食っているんだ。とても分けてあげられないんだよ」

「そうでしょうが、旦那、あたしは昨日からなにも食っていないんです。何なら、この上衣を抵当(注6)に入れてもよござんす。一食だけ。ね。一食だけでいいんです」

老人の眼は暗がりの中でもぎらぎら光っていて、まるで眼球が瞼のそとにとびだしているような具合であった。頬はげっそりしなびていて、そこから咽喉にかけてざらざらに鳥肌が立っていた。

「ねえ。旦那。お願い。お願いです」

頭をふらふらと下げる老爺よりもどんなに私の方が頭を下げて願いたかったことだろう。あたりに人眼がなければ私はひざまずいて、これ以上自分を苦しめて呉れるなと、老爺にむかって頭をさげていたかも知れないのだ。しかし私は、C**自分でもおどろくほど邪険な口調で、老爺にこたえていた。**

「駄目だよ。無いといったら無いよ。誰か他の人にでも頼みな」

暫くの後私は食堂のかたい椅子にかけて、変な臭いのする魚の煮付と芋まじりの少量の飯をぼそぼそと噛んでいた。しきりに胸を熱くして来るものがあって、食物の味もわからない位だった。私をとりまくさまざまの構図が、ひっきりなしに心を去来した。毎日白い御飯を腹いっぱいに詰め、鶏にまで白米をやる下宿のあるじ、闇売り(注7)でずいぶん儲けたくせに柿のひとつやふたつで怒っている裏の吉田さん。高価な莨(注8)をひっきりなしに吸って血色のいい会長。鼠のような庶務課長。膝頭が蒼白く飛出た佐藤。長山アキ子の腐った芋の弁当。国民服一着しかもたないT・I氏。お尻の破れた青いモンペ(注9)の女。電車の中で私を押して来る勤め人たち。ただ一食の物乞いに上衣を脱ごうとした老爺。それらのたくさんの構図にかこまれて、朝起きたときから食物のことばかり妄想し、こそ泥のように芋や柿をかすめている私自身の姿がそこにあるわけであった。こんな日常が連続してゆくことで、一体どんなおそろしい結末が待っているのか。**D** それを考えるだけで私は身ぶるいした。

食べている私の外套の背に、もはや寒さがもたれて来る。もう月末が近づいているのであった。かぞえてみるとこの会社につとめ出してから、もう二十日以上も経っているわけであった。

私の給料が月給でなく日給であること、そしてそれも一日三円の割であることを知ったときの私の衝動はどんなであっただろう。それを私は月末の給料日に、鼠のような風貌の庶務課長から言いわたされたのであった。庶務課長のキンキンした声の内容によると、私は(私と一緒に入社した者も)しばらくの間は見習社員というわけで、実力次第ではこれからどんなにでも昇給させるから、力を落さずにしっかりやるように、という話であった。そして声をひそめて、

「君は朝も定刻前にちゃんとやってくるし、毎日自発的に一時間ほど残業をやっていることは、僕もよく知っている。会長も知っておられると思う。だから一所懸命にやって呉れたまえ。君にはほんとに期待しているのだ」

私はその声をききながら、私の一日の給料が一枚の外食券(注10)の闇価(注11)と同じだ、などということをぼんやり考えていたのである。日給三円だと聞かされたときの衝動は、すぐ胸の奥で消えてしまって、その代りに私の手足のさきまで今ゆるゆると拡がってき

たのは、水のように静かな怒りであった。私はそのときすでに、此処(ここ)を辞める決心をかためていたのである。課長の言葉がとぎれるのを待って、私は低い声でいった。

「私はここを辞めさせて頂きたいとおもいます」

なぜ、と課長は鼠のようにずるい視線をあげた。

「一日三円では食えないのです。**E**食えないことは、やはり良くないことだと思うんです」

そう言いながらも、ここを辞めたらどうなるか、という危惧がかすめるのを私は意識した。しかしそんな危惧があるとしても、それはどうにもならないことであった。私は私の道を自分で切りひらいてゆく他はなかった。ふつうのつとめをしていては満足に食べて行けないなら、私は他に新しい生き方を求めるよりなかった。そして私はあの食堂でみる人々のことを思いうかべていた。鞄(かばん)の中にいろんな物を詰めこんで、それを売ったり買ったりしている事実を。そこにも生きる途(みち)がひとつはある筈であった。そしてまた、あの惨(みじ)めな老爺にならって、外套を抵当にして食を乞う方法も残っているに相違なかった。

「君にはほんとに期待していたのだがなあ」

ほんとに期待していたのは、庶務課長よりもむしろ私なのであった。ほんとに私はどんなに人並みな暮(くら)しの出来る給料を期待していただろう。盗みもする必要がない、静かな生活を、私はどんなに希求していたことだろう。しかしそれが絶望であることがはっきり判ったこの瞬間、**F**私はむしろある勇気がほのぼのと胸にのぼってくるのを感じていたのである。

その日私は会計の係から働いた分だけの給料を受取(うけと)り、永久にこの焼けビルに別れをつげた。電車みちまで出てふりかえると、曇り空の下で灰色のこの焼けビルは、私の飢えの季節の象徴のようにかなしくそそり立っていたのである。

（注）

1　編輯――「編集」に同じ。

2　情報局――戦時下にマスメディア統制や情報宣伝を担った国家機関。

3　焼けビル――戦災で焼け残ったビル。「私」の勤め先がある。

4　昌平橋――現在の東京都千代田区にある、神田川にかかる橋。そのたもとに「私」の行きつけの食堂がある。

5　外套――防寒・防雨のため洋服の上に着る衣類。オーバーコート。

6　抵当――金銭などを借りて返せなくなったときに、貸し手が自由に扱える借り手側の権利や財産。

7　闇売り――公式の販路・価格によらないで内密に売ること。

8　国民服――国民が常用すべきものとして一九四〇年に制定された服装。戦時中に広く男性が着用した。

9　モンペ――作業用・防寒用として着用するズボン状の衣服。戦時中に女性の標準服として普及した。

10　外食券――戦中・戦後の統制下で、役所が発行した食券。

11　闇価――闇売りにおける価格。

問1　傍線部**A**「私はあわてて説明した」とあるが、このときの「私」の様子の説明として最も適当なものを、次の①～⑤のうちから一つ選べ。解答番号は **13** 。

① 都民が夢をもてるような都市構想なら広く受け入れられると自信をもって提出しただけに、構想の主旨を会長から問いただされたことに戸惑い、理解を得ようとしている。

② 会長も出席する重要な会議の場で成果をあげて認められようと張り切って作った構想が、予想外の低評価を受けたことに動揺し、なんとか名誉を回復しようとしている。

③ 会長から頭ごなしの批判を受け、街頭展に出す目的を明確にイメージできていなかったことを悟り、自分の未熟さにあきれつつもどうにかその場を取り繕おうとしている。

④ 会議に臨席した人々の理解を得られなかったことで、過酷な食糧事情を抱える都民の現実を見誤っていたことに今更ながら気づき、気まずさを解消しようとしている。

⑤ 「私」の理想の食物都市の構想は都民の共感を呼べると考えていたため、会長からテーマとの関連不足を指摘されてうろたえ、急いで構想の背景を補おうとしている。

問2　傍線部**B**「私はだんだん腹が立ってきたのである」とあるが、それはなぜか。その理由として最も適当なものを、次の①～⑤のうちから一つ選べ。解答番号は 14 。

① 戦後に会社が国民を啓蒙し文化国家を建設するという理想を掲げた真意を理解せず、給料をもらって飢えをしのぎたいという自らの欲望を優先させた自分の浅ましさが次第に嘆かわしく思えてきたから。

② 戦時中には国家的慈善事業を行っていた会社が戦後に方針転換したことに思い至らず、暴利をむさぼるような経営にいつの間にか自分が加担させられていることを徐々に自覚して反発を覚えたから。

③ 戦後に営利を追求するようになった会社が社員相互の啓発による競争を重視していることに思い至らず、会長があきれるような提案しかできなかった自分の無能さがつくづく恥ずかしくなってきたから。

④ 戦後の復興を担う会社が利益を追求するだけで東京を発展させていく意図などないことを理解せず、飢えの解消を前面に打ち出す提案をした自分の安直な姿勢に自嘲の念が少しずつ湧いてきたから。

⑤ 戦時中に情報局と提携していた会社が純粋な慈善事業を行うはずもないことに思い至らず、自分の理想や夢だけを詰め込んだ構想を誇りをもって提案した自分の愚かさにようやく気づき始めたから。

問3　傍線部**C**「自分でもおどろくほど邪険な口調で、老爺にこたえていた」とあるが、ここに至るまでの「私」の心の動きはどのようなものか。その説明として最も適当なものを、次の①～⑤のうちから一つ選べ。解答番号は 15 。

① ぎりぎり計算して食べている自分より、老爺の飢えのほうが深刻だと痛感した「私」は、彼の懇願に対してせめて丁寧な態度で断りたいと思いはしたが、人目をはばからず無心を続ける老爺にいら立った。

② 一食を得るために上衣さえ差し出そうとする老爺の様子を見た「私」は、彼を救えないことに対し頭を下げ許しを乞いたいと思いつつ、周りの視線を気にしてそれもできない自分へのいらだちを募らせた。

③ 飢えから逃れようと必死に頭を下げる老爺の姿に自分と重なるところがあると感じた「私」は、自分も食べていないことを話し説得を試みたが、食物をねだり続ける老爺に自分にはない厚かましさも感じた。

④ 頬の肉がげっそりと落ちた老爺のやせ細り方に同情した「私」は、彼の願いに応えられないことに罪悪感を抱いていたが、後ろめたさに付け込み、どこまでも食い下がる老爺のしつこさに嫌悪感を覚えた。

⑤ かろうじて立っている様子の老爺の懇願に応じることのできない「私」は、苦痛を感じながら耐えていたが、なおもすがりつく老爺の必死の態度に接し、彼に向き合うことから逃れたい衝動に駆られた。

問4　傍線部**D**「それを考えるだけで私は身ぶるいした。」とあるが、このときの「私」の状況と心理の説明として最も適当なものを、次の①～⑤のうちから一つ選べ。解答番号は 16 。

① 貧富の差が如実に現れる周囲の人びとの姿から自らの貧しく惨めな姿も浮かび、食物への思いにとらわれていることを自覚した「私」は、農作物を盗むような生活の先にある自身の将来に思い至った。

② 定収入を得てぜいたくに暮らす人びとの存在に気づいた「私」は、芋や柿などの農作物を生活の糧にすることを想像し、そのような空想にふける自分は厳しい現実を直視できていないと認識した。

③ 経済的な格差がある社会でしたたかに生きる人びとに思いを巡らせた「私」は、一食のために上衣を手放そうとした老爺のように、その場しのぎの不器用な生き方しかできない我が身を振り返った。

④ 富める人もいれば貧しい人もいる社会の構造にやっと思い至った「私」は、会社に勤め始めて二十日以上経ってもその構造から抜け出せない自分が、さらなる貧困に落ちるしかないことに気づいた。

⑤ 自分を囲む現実を顧みたことで、周囲には貧しい人が多いなかに富める人もいることに気づいた「私」は、食糧のことで頭が一杯になり社会の動向を広く認識できていなかった自分を見つめ直した。

問5　傍線部**E**「食えないことは、やはり良くないことだと思うんです」とあるが、この発言の説明として最も適当なものを、次の①～⑤のうちから一つ選べ。解答番号は **17** 。

① 満足に食べていくため不本意な業務も受け入れていたが、あまりにも薄給であることに承服できず、将来的な待遇改善や今までの評価が問題ではなく、現在の飢えを解消できないことが決め手となって退職することを淡々と伝えた。

② 飢えた生活から脱却できると信じて営利重視の経営方針にも目をつぶってきたが、営利主義が想定外の薄給にまで波及していると知り、口先だけ景気の良いことを言う課長の態度にも不信感を抱いたことで、つい感情的に反論した。

③ 飢えない暮らしを望んで夢を侮蔑されても会社勤めを続けてきたが、結局のところ新しい生き方を選択しないかぎり静かな生活は送れないとわかり、課長に正論を述べても仕方がないと諦めて、ぞんざいな言い方しかできなかった。

④ 静かな生活の実現に向けて何でもすると決意して自発的に残業さえしてきたが、月給ではなく日給であることに怒りを覚え、課長に何を言っても正当な評価は得られないと感じて、不当な薄給だという事実をぶっきらぼうに述べた。

⑤ 小声でほめてくる課長が本心を示していないことはわかるものの、静かな生活は自分で切り開くしかないという事実に変わりはなく、有効な議論を展開するだけの余裕もないので、負け惜しみのような主張を絞り出すしかなかった。

問6　傍線部**F**「私はむしろある勇気がほのぼのと胸にのぼってくるのを感じていたのである」とあるが、このときの「私」の心情の説明として最も適当なものを、次の①～⑤のうちから一つ選べ。解答番号は 18 。

① 希望していた静かな暮らしが実現できないことに失望したが、その給料では食べていけないと主張できたことにより、これからは会社の期待に添って生きるのではなく自由に生きようと徐々に思い始めている。

② これから新しい道を切り開いていくため静かな生活はかなわないと悲しんでいたが、課長に言われた言葉を思い出すことにより、自分がすべきことをイメージできるようになりにわかに自信が芽生えてきている。

③ 昇給の可能性もあるとの上司の言葉はありがたかったが、盗みをせざるを得ないほどの生活不安を解消するまでの説得力を感じられないのでそれを受け入れられず、物乞いをしてでも生きていこうと決意を固めている。

④ 人並みの暮らしができる給料を期待していたが、その願いが断たれたことで現在の会社勤めを辞める決意をし、将来の生活に対する懸念はあるものの新たな生き方を模索しようとする気力が湧き起こってきている。

⑤ 期待しているという課長の言葉とは裏腹の食べていけないほどの給料に気落ちしていたが、一方で課長が自分に期待していた事実があることに自信を得て、新しい生活を前向きに送ろうと少し気楽になっている。

問7　Wさんのクラスでは、本文の理解を深めるために教師から本文と同時代の**【資料】**が提示された。Wさんは、**【資料】**を参考に「マツダランプの広告」と本文の「焼けビル」との共通点をふまえて「私」の「飢え」を考察することにし、**【構想メモ】**を作り、**【文章】**を書いた。このことについて、後の(i)・(ii)の問いに答えよ。なお、設問の都合で広告の一部を改めている。

【資料】

●マツダランプの広告

雑誌『航空朝日』（一九四五年九月一日発行）に掲載

電球を大切に！
生産に全力を挙げてゐますが、お宅の電球を大切にして下さい。
マツダランプ

●補足

この広告は、戦時中には「生産に全力を挙げてゐますが、御家庭用は尠なくなりますから、お宅の電球を大切にして下さい。」と書かれていた。戦後も物が不足していたため、右のように変えて掲載された。

【構想メモ】

(1)　**【資料】**からわかること
- 社会状況として戦後も物資が不足していること。
- 広告の一部の文言を削ることで、戦時中の広告を終戦後に再利用しているということ。

(2)　**【文章】**の展開

①　**【資料】**と本文との共通点
- マツダランプの広告
- 「焼けビル」（本文末尾）

↓

②　「私」の現状や今後に関する「私」の認識について

↓

③　「私」の「飢え」についてのまとめ

【文章】

【資料】のマツダランプの広告は、戦後も物資が不足している社会状況を表している。この広告と「飢えの季節」本文の最後にある「焼けビル」とには共通点がある。 I この共通点は、本文の会長の仕事のやり方とも重なる。そのような会長の下で働く「私」自身はこの職にしがみついていても苦しい生活を脱する可能性がないと思い、具体的な未来像を持つこともないままに会社を辞めたのである。そこで改めて**【資料】**を参考に、本文の最後の一文に注目して「私」の「飢え」について考察すると、「かなしくそそり立っていた」という「焼けビル」は、 II と捉えることができる。

(i) 空欄 I に入るものとして最も適当なものを、次の①～④のうちから一つ選べ。解答番号は 19 。

① それは、戦時下の軍事的圧力の影響が、終戦後の日常生活の中においても色濃く残っているということだ。
② それは、戦時下に生じた倹約の精神が、終戦後の人びとの生活態度においても保たれているということだ。
③ それは、戦時下に存在した事物が、終戦に伴い社会が変化する中においても生き延びているということだ。
④ それは、戦時下の国家貢献を重視する方針が、終戦後の経済活動においても支持されているということだ。

(ii) 空欄 II に入るものとして最も適当なものを、次の①～④のうちから一つ選べ。解答番号は 20 。

① 「私」の飢えを解消するほどの給料を払えない会社の象徴
② 「私」にとって解消すべき飢えが継続していることの象徴
③ 「私」の今までの飢えた生活や不本意な仕事との決別の象徴
④ 「私」が会社を辞め飢えから脱却する勇気を得たことの象徴

第3問

次の文章は源俊頼が著した『俊頼髄脳』の一節で、殿上人たちが、皇后寛子のために、寛子の父・藤原頼通の邸内で船遊びをしようとするところから始まる。これを読んで、後の問い（**問1～4**）に答えよ。なお、設問の都合で本文の段落に 1 ～ 5 の番号を付してある。（配点　50）

1 宮司（注1）ども集まりて、船をばいかがすべき、紅葉を多くとりにやりて、船の屋形にして、船さし（注2）は侍の **a** 若からむをさしたりければ、俄に狩袴（注3）染めなどしてきらめきけり。その日になりて、人々、皆参り集まりぬ。「御船はまうけたりや」と尋ねられければ、「皆まうけて侍り」と申して、その期になりて、島がくれ（注4）より漕ぎ出でたるを見れば、なにとなく、ひた照りなる船を二つ、装束き出でたるけしき、いとをかしかりけり。

2 人々、皆乗り分かれて、管絃の具ども、御前（注5）より申し出だして、そのことする人々、前におきて、(ア)やうやうさしまはす程に、南の普賢堂に、宇治の僧正（注6）、僧都の君と申しける時、御修法しておはしけるに、かかることありとて、もろもろの僧たち、大人、若き、集まりて、庭にゐなみたり。童部、供法師にいたるまで、繡花（注7）装束きて、さし退きつつ群がれゐたり。

3 その中に、良暹といへる歌よみのありけるを、殿上人、見知りてあれば、「良暹がさぶらふか」と問ひければ、良暹、目もなく（注8）笑みて、平がりてさぶらひければ、かたはらに若き僧の侍りけるが知り、「**b** さに侍り」と申しければ、「あれ、船に召して乗せて連歌（注9）などせさせむは、いかがあるべき」と、いま一つの船の人々に申しあはせければ、「いかが。あるべからず。後の人や、さらでもありぬべかりけることかなとや申さむ」などありければ、さもあることとて、乗せずして、ただながら連歌などはせさせてむなど定めて、近う漕ぎよせて、「良暹、さりぬべからむ連歌などして参らせよ」と、人々申されければ、さる者にて、もしさやうのこともやあるとて、**c** まうけたりけるにや、聞きけるままに程もなくかたはらの僧にものを言ひければ、その僧、(イ)ことごとしく歩みよりて、

「もみぢ葉のこがれて見ゆる御船かな

と申し侍るなり」と申しかけて帰りぬ。

4 人々、これを聞きて、船々に聞かせて、付けむとしけるが遅かりければ、船を漕ぐともなくて、やうやう築島(つくじま)をめぐりて、一めぐりの程に、付けて言はむとしけるに、え付けざりければ、むなしく過ぎにけり。「いかに」「遅し」と、たがひに船々あらそひて、二(ふた)めぐりになりにけり。なほ、え付けざりければ、船を漕がで、島のかくれにて、「(ウ)かへすがへすもわろきことなり、これを**d**今まで付けぬは。日はみな暮れぬ。いかがせむずる」と、今は、付けむの心はなくて、付けでやみなむことを嘆く程に、何事も**e**覚えずなりぬ。

5 ことごとしく管絃の物の具申しおろして船に乗せたりけるも、いささか、かきならす人もなくてやみにけり。かく言ひ沙汰する程に、普賢堂の前にそこばく多かりつる人、皆立ちにけり。人々、船よりおりて、御前にて遊ばむなど思ひけれど、このことにたがひて、皆逃げておのおの失(う)せにけり。宮司、まうけしたりけれど、いたづらにてやみにけり。

(注)
1 宮司——皇后に仕える役人。
2 船さし——船を操作する人。
3 狩袴染めなどして——「狩袴」は狩衣を着用する際の袴。これを、今回の催しにふさわしいように染めたということ。
4 島がくれ——島陰。頼通邸の庭の池には島が築造されていた。そのため、島に隠れて邸(やしき)側からは見えにくいところがある。
5 御前より申し出だして——皇后寛子からお借りして。
6 宇治の僧正——頼通の子、覚円。寛子の兄。寛子のために邸内の普賢堂で祈禱(きとう)をしていた。
7 繡花——花模様の刺繡(ししゅう)。
8 目もなく笑みて——目を細めて笑って。
9 連歌——五・七・五の句と七・七の句を交互に詠んでいく形態の詩歌。前の句に続けて詠むことを、句を付けるという。

問1　傍線部(ア)～(ウ)の解釈として最も適当なものを、次の各群の①～⑤のうちから、それぞれ一つずつ選べ。解答番号は［21］～［23］。

(ア)　やうやうさしまはす程に　［21］

① さりげなく池を見回すと
② あれこれ準備するうちに
③ 徐々に船を動かすうちに
④ 次第に船の方に集まると
⑤ 段々と演奏が始まるころ

(イ)　ことごとしく歩みよりて　［22］

① たちまち僧侶たちの方に向かっていって
② 焦った様子で殿上人のもとに寄っていって
③ 卑屈な態度で良暹のそばに来て
④ もったいぶって船の方に近づいていって
⑤ すべてを聞いて良暹のところに行って

(ウ)　かへすがへすも　［23］

① 繰り返すのも
② どう考えても
③ 句を返すのも
④ 引き返すのも
⑤ 話し合うのも

問2　波線部**a**～**e**について、語句と表現に関する説明として最も適当なものを、次の①～⑤のうちから一つ選べ。解答番号は 24 。

①　**a**　「若からむ」は、「らむ」が現在推量の助動詞であり、断定的に記述することを避けた表現になっている。

②　**b**　「さに侍り」は、「侍り」が丁寧語であり、「若き僧」から読み手への敬意を込めた表現になっている。

③　**c**　「まうけたりけるにや」は、「や」が疑問の係助詞であり、文中に作者の想像を挟み込んだ表現になっている。

④　**d**　「今まで付けぬは」は、「ぬ」が強意の助動詞であり、「人々」の驚きを強調した表現になっている。

⑤　**e**　「覚えずなりぬ」は、「なり」が推定の助動詞であり、今後の成り行きを読み手に予想させる表現になっている。

問3　[1]～[3]段落についての説明として最も適当なものを、次の①～⑤のうちから一つ選べ。解答番号は[25]。

① 宮司たちは、船の飾り付けに悩み、当日になってようやくもみじの葉で飾った船を準備し始めた。
② 宇治の僧正は、船遊びの時間が迫ってきたので、祈禱を中止し、供の法師たちを庭に呼び集めた。
③ 良暹は、身分が低いため船に乗ることを辞退したが、句を求められたことには喜びを感じていた。
④ 殿上人たちは、管絃や和歌の催しだけでは後で批判されるだろうと考え、連歌も行うことにした。
⑤ 良暹のそばにいた若い僧は、殿上人たちが声をかけてきた際、かしこまる良暹に代わって答えた。

問4 次に示すのは、授業で本文を読んだ後の、話し合いの様子である。これを読んで、後の(i)〜(iii)の問いに答えよ。

教　師――本文の 3 〜 5 段落の内容をより深く理解するために、次の文章を読んでみましょう。これは『散木奇歌集』の一節で、作者は本文と同じく源俊頼です。

人々あまた八幡（注1）の御神楽に参りたりけるに、こと果てて又の日、別当法印（注2）光清が堂の池の釣殿に人々ゐなみて遊びけるに、「光清、連歌作ることなむ得たることとおぼゆる。ただいま連歌付けばや」など申しゐたりけるに、かたのごとくとて申したりける、

釣殿の下には魚やすまざらむ　　俊重（注3）

光清しきりに案じけれども、え付けでやみにしことなど、帰りて語りしかば、試みにとて、

うつばり（注4）の影そこに見えつつ　　俊頼

（注）1　八幡の御神楽――石清水八幡宮において、神をまつるために歌舞を奏する催し。
2　別当法印――「別当」はここでは石清水八幡宮の長官。「法印」は最高の僧位。
3　俊重――源俊頼の子。
4　うつばり――屋根の重みを支えるための梁。

教　師――この『散木奇歌集』の文章は、人々が集まっている場で、連歌をしたいと光清が言い出すところから始まります。その後の展開を話し合ってみましょう。

生徒A――俊重が「釣殿の」の句を詠んだけれど、光清は結局それに続く句を付けることができなかったんだね。

生徒B――そのことを聞いた父親の俊頼が俊重の句に「うつばりの」の句を付けてみせたんだ。

生徒C――そうすると、俊頼の句はどういう意味になるのかな？

生徒A――その場に合わせて詠まれた俊重の句に対して、俊頼が機転を利かせて返答をしたわけだよね。二つの句のつながりはどうなっているんだろう……。

教　師――前に授業で取り上げた「掛詞（かけことば）」に注目してみると良いですよ。

生徒B――掛詞は一つの言葉に二つ以上の意味を持たせる技法だったよね。あ、そうか、この二つの句のつながりがわかった！　**X**　ということじゃないかな。

生徒C――なるほど、句を付けるって簡単なことじゃないんだね。うまく付けられたら楽しそうだけど。

教　師――そうですね。それでは、ここで本文の『俊頼髄脳』の 3 段落で良暹（りょうぜん）が詠んだ「もみぢ葉の」の句について考えてみましょう。

生徒A――この句は　**Y**　。でも、この句はそれだけで完結しているわけじゃなくて、別の人がこれに続く七・七を付けることが求められていたんだ。

生徒B――そうすると、 4 ・ 5 段落の状況もよくわかるよ。　**Z**　ということなんだね。

教　師――良い学習ができましたね。『俊頼髄脳』のこの後の箇所では、こういうときは気負わずに句を付けるべきだ、と書かれています。ということで、次回の授業では、皆さんで連歌をしてみましょう。

(i) 空欄 **X** に入る発言として最も適当なものを、次の①～④のうちから一つ選べ。解答番号は 26 。

① 俊重が、皆が釣りすぎたせいで釣殿から魚の姿が消えてしまったと詠んだのに対して、俊頼は、「そこ」に「底」を掛けて、水底(みなそこ)にはそこかしこに釣針が落ちていて、昔の面影をとどめているよ、と付けている

② 俊重が、釣殿の下にいる魚は心を休めることもできないだろうかと詠んだのに対して、俊頼は、「うつばり」に「鬱」を掛けて、梁の影にあたるような場所だと、魚の気持ちも沈んでしまうよね、と付けている

③ 俊重が、「すむ」に「澄む」を掛けて、水は澄みきっているのに魚の姿は見えないと詠んだのに対して、俊頼は、「そこ」に「あなた」という意味を掛けて、そこにあなたの姿が見えたからだよ、と付けている

④ 俊重が、釣殿の下には魚が住んでいないのだろうかと詠んだのに対して、俊頼は、釣殿の「うつばり」に「針」の意味を掛けて、池の水底には釣殿の梁ならぬ釣針が映って見えるからね、と付けている

(ii) 空欄 **Y** に入る発言として最も適当なものを、次の①～④のうちから一つ選べ。解答番号は **27** 。

① 船遊びの場にふさわしい句を求められて詠んだ句であり、「こがれて」には、葉が色づくという意味の「焦がれて」と船が漕がれるという意味の「漕がれて」が掛けられていて、紅葉に飾られた船が池を廻っていく様子を表している

② 寛子への恋心を伝えるために詠んだ句であり、「こがれて」には恋い焦がれるという意味が込められ、「御船」には出家した身でありながら、あてもなく海に漂う船のように恋の道に迷い込んでしまった良暹自身がたとえられている

③ 頼通や寛子を賛美するために詠んだ句であり、「もみぢ葉」は寛子の美しさを、敬語の用いられた「御船」は栄華を極めた頼通たち藤原氏を表し、順風満帆に船が出発するように、一族の将来も明るく希望に満ちていると讃えている

④ 祈禱を受けていた寛子のために詠んだ句であり、「もみぢ葉」「見ゆる」「御船」というマ行の音で始まる言葉を重ねることによって音の響きを柔らかなものに整え、寛子やこの催しの参加者の心を癒やしたいという思いを込めている

(iii) 空欄 **Z** に入る発言として最も適当なものを、次の①～④のうちから一つ選べ。解答番号は **28** 。

① 誰も次の句を付けることができなかったので、良暹を指名した責任について殿上人たちの間で言い争いが始まり、それがいつまでも終わらなかったので、もはや宴(うたげ)どころではなくなった

② 次の句をなかなか付けられなかった殿上人たちは、自身の無能さを自覚させられ、これでは寛子のための催しを取り仕切ることも不可能だと悟り、準備していた宴を中止にしてしまった

③ 殿上人たちは良暹の句にその場ですぐに句を付けることができず、時間が経っても池の周りを廻るばかりで、ついにはこの催しの雰囲気をしらけさせたまま帰り、宴を台無しにしてしまった

④ 殿上人たちは念入りに船遊びの準備をしていたのに、連歌を始めたせいで予定の時間を大幅に超過し、庭で待っていた人々も帰ってしまったので、せっかくの宴も殿上人たちの反省の場となった

第4問

唐の白居易は、皇帝自らが行う官吏登用試験に備えて一年間受験勉強に取り組んだ。その際、自分で予想問題を作り、それに対する模擬答案を準備した。次の文章は、その【予想問題】と【模擬答案】の一部である。これを読んで、後の問い（問1～7）に答えよ。なお、設問の都合で本文を改め、返り点・送り仮名を省いたところがある。（配点　50）

【予想問題】

問、自古以来、君者無不思求其賢、賢者罔不思効其用。（A）然両不相遇、其故何哉。今欲求之、其術安在。

【模擬答案】

臣(注1)聞、人君者無不思求其賢、人臣者無不思効其用。然而君求賢而不得、臣効用而無由（ア）者、豈不以貴賤相懸、（B）朝(注2)野相隔、堂(注3)遠於千里、門(注4)深於九重。

臣(イ)以為、求賢有術、(ウ)弁賢有方。方術者、各審其族類、使之推薦而已。近取諸喩、C其猶線与矢也。線因針而入、矢待弦而発。雖有線矢、苟無針弦、求自致焉、不可得也。夫必以族類者、蓋賢愚有貫、善悪有倫、若以類求、D X 以類至。此亦猶水流湿、火就燥、E自然之理也。

（白居易『白氏文集』による）

（注）
1 臣――君主に対する臣下の自称。
2 朝野――朝廷と民間。
3 堂――君主が執務する場所。
4 門――王城の門。

問1　波線部(ア)「無レ由」、(イ)「以為」、(ウ)「弁」のここでの意味として最も適当なものを、次の各群の①〜⑤のうちから、それぞれ一つずつ選べ。解答番号は 29 〜 31 。

(ア)「無レ由」 29
① 方法がない
② 伝承がない
③ 原因がない
④ 意味がない
⑤ 信用がない

(イ)「以為」 30
① 考えるに
② 同情するに
③ 行うに
④ 目撃するに
⑤ 命ずるに

(ウ)「弁」 31
① 弁償するには
② 弁護するには
③ 弁解するには
④ 弁論するには
⑤ 弁別するには

問2 傍線部**A**「君者無レ不レ思レ求二其賢一、賢者罔レ不レ思レ効二其用一」の解釈として最も適当なものを、次の①～⑤のうちから一つ選べ。解答番号は 32 。

① 君主は賢者の仲間を求めようと思っており、賢者は無能な臣下を退けたいと思っている。
② 君主は賢者を顧問にしようと思っており、賢者は君主の要請を辞退したいと思っている。
③ 君主は賢者を登用しようと思っており、賢者は君主の役に立ちたいと思っている。
④ 君主は賢者の意見を聞こうと思っており、賢者は自分の意見は用いられまいと思っている。
⑤ 君主は賢者の称賛を得ようと思っており、賢者は君主に信用されたいと思っている。

問3　傍線部**B**「豈不以貴賤相懸、朝野相隔、堂遠於千里、門深於九重」の返り点の付け方と書き下し文との組合せとして最も適当なものを、次の①～⑤のうちから一つ選べ。解答番号は 33 。

① 豈不㆑以㆓貴賤相懸㆒、朝野相隔、堂遠㆓於千里㆒、門深㆓於九重㆒
豈に貴賤相懸(あひへだ)たるを以てならずして、朝野相隔たり、堂は千里よりも遠く、門は九重よりも深きや

② 豈不㆑以㆓貴賤相懸、朝野相隔㆒、堂遠㆓於千里㆒、門深㆓於九重㆒
豈に貴賤相懸たり、朝野相隔たるを以てならずして、堂は千里よりも遠く、門は九重よりも深きや

③ 豈不㆑以㆔貴賤相懸、朝野相隔、堂遠㆓於千里㆒、門深㆓於九重㆒
豈に貴賤相懸たり、朝野相隔たり、堂は千里よりも遠きを以てならずして、門は九重よりも深きや

④ 豈不㆘以㆔貴賤相懸、朝野相隔、堂遠㆓於千里㆒、門深㆗於九重㆖
豈に貴賤相懸たり、朝野相隔たり、堂は千里よりも遠きを以て、門は九重よりも深からずや

⑤ 豈不㆑以㆘貴賤相懸、朝野相隔、堂遠㆓於千里㆒、門深㆗於九重㆖
豈に貴賤相懸たり、朝野相隔たり、堂は千里よりも遠く、門は九重よりも深きを以てならずや

問4 傍線部C「其猶二線与一レ矢也」の比喩は、「線」・「矢」のどのような点に着目して用いられているのか。最も適当なものを、次の①～⑤のうちから一つ選べ。解答番号は **34** 。

① 「線」や「矢」は、単独では力を発揮しようとしても発揮できないという点。
② 「線」と「矢」は、互いに結びつけば力を発揮できるという点。
③ 「線」や「矢」は、針や弦と絡み合って力を発揮できないという点。
④ 「線」と「矢」は、助け合ったとしても力を発揮できないという点。
⑤ 「線」や「矢」は、針や弦の助けを借りなくても力を発揮できるという点。

問5　傍線部**D**「**X** 以 類 至」について、(a)空欄 **X** に入る語と、(b)書き下し文との組合せとして最も適当なものを、次の①～⑤のうちから一つ選べ。解答番号は **35** 。

① (a) 不　(b) 類を以てせずして至ればなり

② (a) 何　(b) 何ぞ類を以て至らんや

③ (a) 必　(b) 必ず類を以て至ればなり

④ (a) 誰　(b) 誰か類を以て至らんや

⑤ (a) 嘗　(b) 嘗(かつ)て類を以て至ればなり

問6 傍線部**E**「自 然 之 理 也」はどういう意味を表しているのか。その説明として最も適当なものを、次の①～⑤のうちから一つ選べ。解答番号は 36 。

① 水と火の性質は反対だがそれぞれ有用であるように、相反する性質のものであってもおのおの有効に作用するのが自然であるということ。

② 水の湿り気と火の乾燥とが互いに打ち消し合うように、性質の違う二つのものは相互に干渉してしまうのが自然であるということ。

③ 川の流れが湿地を作り山火事で土地が乾燥するように、性質の似通ったものはそれぞれに大きな作用を生み出すのが自然であるということ。

④ 水は湿ったところに流れ、火は乾燥したところへと広がるように、性質を同じくするものは互いに求め合うのが自然であるということ。

⑤ 水の潤いや火による乾燥が恵みにも害にもなるように、どのような性質のものにもそれぞれ長所と短所があるのが自然であるということ。

問7　**【予想問題】**に対して、作者が**【模擬答案】**で述べた答えはどのような内容であったのか。その説明として最も適当なものを、次の①～⑤のうちから一つ選べ。解答番号は 37 。

① 君主が賢者と出会わないのは、君主が賢者を採用する機会が少ないためであり、賢者を求めるには採用試験をより多く実施することによって人材を多く確保し、その中から賢者を探し出すべきである。

② 君主が賢者と出会わないのは、君主と賢者の心が離れているためであり、賢者を求めるにはまず君主の考えを広く伝えて、賢者との心理的距離を縮めたうえで人材を採用するべきである。

③ 君主が賢者と出会わないのは、君主が人材を見分けられないためであり、賢者を求めるにはその賢者が党派に加わらず、自分の信念を貫いているかどうかを見分けるべきである。

④ 君主が賢者と出会わないのは、君主が賢者を見つけ出すことができないためであり、賢者を求めるには賢者のグループを見極めたうえで、その中から人材を推挙してもらうべきである。

⑤ 君主が賢者と出会わないのは、君主が賢者を受け入れないためであり、賢者を求めるには幾重にも重なっている王城の門を開放して、やって来る人々を広く受け入れるべきである。

MEMO

MEMO

MEMO

MEMO

MEMO

MEMO

MEMO

MEMO

MEMO

MEMO

MEMO

MEMO

MEMO

MEMO

河合出版ホームページ
http://www.kawai-publishing.jp/
E-mail
kp@kawaijuku.jp

表紙イラスト　阿部伸二（カレラ）
表紙デザイン　岡本 健＋

2024共通テスト総合問題集
国　語

発　行　2023年 6 月10日

編　者　河合塾国語科

発行者　宮本正生

発行所　**株式会社　河合出版**
［東　京］東京都新宿区西新宿 7－15－2
〒160-0023　tel(03)5539-1511
fax(03)5539-1508
［名古屋］名古屋市東区葵 3－24－2
〒461-0004　tel(052)930-6310
fax(052)936-6335

印刷所　名鉄局印刷株式会社

製本所　望月製本所

・乱丁本，落丁本はお取り替えいたします。
・編集上のご質問，お問い合わせは，編集部までお願いいたします。

ISBN978-4-7772-2658-0

第　回　国語解答用紙

解答科目
国語

注意事項

1　訂正は、消しゴムできれいに消し、消しくずを残してはいけません。

2　所定欄以外にはマークしたり、記入したりしてはいけません。

良い例	悪い例
●	(mark examples)

氏名(フリガナ)、クラス、出席番号を記入しなさい。

フリガナ	
氏名	

クラス	クラス	出席番号	番

解答番号	1	2	3	4	5	6	7	8	9
1	①	②	③	④	⑤	⑥	⑦	⑧	⑨
2	①	②	③	④	⑤	⑥	⑦	⑧	⑨
3	①	②	③	④	⑤	⑥	⑦	⑧	⑨
4	①	②	③	④	⑤	⑥	⑦	⑧	⑨
5	①	②	③	④	⑤	⑥	⑦	⑧	⑨
6	①	②	③	④	⑤	⑥	⑦	⑧	⑨
7	①	②	③	④	⑤	⑥	⑦	⑧	⑨
8	①	②	③	④	⑤	⑥	⑦	⑧	⑨
9	①	②	③	④	⑤	⑥	⑦	⑧	⑨
10	①	②	③	④	⑤	⑥	⑦	⑧	⑨
11	①	②	③	④	⑤	⑥	⑦	⑧	⑨
12	①	②	③	④	⑤	⑥	⑦	⑧	⑨
13	①	②	③	④	⑤	⑥	⑦	⑧	⑨

解答番号	1	2	3	4	5	6	7	8	9
14	①	②	③	④	⑤	⑥	⑦	⑧	⑨
15	①	②	③	④	⑤	⑥	⑦	⑧	⑨
16	①	②	③	④	⑤	⑥	⑦	⑧	⑨
17	①	②	③	④	⑤	⑥	⑦	⑧	⑨
18	①	②	③	④	⑤	⑥	⑦	⑧	⑨
19	①	②	③	④	⑤	⑥	⑦	⑧	⑨
20	①	②	③	④	⑤	⑥	⑦	⑧	⑨
21	①	②	③	④	⑤	⑥	⑦	⑧	⑨
22	①	②	③	④	⑤	⑥	⑦	⑧	⑨
23	①	②	③	④	⑤	⑥	⑦	⑧	⑨
24	①	②	③	④	⑤	⑥	⑦	⑧	⑨
25	①	②	③	④	⑤	⑥	⑦	⑧	⑨
26	①	②	③	④	⑤	⑥	⑦	⑧	⑨

解答番号	1	2	3	4	5	6	7	8	9
27	①	②	③	④	⑤	⑥	⑦	⑧	⑨
28	①	②	③	④	⑤	⑥	⑦	⑧	⑨
29	①	②	③	④	⑤	⑥	⑦	⑧	⑨
30	①	②	③	④	⑤	⑥	⑦	⑧	⑨
31	①	②	③	④	⑤	⑥	⑦	⑧	⑨
32	①	②	③	④	⑤	⑥	⑦	⑧	⑨
33	①	②	③	④	⑤	⑥	⑦	⑧	⑨
34	①	②	③	④	⑤	⑥	⑦	⑧	⑨
35	①	②	③	④	⑤	⑥	⑦	⑧	⑨
36	①	②	③	④	⑤	⑥	⑦	⑧	⑨
37	①	②	③	④	⑤	⑥	⑦	⑧	⑨
38	①	②	③	④	⑤	⑥	⑦	⑧	⑨
39	①	②	③	④	⑤	⑥	⑦	⑧	⑨

解答番号	1	2	3	4	5	6	7	8	9
40	①	②	③	④	⑤	⑥	⑦	⑧	⑨
41	①	②	③	④	⑤	⑥	⑦	⑧	⑨
42	①	②	③	④	⑤	⑥	⑦	⑧	⑨
43	①	②	③	④	⑤	⑥	⑦	⑧	⑨
44	①	②	③	④	⑤	⑥	⑦	⑧	⑨
45	①	②	③	④	⑤	⑥	⑦	⑧	⑨
46	①	②	③	④	⑤	⑥	⑦	⑧	⑨
47	①	②	③	④	⑤	⑥	⑦	⑧	⑨
48	①	②	③	④	⑤	⑥	⑦	⑧	⑨
49	①	②	③	④	⑤	⑥	⑦	⑧	⑨
50	①	②	③	④	⑤	⑥	⑦	⑧	⑨
51	①	②	③	④	⑤	⑥	⑦	⑧	⑨
52	①	②	③	④	⑤	⑥	⑦	⑧	⑨

第　回　国語解答用紙

解答科目
国語

注意事項
1　訂正は、消しゴムできれいに消し、消しくずを残してはいけません。
2　所定欄以外にはマークしたり、記入したりしてはいけません。

良い例	悪い例			
●				

氏名(フリガナ)、クラス、出席番号を記入しなさい。

フリガナ	
氏名	

クラス	クラス	出席番号	番

解答番号	1	2	3	4	5	6	7	8	9	解答番号	1	2	3	4	5	6	7	8	9	解答番号	1	2	3	4	5	6	7	8	9	解答番号	1	2	3	4	5	6	7	8	9
1	①	②	③	④	⑤	⑥	⑦	⑧	⑨	14	①	②	③	④	⑤	⑥	⑦	⑧	⑨	27	①	②	③	④	⑤	⑥	⑦	⑧	⑨	40	①	②	③	④	⑤	⑥	⑦	⑧	⑨
2	①	②	③	④	⑤	⑥	⑦	⑧	⑨	15	①	②	③	④	⑤	⑥	⑦	⑧	⑨	28	①	②	③	④	⑤	⑥	⑦	⑧	⑨	41	①	②	③	④	⑤	⑥	⑦	⑧	⑨
3	①	②	③	④	⑤	⑥	⑦	⑧	⑨	16	①	②	③	④	⑤	⑥	⑦	⑧	⑨	29	①	②	③	④	⑤	⑥	⑦	⑧	⑨	42	①	②	③	④	⑤	⑥	⑦	⑧	⑨
4	①	②	③	④	⑤	⑥	⑦	⑧	⑨	17	①	②	③	④	⑤	⑥	⑦	⑧	⑨	30	①	②	③	④	⑤	⑥	⑦	⑧	⑨	43	①	②	③	④	⑤	⑥	⑦	⑧	⑨
5	①	②	③	④	⑤	⑥	⑦	⑧	⑨	18	①	②	③	④	⑤	⑥	⑦	⑧	⑨	31	①	②	③	④	⑤	⑥	⑦	⑧	⑨	44	①	②	③	④	⑤	⑥	⑦	⑧	⑨
6	①	②	③	④	⑤	⑥	⑦	⑧	⑨	19	①	②	③	④	⑤	⑥	⑦	⑧	⑨	32	①	②	③	④	⑤	⑥	⑦	⑧	⑨	45	①	②	③	④	⑤	⑥	⑦	⑧	⑨
7	①	②	③	④	⑤	⑥	⑦	⑧	⑨	20	①	②	③	④	⑤	⑥	⑦	⑧	⑨	33	①	②	③	④	⑤	⑥	⑦	⑧	⑨	46	①	②	③	④	⑤	⑥	⑦	⑧	⑨
8	①	②	③	④	⑤	⑥	⑦	⑧	⑨	21	①	②	③	④	⑤	⑥	⑦	⑧	⑨	34	①	②	③	④	⑤	⑥	⑦	⑧	⑨	47	①	②	③	④	⑤	⑥	⑦	⑧	⑨
9	①	②	③	④	⑤	⑥	⑦	⑧	⑨	22	①	②	③	④	⑤	⑥	⑦	⑧	⑨	35	①	②	③	④	⑤	⑥	⑦	⑧	⑨	48	①	②	③	④	⑤	⑥	⑦	⑧	⑨
10	①	②	③	④	⑤	⑥	⑦	⑧	⑨	23	①	②	③	④	⑤	⑥	⑦	⑧	⑨	36	①	②	③	④	⑤	⑥	⑦	⑧	⑨	49	①	②	③	④	⑤	⑥	⑦	⑧	⑨
11	①	②	③	④	⑤	⑥	⑦	⑧	⑨	24	①	②	③	④	⑤	⑥	⑦	⑧	⑨	37	①	②	③	④	⑤	⑥	⑦	⑧	⑨	50	①	②	③	④	⑤	⑥	⑦	⑧	⑨
12	①	②	③	④	⑤	⑥	⑦	⑧	⑨	25	①	②	③	④	⑤	⑥	⑦	⑧	⑨	38	①	②	③	④	⑤	⑥	⑦	⑧	⑨	51	①	②	③	④	⑤	⑥	⑦	⑧	⑨
13	①	②	③	④	⑤	⑥	⑦	⑧	⑨	26	①	②	③	④	⑤	⑥	⑦	⑧	⑨	39	①	②	③	④	⑤	⑥	⑦	⑧	⑨	52	①	②	③	④	⑤	⑥	⑦	⑧	⑨

第　回　国語解答用紙

解答科目
国語

注意事項

1　訂正は、消しゴムできれいに消し、消しくずを残してはいけません。

2　所定欄以外にはマークしたり、記入したりしてはいけません。

良い例	悪い例
●	（悪い例のマーク）

氏名(フリガナ)、クラス、出席番号を記入しなさい。

フリガナ	
氏名	

クラス	クラス	出席番号	番

解答番号	解答欄 1 2 3 4 5 6 7 8 9	解答番号	解答欄 1 2 3 4 5 6 7 8 9	解答番号	解答欄 1 2 3 4 5 6 7 8 9	解答番号	解答欄 1 2 3 4 5 6 7 8 9
1	①②③④⑤⑥⑦⑧⑨	14	①②③④⑤⑥⑦⑧⑨	27	①②③④⑤⑥⑦⑧⑨	40	①②③④⑤⑥⑦⑧⑨
2	①②③④⑤⑥⑦⑧⑨	15	①②③④⑤⑥⑦⑧⑨	28	①②③④⑤⑥⑦⑧⑨	41	①②③④⑤⑥⑦⑧⑨
3	①②③④⑤⑥⑦⑧⑨	16	①②③④⑤⑥⑦⑧⑨	29	①②③④⑤⑥⑦⑧⑨	42	①②③④⑤⑥⑦⑧⑨
4	①②③④⑤⑥⑦⑧⑨	17	①②③④⑤⑥⑦⑧⑨	30	①②③④⑤⑥⑦⑧⑨	43	①②③④⑤⑥⑦⑧⑨
5	①②③④⑤⑥⑦⑧⑨	18	①②③④⑤⑥⑦⑧⑨	31	①②③④⑤⑥⑦⑧⑨	44	①②③④⑤⑥⑦⑧⑨
6	①②③④⑤⑥⑦⑧⑨	19	①②③④⑤⑥⑦⑧⑨	32	①②③④⑤⑥⑦⑧⑨	45	①②③④⑤⑥⑦⑧⑨
7	①②③④⑤⑥⑦⑧⑨	20	①②③④⑤⑥⑦⑧⑨	33	①②③④⑤⑥⑦⑧⑨	46	①②③④⑤⑥⑦⑧⑨
8	①②③④⑤⑥⑦⑧⑨	21	①②③④⑤⑥⑦⑧⑨	34	①②③④⑤⑥⑦⑧⑨	47	①②③④⑤⑥⑦⑧⑨
9	①②③④⑤⑥⑦⑧⑨	22	①②③④⑤⑥⑦⑧⑨	35	①②③④⑤⑥⑦⑧⑨	48	①②③④⑤⑥⑦⑧⑨
10	①②③④⑤⑥⑦⑧⑨	23	①②③④⑤⑥⑦⑧⑨	36	①②③④⑤⑥⑦⑧⑨	49	①②③④⑤⑥⑦⑧⑨
11	①②③④⑤⑥⑦⑧⑨	24	①②③④⑤⑥⑦⑧⑨	37	①②③④⑤⑥⑦⑧⑨	50	①②③④⑤⑥⑦⑧⑨
12	①②③④⑤⑥⑦⑧⑨	25	①②③④⑤⑥⑦⑧⑨	38	①②③④⑤⑥⑦⑧⑨	51	①②③④⑤⑥⑦⑧⑨
13	①②③④⑤⑥⑦⑧⑨	26	①②③④⑤⑥⑦⑧⑨	39	①②③④⑤⑥⑦⑧⑨	52	①②③④⑤⑥⑦⑧⑨

第　回　国語解答用紙

解答科目
国語

注意事項
1　訂正は、消しゴムできれいに消し、消しくずを残してはいけません。
2　所定欄以外にはマークしたり、記入したりしてはいけません。

良い例	悪い例
●	● ◒ ⊗ ◓

氏名(フリガナ)、クラス、出席番号を記入しなさい。

フリガナ	
氏名	

クラス	クラス	出席番号	番

解答番号	解答欄 1	2	3	4	5	6	7	8	9	解答番号	解答欄 1	2	3	4	5	6	7	8	9	解答番号	解答欄 1	2	3	4	5	6	7	8	9	解答番号	解答欄 1	2	3	4	5	6	7	8	9
1	①	②	③	④	⑤	⑥	⑦	⑧	⑨	14	①	②	③	④	⑤	⑥	⑦	⑧	⑨	27	①	②	③	④	⑤	⑥	⑦	⑧	⑨	40	①	②	③	④	⑤	⑥	⑦	⑧	⑨
2	①	②	③	④	⑤	⑥	⑦	⑧	⑨	15	①	②	③	④	⑤	⑥	⑦	⑧	⑨	28	①	②	③	④	⑤	⑥	⑦	⑧	⑨	41	①	②	③	④	⑤	⑥	⑦	⑧	⑨
3	①	②	③	④	⑤	⑥	⑦	⑧	⑨	16	①	②	③	④	⑤	⑥	⑦	⑧	⑨	29	①	②	③	④	⑤	⑥	⑦	⑧	⑨	42	①	②	③	④	⑤	⑥	⑦	⑧	⑨
4	①	②	③	④	⑤	⑥	⑦	⑧	⑨	17	①	②	③	④	⑤	⑥	⑦	⑧	⑨	30	①	②	③	④	⑤	⑥	⑦	⑧	⑨	43	①	②	③	④	⑤	⑥	⑦	⑧	⑨
5	①	②	③	④	⑤	⑥	⑦	⑧	⑨	18	①	②	③	④	⑤	⑥	⑦	⑧	⑨	31	①	②	③	④	⑤	⑥	⑦	⑧	⑨	44	①	②	③	④	⑤	⑥	⑦	⑧	⑨
6	①	②	③	④	⑤	⑥	⑦	⑧	⑨	19	①	②	③	④	⑤	⑥	⑦	⑧	⑨	32	①	②	③	④	⑤	⑥	⑦	⑧	⑨	45	①	②	③	④	⑤	⑥	⑦	⑧	⑨
7	①	②	③	④	⑤	⑥	⑦	⑧	⑨	20	①	②	③	④	⑤	⑥	⑦	⑧	⑨	33	①	②	③	④	⑤	⑥	⑦	⑧	⑨	46	①	②	③	④	⑤	⑥	⑦	⑧	⑨
8	①	②	③	④	⑤	⑥	⑦	⑧	⑨	21	①	②	③	④	⑤	⑥	⑦	⑧	⑨	34	①	②	③	④	⑤	⑥	⑦	⑧	⑨	47	①	②	③	④	⑤	⑥	⑦	⑧	⑨
9	①	②	③	④	⑤	⑥	⑦	⑧	⑨	22	①	②	③	④	⑤	⑥	⑦	⑧	⑨	35	①	②	③	④	⑤	⑥	⑦	⑧	⑨	48	①	②	③	④	⑤	⑥	⑦	⑧	⑨
10	①	②	③	④	⑤	⑥	⑦	⑧	⑨	23	①	②	③	④	⑤	⑥	⑦	⑧	⑨	36	①	②	③	④	⑤	⑥	⑦	⑧	⑨	49	①	②	③	④	⑤	⑥	⑦	⑧	⑨
11	①	②	③	④	⑤	⑥	⑦	⑧	⑨	24	①	②	③	④	⑤	⑥	⑦	⑧	⑨	37	①	②	③	④	⑤	⑥	⑦	⑧	⑨	50	①	②	③	④	⑤	⑥	⑦	⑧	⑨
12	①	②	③	④	⑤	⑥	⑦	⑧	⑨	25	①	②	③	④	⑤	⑥	⑦	⑧	⑨	38	①	②	③	④	⑤	⑥	⑦	⑧	⑨	51	①	②	③	④	⑤	⑥	⑦	⑧	⑨
13	①	②	③	④	⑤	⑥	⑦	⑧	⑨	26	①	②	③	④	⑤	⑥	⑦	⑧	⑨	39	①	②	③	④	⑤	⑥	⑦	⑧	⑨	52	①	②	③	④	⑤	⑥	⑦	⑧	⑨

第　回　国語解答用紙

解答科目
国語

注意事項

1　訂正は、消しゴムできれいに消し、消しくずを残してはいけません。
2　所定欄以外にはマークしたり、記入したりしてはいけません。

解答番号	解			答					欄	解答番号	解			答					欄	解答番号	解			答					欄	解答番号	解			答					欄
	1	2	3	4	5	6	7	8	9		1	2	3	4	5	6	7	8	9		1	2	3	4	5	6	7	8	9		1	2	3	4	5	6	7	8	9
1	①	②	③	④	⑤	⑥	⑦	⑧	⑨	14	①	②	③	④	⑤	⑥	⑦	⑧	⑨	27	①	②	③	④	⑤	⑥	⑦	⑧	⑨	40	①	②	③	④	⑤	⑥	⑦	⑧	⑨
2	①	②	③	④	⑤	⑥	⑦	⑧	⑨	15	①	②	③	④	⑤	⑥	⑦	⑧	⑨	28	①	②	③	④	⑤	⑥	⑦	⑧	⑨	41	①	②	③	④	⑤	⑥	⑦	⑧	⑨
3	①	②	③	④	⑤	⑥	⑦	⑧	⑨	16	①	②	③	④	⑤	⑥	⑦	⑧	⑨	29	①	②	③	④	⑤	⑥	⑦	⑧	⑨	42	①	②	③	④	⑤	⑥	⑦	⑧	⑨
4	①	②	③	④	⑤	⑥	⑦	⑧	⑨	17	①	②	③	④	⑤	⑥	⑦	⑧	⑨	30	①	②	③	④	⑤	⑥	⑦	⑧	⑨	43	①	②	③	④	⑤	⑥	⑦	⑧	⑨
5	①	②	③	④	⑤	⑥	⑦	⑧	⑨	18	①	②	③	④	⑤	⑥	⑦	⑧	⑨	31	①	②	③	④	⑤	⑥	⑦	⑧	⑨	44	①	②	③	④	⑤	⑥	⑦	⑧	⑨
6	①	②	③	④	⑤	⑥	⑦	⑧	⑨	19	①	②	③	④	⑤	⑥	⑦	⑧	⑨	32	①	②	③	④	⑤	⑥	⑦	⑧	⑨	45	①	②	③	④	⑤	⑥	⑦	⑧	⑨
7	①	②	③	④	⑤	⑥	⑦	⑧	⑨	20	①	②	③	④	⑤	⑥	⑦	⑧	⑨	33	①	②	③	④	⑤	⑥	⑦	⑧	⑨	46	①	②	③	④	⑤	⑥	⑦	⑧	⑨
8	①	②	③	④	⑤	⑥	⑦	⑧	⑨	21	①	②	③	④	⑤	⑥	⑦	⑧	⑨	34	①	②	③	④	⑤	⑥	⑦	⑧	⑨	47	①	②	③	④	⑤	⑥	⑦	⑧	⑨
9	①	②	③	④	⑤	⑥	⑦	⑧	⑨	22	①	②	③	④	⑤	⑥	⑦	⑧	⑨	35	①	②	③	④	⑤	⑥	⑦	⑧	⑨	48	①	②	③	④	⑤	⑥	⑦	⑧	⑨
10	①	②	③	④	⑤	⑥	⑦	⑧	⑨	23	①	②	③	④	⑤	⑥	⑦	⑧	⑨	36	①	②	③	④	⑤	⑥	⑦	⑧	⑨	49	①	②	③	④	⑤	⑥	⑦	⑧	⑨
11	①	②	③	④	⑤	⑥	⑦	⑧	⑨	24	①	②	③	④	⑤	⑥	⑦	⑧	⑨	37	①	②	③	④	⑤	⑥	⑦	⑧	⑨	50	①	②	③	④	⑤	⑥	⑦	⑧	⑨
12	①	②	③	④	⑤	⑥	⑦	⑧	⑨	25	①	②	③	④	⑤	⑥	⑦	⑧	⑨	38	①	②	③	④	⑤	⑥	⑦	⑧	⑨	51	①	②	③	④	⑤	⑥	⑦	⑧	⑨
13	①	②	③	④	⑤	⑥	⑦	⑧	⑨	26	①	②	③	④	⑤	⑥	⑦	⑧	⑨	39	①	②	③	④	⑤	⑥	⑦	⑧	⑨	52	①	②	③	④	⑤	⑥	⑦	⑧	⑨

良い例	悪い例

氏名(フリガナ)、クラス、出席番号を記入しなさい。

フリガナ	
氏名	

クラス	クラス	出席番号	番

第　回　国語解答用紙

解答科目
国語

注意事項

1　訂正は、消しゴムできれいに消し、消しくずを残してはいけません。
2　所定欄以外にはマークしたり、記入したりしてはいけません。

解答番号	解答欄	解答番号	解答欄	解答番号	解答欄	解答番号	解答欄
	1 2 3 4 5 6 7 8 9		1 2 3 4 5 6 7 8 9		1 2 3 4 5 6 7 8 9		1 2 3 4 5 6 7 8 9
1	①②③④⑤⑥⑦⑧⑨	14	①②③④⑤⑥⑦⑧⑨	27	①②③④⑤⑥⑦⑧⑨	40	①②③④⑤⑥⑦⑧⑨
2	①②③④⑤⑥⑦⑧⑨	15	①②③④⑤⑥⑦⑧⑨	28	①②③④⑤⑥⑦⑧⑨	41	①②③④⑤⑥⑦⑧⑨
3	①②③④⑤⑥⑦⑧⑨	16	①②③④⑤⑥⑦⑧⑨	29	①②③④⑤⑥⑦⑧⑨	42	①②③④⑤⑥⑦⑧⑨
4	①②③④⑤⑥⑦⑧⑨	17	①②③④⑤⑥⑦⑧⑨	30	①②③④⑤⑥⑦⑧⑨	43	①②③④⑤⑥⑦⑧⑨
5	①②③④⑤⑥⑦⑧⑨	18	①②③④⑤⑥⑦⑧⑨	31	①②③④⑤⑥⑦⑧⑨	44	①②③④⑤⑥⑦⑧⑨
6	①②③④⑤⑥⑦⑧⑨	19	①②③④⑤⑥⑦⑧⑨	32	①②③④⑤⑥⑦⑧⑨	45	①②③④⑤⑥⑦⑧⑨
7	①②③④⑤⑥⑦⑧⑨	20	①②③④⑤⑥⑦⑧⑨	33	①②③④⑤⑥⑦⑧⑨	46	①②③④⑤⑥⑦⑧⑨
8	①②③④⑤⑥⑦⑧⑨	21	①②③④⑤⑥⑦⑧⑨	34	①②③④⑤⑥⑦⑧⑨	47	①②③④⑤⑥⑦⑧⑨
9	①②③④⑤⑥⑦⑧⑨	22	①②③④⑤⑥⑦⑧⑨	35	①②③④⑤⑥⑦⑧⑨	48	①②③④⑤⑥⑦⑧⑨
10	①②③④⑤⑥⑦⑧⑨	23	①②③④⑤⑥⑦⑧⑨	36	①②③④⑤⑥⑦⑧⑨	49	①②③④⑤⑥⑦⑧⑨
11	①②③④⑤⑥⑦⑧⑨	24	①②③④⑤⑥⑦⑧⑨	37	①②③④⑤⑥⑦⑧⑨	50	①②③④⑤⑥⑦⑧⑨
12	①②③④⑤⑥⑦⑧⑨	25	①②③④⑤⑥⑦⑧⑨	38	①②③④⑤⑥⑦⑧⑨	51	①②③④⑤⑥⑦⑧⑨
13	①②③④⑤⑥⑦⑧⑨	26	①②③④⑤⑥⑦⑧⑨	39	①②③④⑤⑥⑦⑧⑨	52	①②③④⑤⑥⑦⑧⑨

良い例	悪い例
●	(悪い例のマーク)

氏名(フリガナ)、クラス、出席番号を記入しなさい。

フリガナ	
氏名	

クラス	クラス	出席番号	番

第　回　国語解答用紙

解答科目
国語

注意事項
1　訂正は、消しゴムできれいに消し、消しくずを残してはいけません。
2　所定欄以外にはマークしたり、記入したりしてはいけません。

良い例	悪い例
●	

氏名(フリガナ)、クラス、出席番号を記入しなさい。

フリガナ	
氏名	

クラス	クラス	出席番号	番

解答番号	解答欄 1 2 3 4 5 6 7 8 9	解答番号	解答欄 1 2 3 4 5 6 7 8 9	解答番号	解答欄 1 2 3 4 5 6 7 8 9	解答番号	解答欄 1 2 3 4 5 6 7 8 9
1	①②③④⑤⑥⑦⑧⑨	14	①②③④⑤⑥⑦⑧⑨	27	①②③④⑤⑥⑦⑧⑨	40	①②③④⑤⑥⑦⑧⑨
2	①②③④⑤⑥⑦⑧⑨	15	①②③④⑤⑥⑦⑧⑨	28	①②③④⑤⑥⑦⑧⑨	41	①②③④⑤⑥⑦⑧⑨
3	①②③④⑤⑥⑦⑧⑨	16	①②③④⑤⑥⑦⑧⑨	29	①②③④⑤⑥⑦⑧⑨	42	①②③④⑤⑥⑦⑧⑨
4	①②③④⑤⑥⑦⑧⑨	17	①②③④⑤⑥⑦⑧⑨	30	①②③④⑤⑥⑦⑧⑨	43	①②③④⑤⑥⑦⑧⑨
5	①②③④⑤⑥⑦⑧⑨	18	①②③④⑤⑥⑦⑧⑨	31	①②③④⑤⑥⑦⑧⑨	44	①②③④⑤⑥⑦⑧⑨
6	①②③④⑤⑥⑦⑧⑨	19	①②③④⑤⑥⑦⑧⑨	32	①②③④⑤⑥⑦⑧⑨	45	①②③④⑤⑥⑦⑧⑨
7	①②③④⑤⑥⑦⑧⑨	20	①②③④⑤⑥⑦⑧⑨	33	①②③④⑤⑥⑦⑧⑨	46	①②③④⑤⑥⑦⑧⑨
8	①②③④⑤⑥⑦⑧⑨	21	①②③④⑤⑥⑦⑧⑨	34	①②③④⑤⑥⑦⑧⑨	47	①②③④⑤⑥⑦⑧⑨
9	①②③④⑤⑥⑦⑧⑨	22	①②③④⑤⑥⑦⑧⑨	35	①②③④⑤⑥⑦⑧⑨	48	①②③④⑤⑥⑦⑧⑨
10	①②③④⑤⑥⑦⑧⑨	23	①②③④⑤⑥⑦⑧⑨	36	①②③④⑤⑥⑦⑧⑨	49	①②③④⑤⑥⑦⑧⑨
11	①②③④⑤⑥⑦⑧⑨	24	①②③④⑤⑥⑦⑧⑨	37	①②③④⑤⑥⑦⑧⑨	50	①②③④⑤⑥⑦⑧⑨
12	①②③④⑤⑥⑦⑧⑨	25	①②③④⑤⑥⑦⑧⑨	38	①②③④⑤⑥⑦⑧⑨	51	①②③④⑤⑥⑦⑧⑨
13	①②③④⑤⑥⑦⑧⑨	26	①②③④⑤⑥⑦⑧⑨	39	①②③④⑤⑥⑦⑧⑨	52	①②③④⑤⑥⑦⑧⑨

第　回　国語解答用紙

解答科目
国語

注意事項
1　訂正は、消しゴムできれいに消し、消しくずを残してはいけません。
2　所定欄以外にはマークしたり、記入したりしてはいけません。

解答番号	解答欄									解答番号	解答欄									解答番号	解答欄									解答番号	解答欄								
	1	2	3	4	5	6	7	8	9		1	2	3	4	5	6	7	8	9		1	2	3	4	5	6	7	8	9		1	2	3	4	5	6	7	8	9
1	①	②	③	④	⑤	⑥	⑦	⑧	⑨	14	①	②	③	④	⑤	⑥	⑦	⑧	⑨	27	①	②	③	④	⑤	⑥	⑦	⑧	⑨	40	①	②	③	④	⑤	⑥	⑦	⑧	⑨
2	①	②	③	④	⑤	⑥	⑦	⑧	⑨	15	①	②	③	④	⑤	⑥	⑦	⑧	⑨	28	①	②	③	④	⑤	⑥	⑦	⑧	⑨	41	①	②	③	④	⑤	⑥	⑦	⑧	⑨
3	①	②	③	④	⑤	⑥	⑦	⑧	⑨	16	①	②	③	④	⑤	⑥	⑦	⑧	⑨	29	①	②	③	④	⑤	⑥	⑦	⑧	⑨	42	①	②	③	④	⑤	⑥	⑦	⑧	⑨
4	①	②	③	④	⑤	⑥	⑦	⑧	⑨	17	①	②	③	④	⑤	⑥	⑦	⑧	⑨	30	①	②	③	④	⑤	⑥	⑦	⑧	⑨	43	①	②	③	④	⑤	⑥	⑦	⑧	⑨
5	①	②	③	④	⑤	⑥	⑦	⑧	⑨	18	①	②	③	④	⑤	⑥	⑦	⑧	⑨	31	①	②	③	④	⑤	⑥	⑦	⑧	⑨	44	①	②	③	④	⑤	⑥	⑦	⑧	⑨
6	①	②	③	④	⑤	⑥	⑦	⑧	⑨	19	①	②	③	④	⑤	⑥	⑦	⑧	⑨	32	①	②	③	④	⑤	⑥	⑦	⑧	⑨	45	①	②	③	④	⑤	⑥	⑦	⑧	⑨
7	①	②	③	④	⑤	⑥	⑦	⑧	⑨	20	①	②	③	④	⑤	⑥	⑦	⑧	⑨	33	①	②	③	④	⑤	⑥	⑦	⑧	⑨	46	①	②	③	④	⑤	⑥	⑦	⑧	⑨
8	①	②	③	④	⑤	⑥	⑦	⑧	⑨	21	①	②	③	④	⑤	⑥	⑦	⑧	⑨	34	①	②	③	④	⑤	⑥	⑦	⑧	⑨	47	①	②	③	④	⑤	⑥	⑦	⑧	⑨
9	①	②	③	④	⑤	⑥	⑦	⑧	⑨	22	①	②	③	④	⑤	⑥	⑦	⑧	⑨	35	①	②	③	④	⑤	⑥	⑦	⑧	⑨	48	①	②	③	④	⑤	⑥	⑦	⑧	⑨
10	①	②	③	④	⑤	⑥	⑦	⑧	⑨	23	①	②	③	④	⑤	⑥	⑦	⑧	⑨	36	①	②	③	④	⑤	⑥	⑦	⑧	⑨	49	①	②	③	④	⑤	⑥	⑦	⑧	⑨
11	①	②	③	④	⑤	⑥	⑦	⑧	⑨	24	①	②	③	④	⑤	⑥	⑦	⑧	⑨	37	①	②	③	④	⑤	⑥	⑦	⑧	⑨	50	①	②	③	④	⑤	⑥	⑦	⑧	⑨
12	①	②	③	④	⑤	⑥	⑦	⑧	⑨	25	①	②	③	④	⑤	⑥	⑦	⑧	⑨	38	①	②	③	④	⑤	⑥	⑦	⑧	⑨	51	①	②	③	④	⑤	⑥	⑦	⑧	⑨
13	①	②	③	④	⑤	⑥	⑦	⑧	⑨	26	①	②	③	④	⑤	⑥	⑦	⑧	⑨	39	①	②	③	④	⑤	⑥	⑦	⑧	⑨	52	①	②	③	④	⑤	⑥	⑦	⑧	⑨

良い例	悪い例

氏名(フリガナ)、クラス、出席番号を記入しなさい。

フリガナ	
氏名	

クラス	クラス	出席番号	番